山東文獻集成總目圖録

山東文獻集成編纂委員會編

山東大學出版社

圖書在版編目(CIP)數據

山東文獻集成總目圖録/《山東文獻集成》編纂委員會編. —排印影印本.
濟南:山東大學出版社,2011.9
ISBN 978 – 7 – 5607 – 3805 – 5

Ⅰ.①山…
Ⅱ.①山…
Ⅲ.①古籍—匯編—山東省—書目索引
Ⅳ.①Z89:Z422

中國版本圖書館 CIP 數據核字(2011)第 196421 號

山東文獻集成總目圖録
出版人　于良春
山東大學出版社出版發行
(山東省濟南市山大南路 27 號　郵政編碼:250100)
山東省新華書店經銷
金壇市古籍印刷廠印刷
787 × 1092 毫米　1/16　印張　22.25　印数　500 册
2011 年 9 月第 1 版　2011 年 9 月第 1 次印刷
定價:150.00 元

山東文獻集成編纂委員會

顧問　季羡林　任繼愈　孔德成　趙儷生　何兹全　范曾　戴逸　王紹曾
　　　龐樸　黄永年　孫欽善　孔令仁　喬幼梅　沈津

主編　韓寓群

副主編　朱正昌　展濤　徐顯明　蒿峰　齊濤　陳炎　王學典

編委　韓寓群　朱正昌　展濤　徐顯明　蒿峰　齊濤　王琪瓏　樊麗明
　　　陳炎　王志民　曾繁仁　劉大鈞　王學典（常務）　吉常宏　安作璋
　　　董治安　袁世碩　孟祥才　張忠綱　劉曉東（常務）　馮浩菲　崔巍
　　　李紅　方輝　傅永軍　馮建國　杜澤遜（常務）　孔令棟　于良春
　　　蘇位智　韓子軍　張志清　王運堂　魯文生　趙炳武　趙善倫　李西寧
　　　李勇慧　郭思克　郭秀海　孫言誠　周晶　沙嘉孫　李劍鋒　冷秀雲
　　　盧麗娜　蘇洪泰

編纂處主任　王學典

編纂處副主任　杜澤遜

編纂處成員 王學典 馮建國 杜澤遜 徐　泳 王之厚 周洪才 楊立民 曹　峰
程遠芬 杜雲虹 唐桂艷 周玉山 周　兵 王恒柱 普武勝 于　芹
徐　戰 李闢勇 王曉兵 盛　宴 徐月霞 姜瑞珍 劉樹偉

工作室主任 馮建國

工作室副主任 徐　泳

工作室成員 李鵬程 孫榮耒 焦桂美 楊洪升 周懷文 王愛亭 楊紅玉 邱麗玟
李淑燕 薛惠媛 主父志波 江　曦 李　慧 沙　莎 李　婧 路子强
崔曉新 王雅新 何　燦 李吉東 崔燕南 胡曉青 姚金笛 李同巧
陳海花 朱珊珊 王艷麗 畢曉樂 賴大邃 裴文玲 劉　斌 法　帥
孫燕紅 武元磊 張麗華 秦華英 趙　晨 孟　秀 張淑芬 楊文科
閆　寧 李振聚 蕭亞琳 陳　亮 陳　瑋 任利榮 宋　磊 李寒光
張學謙 戚　昕 李　霞 班龍門 苑　磊 茹莉君 尚欣欣 楊吉雲
楊秀梅 杜以恒 李曉婷 胡業英 徐殊昊 陳　浩 蔡小晶 郭守慶
張文國 馬繼業 孫玉紅 蔡廷建 羅玉蘭 張瑞華 李　昕

山東文獻集成參編館

山東省圖書館

山東省博物館

山東大學圖書館

中國國家圖書館

上海圖書館

北京大學圖書館

復旦大學圖書館

美國哈佛大學哈佛燕京圖書館

山東師範大學圖書館

中共山東省委黨校圖書館

濟南市圖書館

青島市圖書館

山東藝術學院圖書館
煙臺圖書館
泰山學院圖書館

山東文獻集成總目圖錄編輯說明

《山東文獻集成》自二〇〇五年籌備，二〇〇六年初正式啓動，至二〇一一年九月完成，前後經歷了將近六年。全書共四輯二百册，影印山左先賢遺著稿本、鈔本、刻本等一千三百七十五種，其中稿本三百五十二種，鈔本二百九十五種，刻本五百四十五種，排印本五十二種，石印本九十二種，磁版印本一種，拓本四種，鈐印本四種，影印本二十六種，名家批校題跋本一百零四種，形成了迄今爲止最大的地方文獻叢書。該叢書編輯出版的旨趣首先在於搶救保存稀見文獻，同時也兼顧了山東文化名人孔子、孟子、管子、墨子、孫子、鄭玄、邢昺、辛棄疾、李清照、孔尚任、王士禛、蒲松齡、桂馥、王筠、馬國翰、陳介祺、許瀚等人的著作。所以從版本上看，以未刊稿本、鈔本較爲引人注目。

我們認爲文獻整理影印，應優先考慮稀見的重要文獻，在條件具備的情况下，再依次影印更多的古籍，從而達到盡可能多地保存古書的目的。因爲傳世的古書，去其重複，恐怕不下二三十萬種，而已經影印的只是其中一小部分。古書不加影印，一

是容易失傳，二是不便使用，所以影印古書在今後一段時間內仍是古籍整理出版界的重要任務。由各地方政府資助當地的大專院校科研機構或圖書館、博物館編輯影印地方文獻叢書，不失爲一個分工合作的良好模式。據我們瞭解，有的省份正在從事這類工作，這是值得大力提倡的。這類工作需要地方政府、學術文化機構、出版社互相配合，共同完成，屬於典型的文化工程。這類文化工程的實施，同時還可以大大推動傳統文化學術的研究工作。《山東文獻集成》影印的大量古書，尤其是稿本、鈔本，已有不少學者開始作進一步的標點、註釋和研究，這對我國優秀傳統文化的繼承和弘揚，有着長久的重要意義。

爲了廣大讀者使用方便，我們又單獨編輯了這册《總目圖錄》，內容包括《山東文獻集成》第一至四輯的分册目錄，各輯的前言、珍本圖錄、書名著者索引等，既可以與《集成》配套使用，也可以供一般讀者單獨收藏查閱。在此，對多年支持這部《集成》編纂出版工作的山東省人民政府、山東大學、山東省圖書館、山東省博物館、山東大學出版社等單位和個人表示誠摯的感謝。

《山東文獻集成》編纂委員會

二〇一一年九月十五日

山東文獻集成總目圖録目次

編輯説明……五
珍本圖録簡目……九
珍本圖録……二一
第一輯前言……八三
第二輯前言……九五
第三輯前言……一〇三
第四輯前言……一一三
第一輯目録……一二二
第二輯目録……一四九

山東文獻集成珍本圖録目次

圖一：讀易便解二卷　〔清〕德州盧見曾撰　清鈔本……二二
圖二：周易注解八卷　〔清〕諸城李慎撰　稿本……二二
圖三：易翼與能十卷　〔清〕安丘劉象升撰　清鈔本（雲寉跋）……二三
圖四：易翼與能十卷　〔清〕安丘劉象升撰　清鈔本（雲寉跋）……二三
圖五：周易要義十卷　〔清〕濰縣宋書升撰　稿本……二四
圖六：詩綱四卷　〔清〕曲阜賈應寵撰　稿本（佚名批校）……二四
圖七：書經直解四卷　〔清〕濟陽張爾岐撰　清鈔本……二五
圖八：尚書要義十六卷　〔清〕濰縣宋書升撰　稿本……二五
圖九：毛詩疏證補陸六卷陸疏廣證七卷毛詩名物狀三卷　〔清〕歷城王維言撰　玉映樓多識録四種稿本……二六
圖十：明堂禮制考四卷　〔清〕黄縣王漸鴻撰　稿本……二六
圖十一：伊川删定禮記集註二十三卷首一卷　〔清〕諸城王縈緒撰　稿本（佚名跋）……二七

……三二

並跋）…………三三
圖二十四：楊端勤公奏疏三十六卷（存二十一卷）〔清〕聊城楊以增撰　〔清〕聊城楊紹和輯　清稿本…………三三
圖二十五：東阿于文定公年譜二卷　〔明〕臨邑邢侗　〔明〕懷寧阮自華撰　明末鈔本…………三四
圖二十六：新城王氏世譜八卷世系一卷　〔清〕新城王兆弘等纂修　清乾隆二十五年新城王氏家刻本…………三四
圖二十七：顧亭林年譜校錄一卷　〔清〕安丘王筠撰　稿本…………三五
圖二十八：周海鶴先生年譜一卷　〔清〕即墨周汝霖撰　〔清〕即墨周鴻居續　稿本…………三五
圖二十九：厚齋自著年譜一卷　〔清〕淄川張篤慶撰　稿本…………三六
圖三十：堯陵考二卷　〔清〕益都李文藻撰　〔清〕益都段松苓續補　清濰縣高氏辨蟫居鈔本…………三六
圖三十一：方輿叢錄不分卷　〔清〕濟寧許鴻磐撰　稿本…………三七
圖三十二：炎黃氏族文化考不分卷　日照王獻唐撰　稿本（王獻唐先生遺稿之一）…………三七
圖三十三：岱史十八卷　〔明〕海寧查志隆撰　明萬曆十五年戴相堯刻本…………三八
圖三十四：顏山雜記四卷　〔清〕益都孫廷銓撰　清康熙五年刻本…………三八

圖三十五：登州雜事續編四卷　〔清〕黄縣趙蔚坊撰　稿本（清黄縣淳于鴻恩批注）……三九
圖三十六：恩平程記一卷〔清〕益都李文藻撰　稿本……三九
圖三十七：山東試辦大學堂暫行章程摺稿一卷　〔清〕項城袁世凱撰　清光緒二十七年刻本……四〇
圖三十八：山東試辦大學堂暫行章程摺稿一卷　〔清〕項城袁世凱撰　清光緒二十七年刻本……四〇
圖三十九：擬史籍考校例一卷　〔清〕日照許瀚撰　清道光二十六年稿本（日照王獻唐跋）……四一
圖四十：晚出書目紀略四卷　〔清〕黄縣王守訓撰　稿本……四一
圖四十一：攀古小廬古器物銘釋文初草不分卷　〔清〕日照許瀚撰　稿本……四二
圖四十二：攀古小廬古器物銘釋文初草不分卷　〔清〕日照許瀚撰　稿本……四二
圖四十三：攀古小廬甎瓦文字一卷　〔清〕日照許瀚撰　日照王獻唐輯　民國二十年日照王獻唐鈔本……四三
圖四十四：古泉苑一百卷附皇朝錢法一卷　〔清〕諸城劉喜海撰　清稿本　劉喜海小像（古泉苑卷首）……四三
圖四十五：古泉苑一百卷附皇朝錢法一卷　〔清〕諸城劉喜海撰　清稿本……四四
圖四十六：古泉彙考八卷　〔清〕大興翁樹培撰　〔清〕諸城劉喜海補注　稿本（清利津李佐賢

福山王懿榮批）……四四
圖四十七：清愛堂家藏鐘鼎彝器款識灋帖一卷〔清〕諸城劉喜海輯　清道光十八年原石拓印本……四五
圖四十八：清愛堂家藏鐘鼎彝器款識灋帖一卷〔清〕諸城劉喜海輯　清道光十八年原石拓印本……四五
圖四十九：清愛堂家藏鐘鼎彝器款識灋帖一卷〔清〕諸城劉喜海輯　清道光十八年原石拓印本……四六
圖五十：寶簠齋集各家彝器釋文不分卷〔清〕濰縣陳介祺釋文　民國黄縣丁菊甦鈔本……四六
圖五十一：中國古代貨幣通考不分卷　日照王獻唐撰　稿本（王獻唐先生遺稿之一）……四七
圖五十二：殷虚書契補釋一卷　膠州柯昌濟撰　民國鈔本……四七
圖五十三：公孫龍子選譯四卷　日照王獻唐撰　稿本（王獻唐先生遺稿之一）……四八
圖五十四：公孫龍子選譯四卷　日照王獻唐撰　稿本（王獻唐先生遺稿之一）……四八
圖五十五：池北偶談二十六卷〔清〕新城王士禛撰　清康熙三十九年王廷掄汀州府署刻本……四九
圖五十六：十二筆舫雜錄十二卷〔清〕掖縣李兆元撰　清道光二年桂林朱鳳森開封刻本……四九
圖五十七：曆學會通六十五卷卷首一卷〔清〕益都薛鳳祚撰輯　清康熙刻本……五〇

圖五十八：山海經箋釋一卷　〔明〕成都楊慎補注　〔清〕日照李蕃箋釋　民國山東省立圖書館鈔本……五〇
圖五十九：鄭司農集一卷　〔漢〕高密鄭玄撰　清乾隆間德州盧氏刻雅雨堂叢書本……五一
圖六十：邊華泉集八卷邊華泉集稿六卷　〔明〕歷城邊貢撰　清康熙四十四年歷城張逮刻本……五一
圖六十一：秋澄詩集一卷　〔明〕淄川王教撰　明鈔本……五二
圖六十二：來禽館集二十八卷　〔明〕臨邑邢侗撰　明崇禎十年版築居刻本……五二
圖六十三：畢伯陽奏稿殘本一卷　〔明〕淄川畢自嚴撰　明鈔本……五三
圖六十四：李漁邨先生藁一卷　〔清〕諸城李澄中撰　稿本（壽光趙愚軒校日照王獻唐跋）……五三
圖六十五：李漁邨先生藁一卷　〔清〕諸城李澄中撰　稿本（壽光趙愚軒校日照王獻唐跋）……五四
圖六十六：海岱人文三十三種四十五卷　〔清〕曲阜顏崇槼輯　曲阜孔廣栻補輯　稿本（清曲阜孔憲彝跋）……五四
圖六十七：海岱人文三十三種四十五卷　〔清〕曲阜顏崇槼輯　曲阜孔廣栻補輯　稿本（清曲阜孔憲彝跋）……五五
圖六十八：聊齋文集十卷附農經一卷蠶經一卷蠶經補一卷蠶祟書一卷　〔清〕淄川蒲松齡撰

稿本（佚名批校）……五五
圖六十九：聊齋文集存一卷　〔清〕淄川蒲松齡撰　稿本（存卷七）……五六
圖七十：崑崙山房郢中集三卷崑崙山房詩集十三卷　〔清〕淄川張篤慶撰　清鈔本……五六
圖七十一：雲高洞遊草一卷　〔清〕淄川張篤慶撰　稿本……五七
圖七十二：知北遊草一卷　〔清〕淄川張篤慶撰　稿本……五七
圖七十三：讀書堂近艸一卷　〔清〕新城王啓涑撰　清新城王氏遺稿稿本……五八
圖七十四：隱厚堂遺詩四卷　〔清〕安丘張在辛撰　清鈔本……五八
圖七十五：二十四泉草堂集十二卷　〔清〕歷城王苹撰　清康熙五十六年文登于熙學京師刻本……五九
圖七十六：鐵槎樵語十卷　〔清〕文登于熙學撰　清鈔本……五九
圖七十七：雲月硯軒古體詩稿一卷　〔清〕泰安趙國麟撰　清雍正刻本……六〇
圖七十八：鑄雪齋集十四卷練塘年譜一卷　〔清〕歷城張希傑撰　清張氏嶠湖鑄雪齋稿本……六〇
圖七十九：鑄雪齋集十四卷練塘年譜一卷　〔清〕歷城張希傑撰　清張氏嶠湖鑄雪齋稿本……六一
圖八十：西圃近稿一卷　〔清〕德州田同之撰　稿本……六一

圖八十一：西圃近稿一卷 〔清〕德州田同之撰 稿本……六二
圖八十二：南阜山人詩集類藁四十一卷補遺一卷南阜山人斆文存稿十五卷 〔清〕膠州高鳳翰撰 清鈔本（清諸城劉墉舊藏 清諸城劉喜海跋）……六二
圖八十三：南阜山人詩集類藁四十一卷補遺一卷南阜山人斆文存稿十五卷 〔清〕膠州高鳳翰撰 清鈔本（清諸城劉墉舊藏 清諸城劉喜海跋） 高鳳翰小像……六三
圖八十四：南阜山人詩集類藁四十一卷補遺一卷南阜山人斆文存稿十五卷 〔清〕膠州高鳳翰撰 清鈔本（清諸城劉墉舊藏 清諸城劉喜海跋）……六三
圖八十五：迂齋學古編四卷 〔清〕膠州法坤宏撰 清乾隆三十九年膠州法氏海上廬刻本……六四
圖八十六：拙齋集一卷 〔清〕益都李遠撰 清乾隆益都李氏刻本……六四
圖八十七：劉文清公應制詩集三卷遺集十七卷 〔清〕諸城劉墉撰 〔清〕諸城劉喜海輯 清道光六年東武劉氏味經書屋仿宋刻本……六五
圖八十八：劉文清公應制詩集三卷遺集十七卷 〔清〕諸城劉墉撰 〔清〕諸城劉喜海輯 清道光六年東武劉氏味經書屋仿宋刻本……六五
圖八十九：劉文清公應制詩集三卷遺集十七卷 〔清〕諸城劉墉撰 〔清〕諸城劉喜海輯 清道光六年東武劉氏味經書屋仿宋刻本……六六
圖九十：劉文清公應制詩集三卷遺集十七卷 〔清〕諸城劉墉撰 〔清〕諸城劉喜海輯

清道光六年東武劉氏味經書屋仿宋刻本……六六
圖九十一：未谷詩集二卷 〔清〕曲阜桂馥撰 稿本……六七
圖九十二：未谷詩集二卷 〔清〕曲阜桂馥撰 稿本……六七
圖九十三：石桐先生詩鈔十六卷 〔清〕高密李懷民撰 清光緒十二年李楹西安郡齋刻本……六八
圖九十四：少鶴先生詩草墨蹟二卷 〔清〕高密李憲喬撰 稿本……六八
圖九十五：碧梧紅豆草堂詩不分卷 〔清〕歷城李廷芳撰 稿本（清全椒吴鼒 歷城李經浤等批校並跋）……六九
圖九十六：退思廬文存一卷 〔清〕聊城楊以增撰 民國九年聊城楊氏海源閣刻本……六九
圖九十七：萊陽竹枝詞一卷 〔清〕嘉善浦曰楷撰 清鈔本……七〇
圖九十八：玉函山房詩集九卷 〔清〕歷城馬國翰撰 清道光歷城馬氏刻本……七〇
圖九十九：羼提精舍詩存一卷 〔清〕文登于昌遂撰 稿本（李文田跋 佚名跋）……七一
圖一〇〇：禮佛軒詩鈔一卷 〔清〕掖縣翟柏舟撰 清光緒十八年刻本……七一
圖一〇一：國朝山左詩鈔六十卷 〔清〕德州盧見曾編 清乾隆二十三年德州盧氏雅雨堂刻本……七二
圖一〇二：黄氏詩鈔六卷 〔清〕即墨黄守平輯 稿本……七二

圖一〇三：海豐吳氏詩存四卷 〔清〕海豐吳重憙輯 清光緒十年海豐吳氏陳州府署刻本……七三
圖一〇四：二客吟二卷 〔清〕高密李懷民 李憲喬撰 〔清〕丘縣劉大觀輯 清乾隆嘉慶間丘縣劉大觀蘇州刻本……七三
圖一〇五：二客吟二卷 〔清〕高密李懷民 李憲喬撰 〔清〕丘縣劉大觀輯 清乾隆嘉慶間丘縣劉大觀蘇州刻本……七四
圖一〇六：明湖載酒二集一卷補遺一卷 〔清〕祁陽陳琪輯 清宣統二年濟南片雲樓排印本……七四
圖一〇七：斲冰詞三卷 〔清〕曲阜孔繼涵撰 清乾隆曲阜孔氏刻本（微波榭遺書六種之一）……七五
圖一〇八：漁父詞一卷附漁家傲月節詞一卷 〔清〕曲阜孔繼涵撰並輯 清乾隆二十七年紅櫚書屋清稿本……七五
圖一〇九：石室談詩三卷 〔明〕掖縣趙士喆撰 清鈔本……七六
圖一一〇：紫荆書屋詩話不分卷 〔清〕高密李懷民撰 稿本（高密三李詩話三種之一）……七六
圖一一一：拗法譜一卷附通轉韻攷一卷 〔清〕高密李憲喬撰 清光緒二十四年刻本……七七
圖一一二：蔼舲詩話一卷 〔清〕諸城王瑋慶撰 精鈔稿本……七七
圖一一三：東泉詩話續册七卷 〔清〕魚臺馬星翼撰 民國間山東省立圖書館鈔本

（魚臺馬氏叢書之一）刻本……七八
圖一一四：買春詩話一卷　〔清〕歷城馬國翰撰　清道光咸豐間歷城馬氏刻本……七八
圖一一五：綵衣樓詩話四卷　〔清〕黄縣王守訓撰　稿本（清黄縣趙蔚坊跋）……七九
圖一一六：桃花扇傳奇二卷　〔清〕曲阜孔尚任撰　清康熙西園刻本……七九
圖一一七：桃花扇傳奇二卷　〔清〕曲阜孔尚任撰　清康熙西園刻本……八〇
圖一一八：青衿俠傳奇三十二齣一卷　〔清〕膠州紀聖宣撰　清道光五年紀聖徵鈔本（清膠州紀聖徵題識　膠州陳曳雲錄清膠州李之雍跋）……八〇
圖一一九：富貴神仙十四回不分卷　〔清〕淄川蒲松齡撰　清酌月書屋鈔本……八一
圖一二〇：賈鳧西鼓詞一卷　〔清〕曲阜賈應寵撰　清鈔本……八一

珍本圖錄

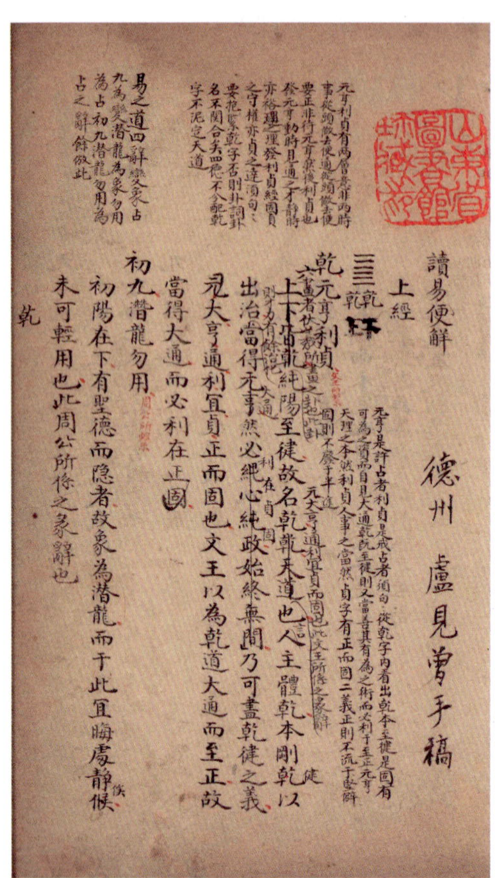
讀易便解　德州　盧見曾手稿

上經

☰乾下乾上

乾元亨利貞

上下皆乾純陽至健故名乾乾天道也人主體乾本剛乾以出治當得无事然必繩心純政始終無間乃可盡乾健之義元大亨通利宜貞正而固也文王以為乾道大通而至正故當得大通而必利在正固

初九潛龍勿用

初陽在下有聖德而隱者故象為潛龍而于此宜晦處靜俟未可輕用也此周公所係之象辭也

乾

圖一：讀易便解二卷　〔清〕德州盧見曾撰　清鈔本

周易上經注解　諸城李慎涓東著

全易提綱　伏羲畫卦始於三畫如乾三連☰坤六斷☷震仰盂☳艮覆碗☶離中虛☲坎中滿☵兑上缺☱巽下斷☴此八卦是也因而重之為六十四卦如重乾為乾卦之類是也伏羲時有畫無文至文王繫卦辭如乾元亨利貞之類此為彖辭周公繫爻辭如初九以至上九或初六以至上六之類此為六爻卦辭後有彖曰云者是為彖傳又有象曰天行健之類是為大象傳又有六象云云是為小象傳乾坤兩卦中各有文言云云是文言傳以及上繫下繫說卦序卦雜卦俱為傳俱是孔子所說彖傳大象傳小象傳分上下經為四象傳共彖傳為五文言繫辭說卦序卦雜卦為十翼史記十翼謂上下彖上下象上下繫文言序卦說卦雜卦

☰乾上乾下

圖二：周易注解八卷　〔清〕諸城李慎撰　稿本

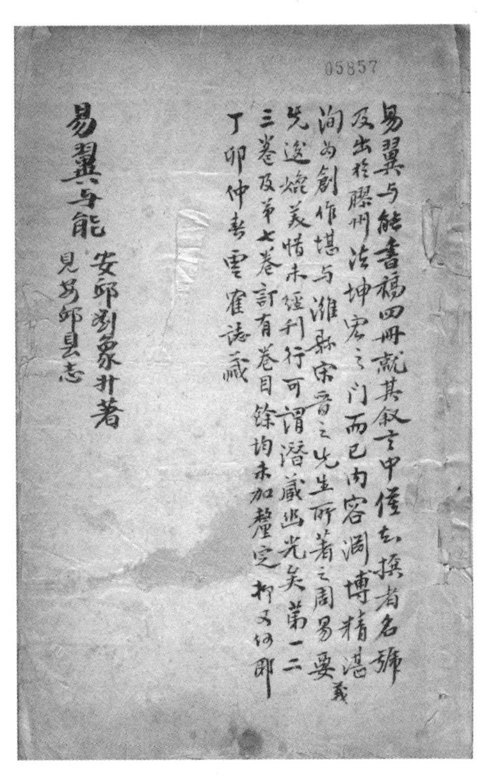
易翼与能書稿四冊，就其叙言中僅知撰者名諱
及出於膠州法坤宏之门而已，内容閎博精湛，
洵為創作，堪与濰縣宋晉之先生所著之周易要義
先後媲美，惜未經刊行，可謂潛藏幽光矣。第一二
三卷及第七卷訂有卷目，餘均未加釐定，抑又何耶。
丁卯仲春雲霍誌藏

易翼与能　安邱劉象升著
見安邱县志

圖三：易翼與能十卷　〔清〕安丘劉象升撰
清鈔本（雲霍跋）

易翼與能卷一
發凡
朱子曰于言上會得者淺于象上會得者深王輔嗣程伊川
皆不信象如今便不敢如此說只可說道不及見這箇了且
從象以下說免得穿鑿又曰說易得其理則象數在其中固
是如此然泝流以觀却須先見象數的當下落方說得理不
走作不然事无實證則虛理易差也按此二說則朱子于易
原欲從象上理會來所著天元玉暦蓋嘗深於象者何不將
來理會到易上只緣被橘象先生壓住了不敢從象以上說
只可從象以下說耳　不佞說易直從象起蓋本朱子之初志
而踵成之非敢妄也言其所欲言也朱子神明其幽贊之矣
乎于玉暦上見得象數的當着落其于易理或不至走作耳
象者天之象也圖之象也象者像也古聖之圖象陰陽伏羲
之圖象天地日月四時文王周公之圖象時位凡以像天之
象也　易中道理俱從天象上理會出來以天道律人道孰能
外之　天有度所以施步算即天之數也故曰其出入以度

圖四：易翼與能十卷　〔清〕安丘劉象升撰
清鈔本（雲霍跋）

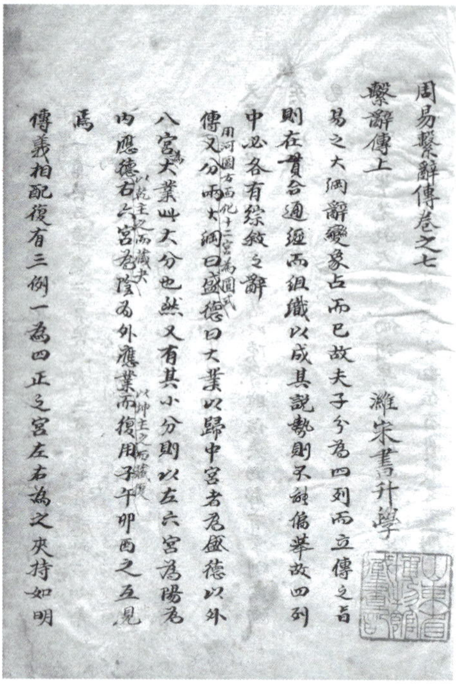

周易繫辭傳卷之七　　濰宋書升學

繫辭傳上

易之大綱辭變象占而已故夫子分為四列而立傳之旨則在貫合通經而組織以成其說勢則不能偏舉故四列中必各有綜敘之辭

傳文分兩大綱（用河圖古面化十二宮為圖式）曰盛德曰大業以歸中宮者為盛德以外八宮為大業此大分也然又有其小分則以左六宮為陽為內應德（以乾主之而藏戊）右六宮為陰為外應業（以坤主之而藏己）而復用子午卯酉之互見焉

傳義相配復有三例一為四正之宮左右為之夾持如明

圖五：周易要義十卷　〔清〕濰縣宋書升撰　稿本

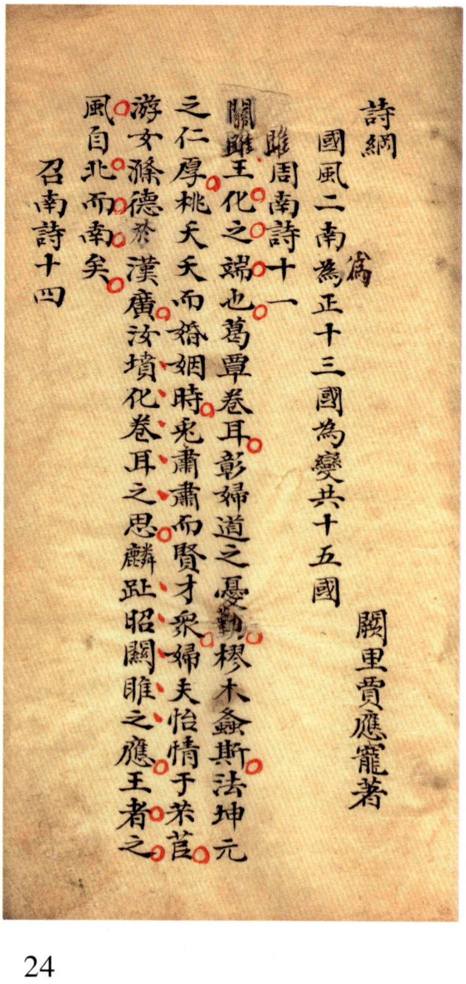

詩綱　　闕里貫應寵著

國風二南為正十三國為變共十五國

雎周南詩十一

關雎王化之端也葛覃卷耳彰婦道之憂勤樛木螽斯法坤元之仁厚桃夭夭而婚姻時兔罝肅肅而賢才衆婦夫怡情于芣苢游女遜德於漢廣汝墳化卷耳之思麟趾昭關雎之應王者之風自北而南矣

召南詩十四

圖六：詩綱四卷　〔清〕曲阜貫應寵撰　稿本（佚名批校）

書經直解卷之一　　濟陽蒿菴稷若張爾岐著

虞書　虞是帝舜有天下之號、這書共有五篇、都是虞舜史官所作、以記虞舜之事者、故總謂之虞書、

堯典　堯是唐堯、典是典籍、這第一篇典籍載唐堯的事、所以謂之堯典、

曰若稽古帝堯、曰放勳、欽明文思安安、允恭克讓、光被四表、格于上下、

曰若是發語之辭、稽是考、放是至、勳是功業、欽是敬、明是通明、文是文章、思是思慮、安安是無所勉強、允是實、克是能、格是至、史臣說稽考古時帝堯、他的功業極其廣大、無一處不至、所以謂之放勳、然堯之有此大業者、以其有盛德之本耳、論他的德性、欽敬而不輕忽、通明而不昏昧、文章著見、思慮深遠、這四德又都出於自然、安而又安、不待勉強、蓋渾性之美如此、所以行出來恭敬、是着實恭敬、無一些虛偽、行出來謙讓、是真能謙讓、無一些矜強、堯有這等盛德、所以光輝著見於外者、極其顯著、凡東西南北四海之外、無不被及、上天

圖七：書經直解四卷　〔清〕濟陽張爾岐撰　清鈔本

尚書要義卷第九　　濰宋書升學

商書

盤庚上第九

盤庚五遷將治亳殷

將治亳殷正義引束晳語當從之

民咨胥怨

作盤庚三篇

河水泛溢遷者五邦卒能奠民居者盤庚也故為重興殷道之賢主而在遷國篇中又更端起義

此篇左氏傳引為盤庚之誥必篇題如此

首篇將遷時所作次篇往遷時所作後篇既遷後所作伏生合於一篇非是

首篇為先告民次告官之辭次篇告民之辭後篇告官之辭其實皆為民也

林氏曰遷都利害甚明而臣民傲上從康誠常情所不堪盤庚諄復懇到曉以利害禍福之理不啻如慈母之於子非優游不斷不能奮其剛決也蓋

圖八：尚書要義十六卷　〔清〕濰縣宋書升撰　稿本

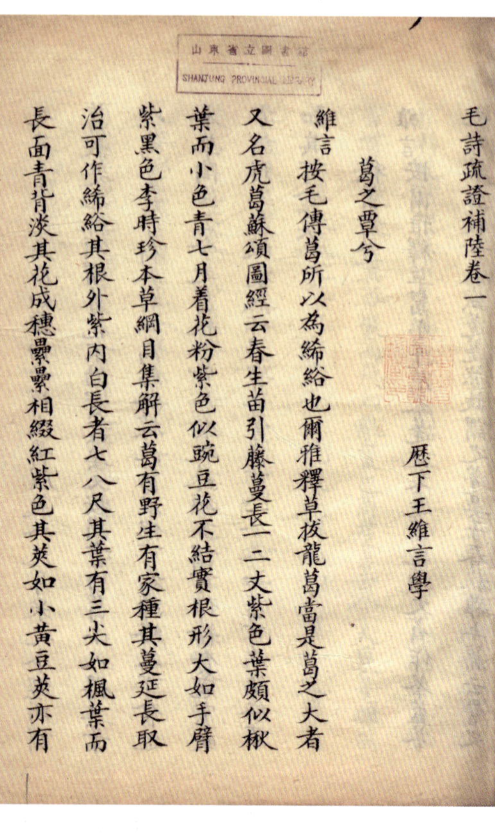

毛詩疏證補陸卷一　　歷下王維言學

葛之覃兮

維言按毛傳葛所以為絺綌也爾雅釋草拔龍葛當是葛之大者又名虎葛蘇頌圖經云春生苗引藤蔓長一二丈紫色葉頗似楸葉而小色青七月着花粉紫色似豌豆花不結實根形大如手臂紫黑色李時珍本草綱目集解云葛有野生有家種其蔓延長取治可作絺綌其根外紫内白長者七八尺其葉有三尖如楓葉而長面青背淡其花成穗纍纍相綴紅紫色其莢如小黄豆莢亦有

圖九：毛詩疏證補陸六卷陸疏廣證七卷毛詩名物狀三卷
〔清〕歷城王維言撰　玉映樓多識録四種稿本

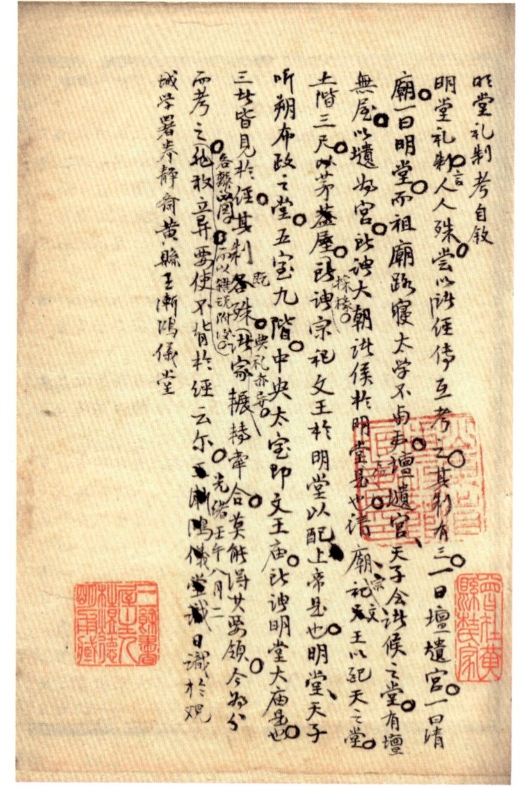
明堂禮制考自敘

圖十：明堂禮制考四卷
〔清〕黄縣王漸鴻撰　稿本

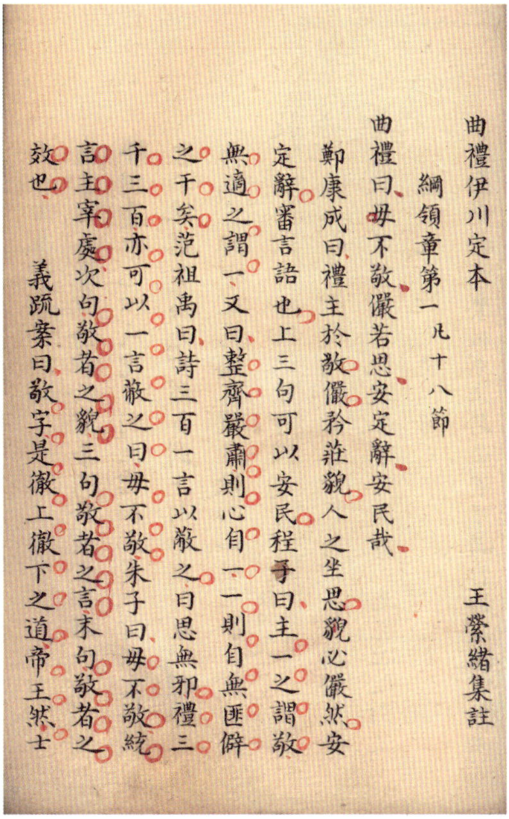

曲禮伊川定本　　王縈緒集註

綱領章第一凡十八節

曲禮曰毋不敬儼若思安定辭安民哉

鄭康成曰禮主於敬儼矜莊貌人之坐思貌必儼然安定辭審言語也上三句可以安民程子曰主一之謂敬無適之謂一又曰整齊嚴肅則心自一一則自無匪僻之干矣范祖禹曰詩三百一言以蔽之曰思無邪禮三千三百亦可以一言蔽之曰毋不敬朱子曰毋不敬統言主宰處次句敬者之貌三句敬者之言末句敬者之效也　義疏案曰敬字是徹上徹下之道帝王然士

圖十一：伊川刪定禮記集註二十三卷首一卷

〔清〕諸城王縈緒撰　稿本（佚名跋）

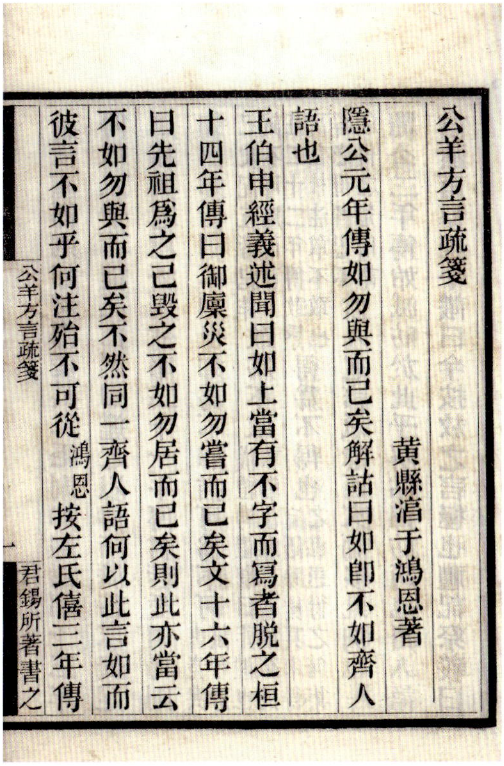

公羊方言疏箋　　黃縣湻于鴻恩著

隱公元年傳如勿與而已矣解詁曰如卽不如齊人語也

王伯申經義述聞曰如上當有不字而寫者脱之桓十四年傳曰御廩災不如勿嘗而已矣文十六年傳曰先祖爲之已毁之不如勿居而已矣則此亦當云不如勿與而已矣不然同一齊人語何以此言如而彼言不如乎何注殆不可從鴻恩按左氏僖三年傳

公羊方言疏箋　一　君錫所著書之

圖十二：公羊方言疏箋一卷　〔清〕黃縣淳于鴻恩撰

清光緒三十四年黃縣淳于氏金泉精舍刻本

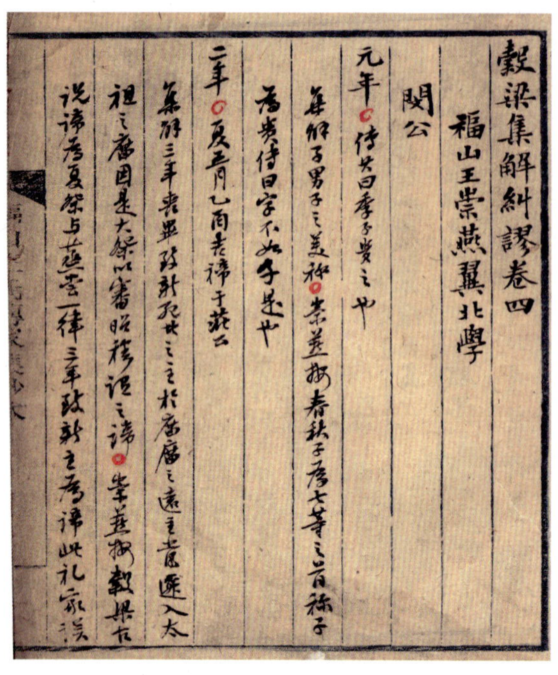

穀梁集解糾謬卷四

福山王崇燕翼北學

閔公

元年○傳其曰季子貴之也

集解子男子之美稱○崇燕按春秋子為七等之首稱子為貴傳曰字不如子是也

二年○夏五月乙酉吉禘于莊公

集解三年喪畢致新死者之主於廟廟之遠主當遷入太祖之廟因是大祭以審昭穆謂之禘○崇燕按穀梁古說禘為夏祭與蒸嘗一律三年致新主為禘此禮家誤

圖十三：穀梁集解糾謬十二卷　〔清〕福山王崇燕撰

福山王氏傳家集稿本（存九卷）

說文解字均隸弟三

宵部三

礿 示部勺聲　祅 示部芺聲　璙 王部尞聲　璬 王部敫聲

璪 王部喿聲　璅 王部巢聲　琥 王部號聲 讀若鎬　瑤 王部䍃聲

玓 王部勺聲　瓅 王部樂聲　珧 王部兆聲　虈 艸部囂聲 鍇本作[illegible]

藋 艸部翟聲　蒻 艸部弱聲　芺 艸部夭聲　[illegible] 艸部頯聲

藨 艸部麃聲 讀若剽　蘥 艸部龠聲　芀 艸部刀聲　芍 艸部勺聲

藐 艸部皃聲　藇 艸部與聲　藃 艸部歊聲　莦 艸部肖聲

芼 艸部毛聲　苗 艸部　菿 艸部到聲 楙案各本作[illegible]聲誤今依段本正段曰玉篇廣韵皆無蓺字菿之誤也後人檢菿字不得則於艸部末綴菿篆訓曰艸木倒語不可通爾雅釋文廣韵四覺皆引說文菿艸大也

圖十四：說文解字均隸十二卷　〔清〕日照丁楙五撰

稿本（清日照許瀚批）

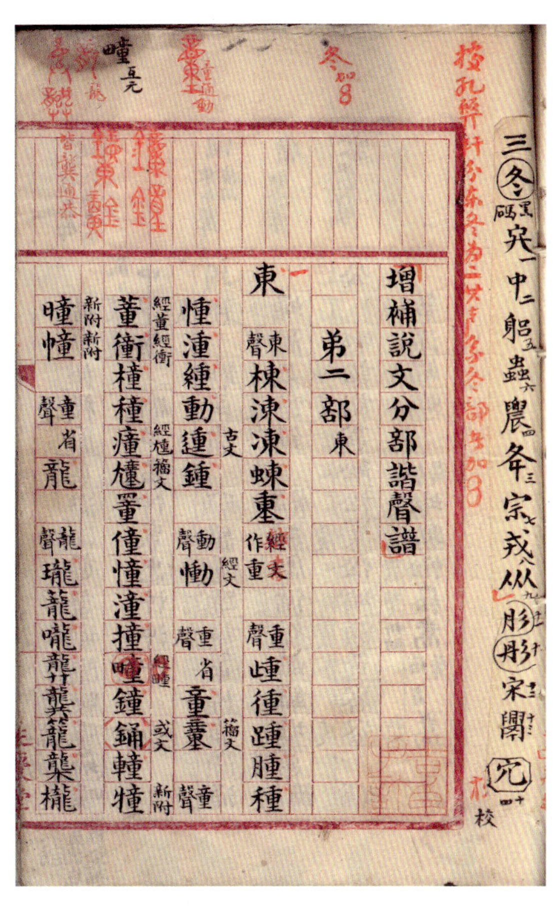

圖十五：增補說文分部諧聲譜二卷 〔清〕單縣時庸勱撰 稿本（單縣時氏音學遺著之一）

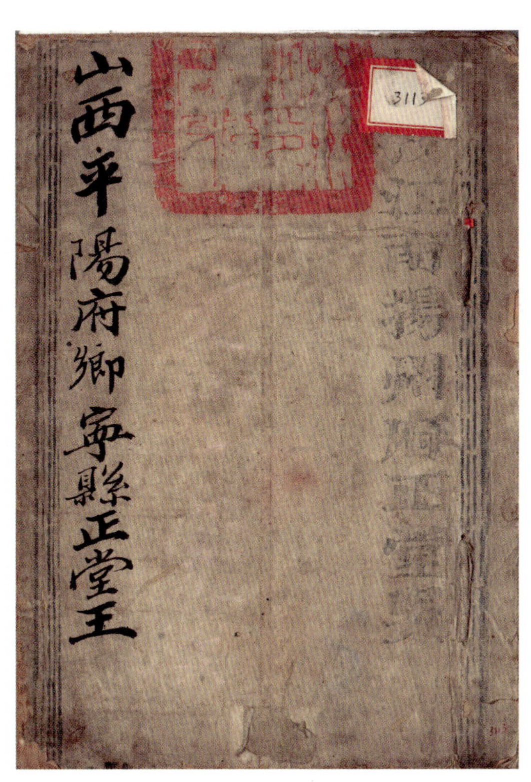

圖十六：文字蒙求四卷 〔清〕安丘王筠撰 稿本（清益都陳山嵋跋）

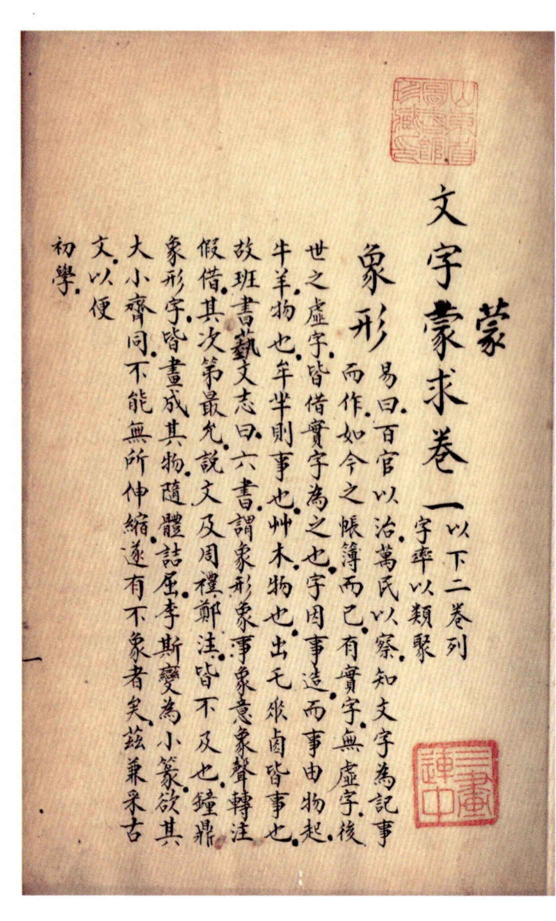

文字蒙求卷一（以下二卷列字率以類聚）

象形 易曰百官以治萬民以察。知文字為記事而作。如今之帳簿而已。有實字無虛字。後世之虛字皆借實字為之也。字因事造。而事由物起。牛羊物也。牟芈則事也。艸木物也。出乇𠂹卤皆事也。故班書藝文志曰。六書謂象形象事象意象聲轉注假借。其次第最允。說文及周禮鄭注皆不及也。鐘鼎象形字皆畫成其物。隨體詰屈。李斯變為小篆。欲其大小齊同。不能無所伸縮。遂有不象者矣。茲兼采古文。以便初學。

圖十七：文字蒙求四卷 〔清〕安丘王筠撰 稿本（清益都陳山嵋跋）

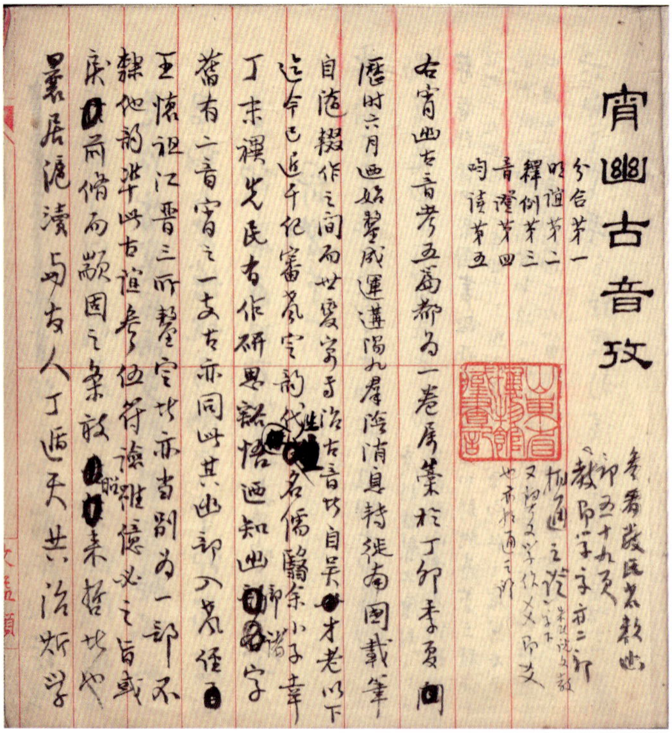

圖十八：宵幽古音攷一卷 日照王獻唐撰 稿本（王獻唐先生遺稿之一）

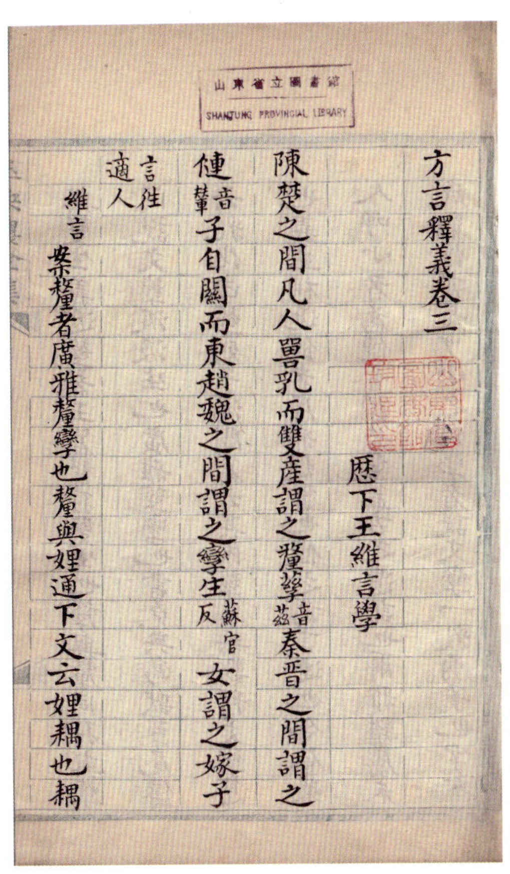

方言釋義卷三

歷下王維言學

陳楚之間凡人嘼乳而雙產謂之釐孳（音茲）秦晉之間謂之僆（音輦）子自關而東趙魏之間謂之孿生（蘇官反）女謂之嫁子言往適人

維言案釐者廣雅釐孿也釐與嫠通下文云嫠耦也耦

圖十九：方言釋義十三卷　〔清〕歷城王維言撰　稿本

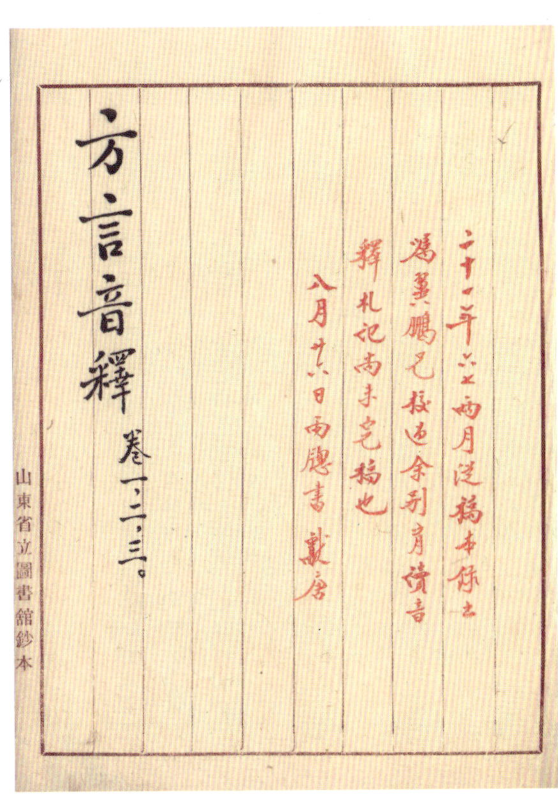

方言音釋

卷一、二、三。

圖二十：方言音釋十三卷　日照丁惟汾撰

民國二十一年海曲王氏雙行精舍鈔本（日照王獻唐批注並跋）

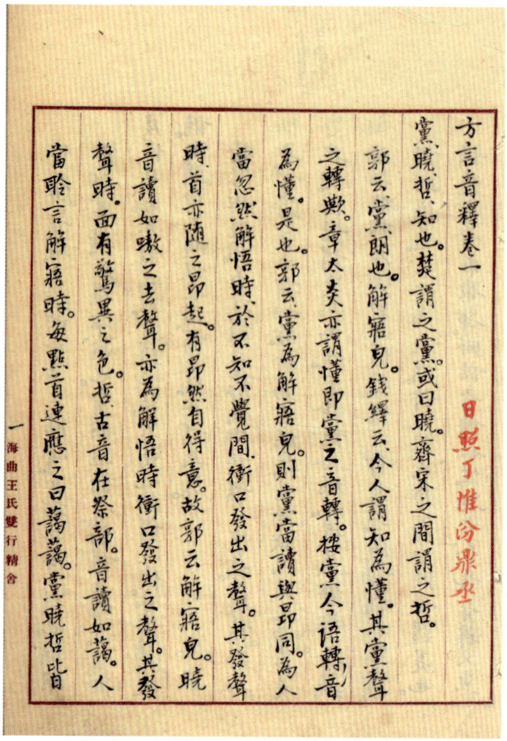

方言音釋卷一　日照丁惟汾鼎丞

黨曉哲知也。楚謂之黨，或曰曉，齊宋之間謂之哲。

郭云黨朗也，解寤皃。錢繹云今人謂知為懂，其黨聲之轉歟。章太炎亦謂懂即黨之音轉。按黨今語轉音為懂是也。郭云黨為解寤皃，則黨當讀與昂同。為人當忽然解悟時，於不知不覺間，衝口發出之聲。其發聲時首亦隨之昂起，有昂然自得意。故郭云解寤皃。曉音讀如嗷之去聲，亦為解悟時衝口發出之聲。其發聲時面有驚異之色。哲古音在祭部，音讀如藹。人當聆言解寤時，每點首連應之曰藹藹。黨曉哲皆

海曲王氏雙行精舍

圖二十一：方言音釋十三卷　日照丁惟汾撰
民國二十一年海曲王氏雙行精舍鈔本（日照王獻唐批注並跋）

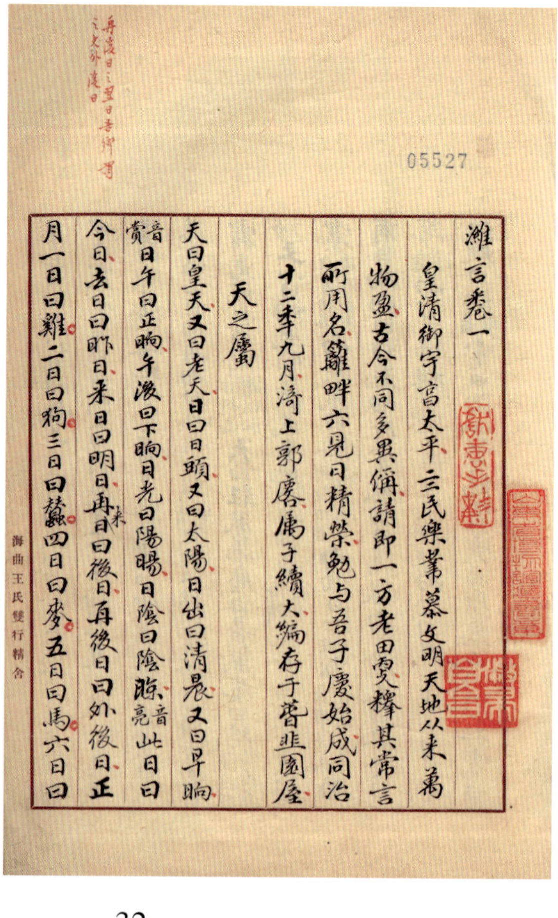

05527

濰言卷一

皇清御宇，富太平之民，樂業慕文明。天地以來，萬物盈古今，不同多異俗。請即一方老田叟釋其常言所用名，蘿畔六見日精，榮勉與吾子慶，始成。同治十二年九月濰上郭麐屬子續大編，存于晉韭園屋

天之屬

天曰皇天，又曰老天。日曰日頭，又曰太陽。日出曰清晨，又曰早晌音賞。日午曰正晌午，後曰下晌。日光曰陽晹，日陰曰陰睺音亮。山日曰今日，去日曰昨日，來日曰明日，再日曰後日，再後日曰外後日。正月一日曰雞，二日曰狗，三日曰豬，四日曰羊，五日曰馬，六日曰

海曲王氏雙行精舍

圖二十二：濰言四卷　〔清〕濰縣郭麐撰
民國二十年秦玉章鈔本（日照王獻唐批校並跋）

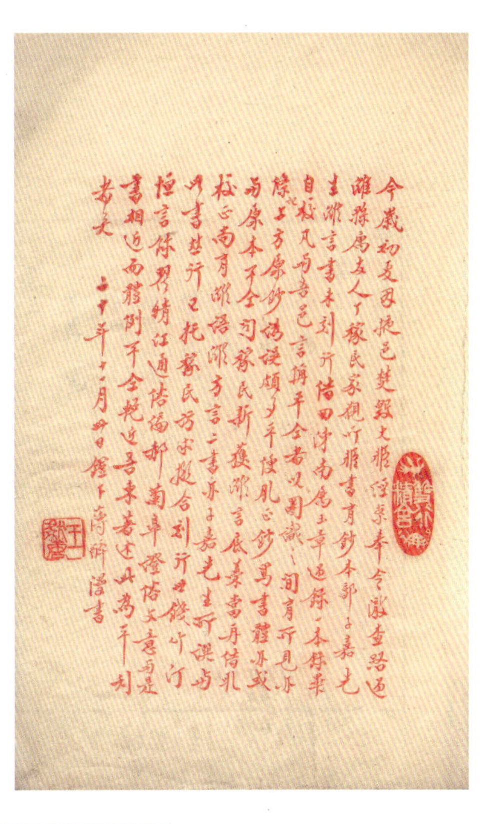

圖二十三：濰言四卷 〔清〕濰縣郭麐撰
民國二十年秦玉章鈔本（日照王獻唐批校並跋）

先都御史公奏疏卷一

目錄

甘肅按察使任道光二十三年八月至二十四年七月

恭報接受甘肅臬篆叩謝天恩摺

沿途經過地方田禾民情片

恭報接署甘肅藩篆叩謝天恩摺

圖二十四：楊端勤公奏疏三十六卷（存二十一卷）
〔清〕聊城楊以增撰 〔清〕聊城楊紹和輯 清稿本

圖二十五：東阿于文定公年譜二卷 〔明〕臨邑邢侗
〔明〕懷寧阮自華撰 明末鈔本

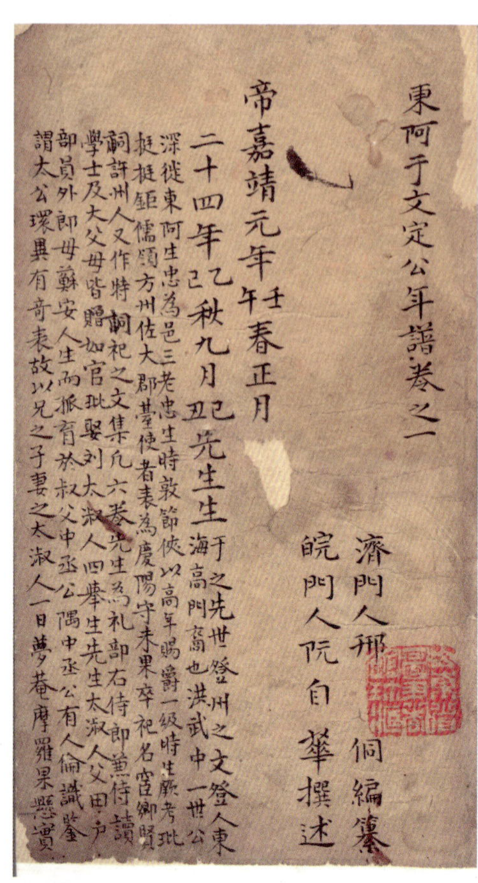
東阿于文定公年譜卷之一

濟門人邢　侗編纂
皖門人阮自華撰述

帝嘉靖元年壬午春正月

二十四年乙巳秋九月己丑先生生于之先世登州之文登人東海高門裔也洪武中一世公深徙東阿生忠為邑三老忠生時敦節俠以高年賜爵一級時生彪考玭挺挺鉅儒顯方州佐大郡臺使者表為慶陽守未果卒祀名宦鄉賢祠許州人又作特祠祀之文集凡六卷先生為礼部右侍郎兼侍讀學士及大父母皆贈如官玭娶刘太淑人四舉生先生太淑人父田戶部員外郎毋蘇安人生而振育於叔父中丞公偶中丞公有人倫識鑒謂太公環異有奇表故以兄之子妻之太淑人一日夢菴摩羅果懸簀

王氏族譜原序

王氏族譜譜王氏之族也王之有姓系出於周自靈王太子晉之子宗敬為司徒能其官當世號稱王家嗣是竄入者數家支分流别而要以瑯琊為嫡派新城之有王氏系出青州之瑯琊其移居新城自瑯琊公始往予亡叔秀才公廷華曾有徙新城譜畧今湮没無傳吁傷哉予家徙新城僅二百年耳已不能詳及今不譜後世

圖二十六：新城王氏世譜八卷世系一卷
〔清〕新城王兆弘等纂修 清乾隆二十五年新城王氏家刻本

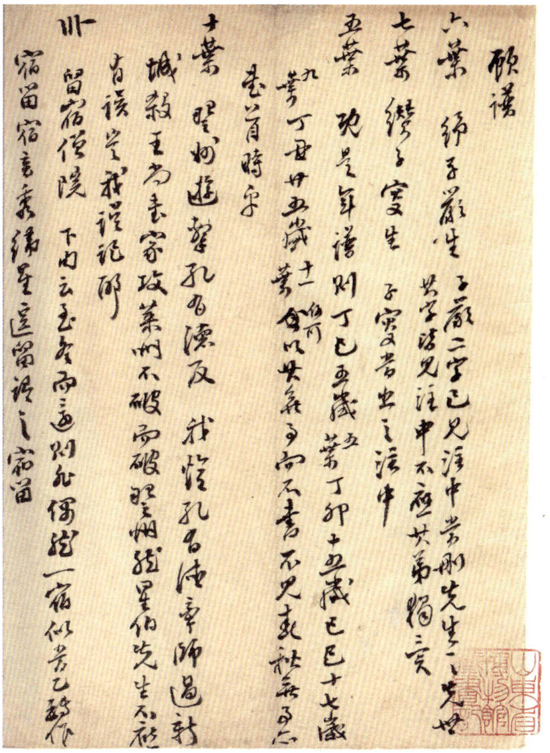

圖二十七：顧亭林年譜校錄一卷　〔清〕安丘王筠撰　稿本

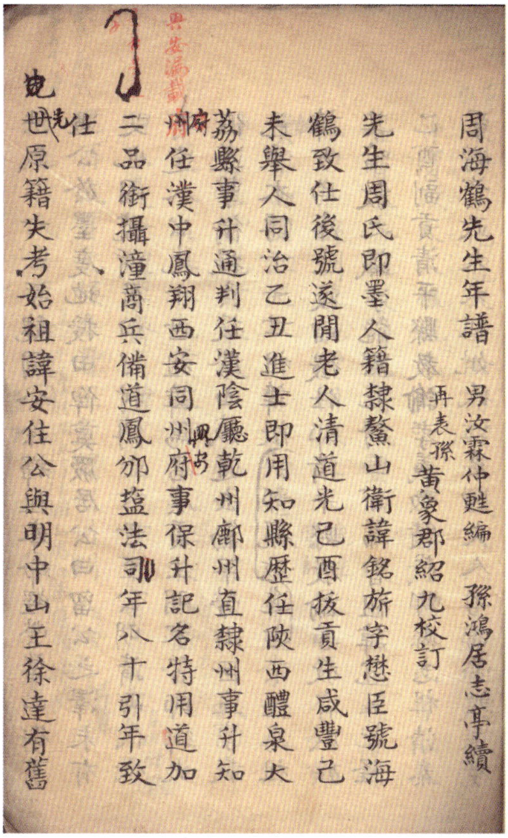

周海鶴先生年譜　男汝霖仲甦編　孫鴻居志亭續

再表孫黃象郡紹九校訂

先生周氏即墨人籍隸鰲山衛諱銘旂字懋臣號海鶴致仕後號遂閒老人清道光己酉拔貢生咸豐己未舉人同治乙丑進士即用知縣歷任陝西醴泉大荔縣事升通判任漢陰廳乾州鄜州直隸州事升知府任漢中鳳翔西安同州府事保升記名特用道加二品銜攝潼商兵備道鳳邠鹽法道年八十引年致仕先世原籍失考始祖諱安住公與明中山王徐達有舊

圖二十八：周海鶴先生年譜一卷　〔清〕即墨周汝霖撰　〔清〕即墨周鴻居續　稿本

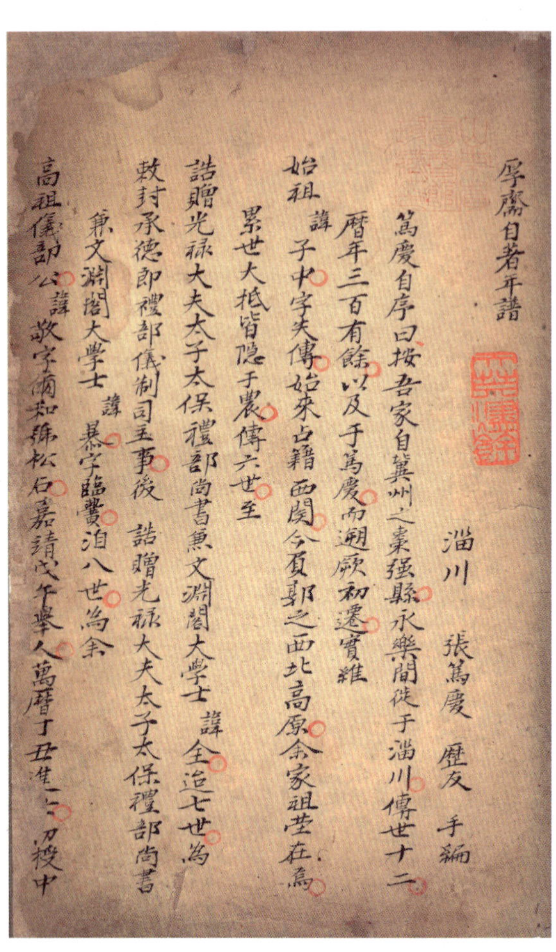

厚齋自著年譜

淄川　張篤慶　歷友　手編

篤慶自序曰：按吾家自冀州之棗强縣永樂閭徙于淄川，傳世十二，歷年三百有餘，以及于篤慶。而溯厥初遷，實維始祖諱子中，字夫傳，始來占籍西閭，今頁郭之西北。高原，余家祖塋在焉。累世大抵皆隱于農，傳六世至

誥贈光祿大夫太子太保禮部尚書兼文淵閣大學士諱全，迨七世，爲

敕封承德郎禮部儀制司主事，後誥贈光祿大夫太子太保禮部尚書兼文淵閣大學士諱曓，字臨黌，洎八世，爲余

高祖儀部公，諱敬，字爾知，號松石，嘉靖戊午舉人，萬曆丁丑進士，初授中

圖二十九：厚齋自著年譜一卷　〔清〕淄川張篤慶撰　稿本

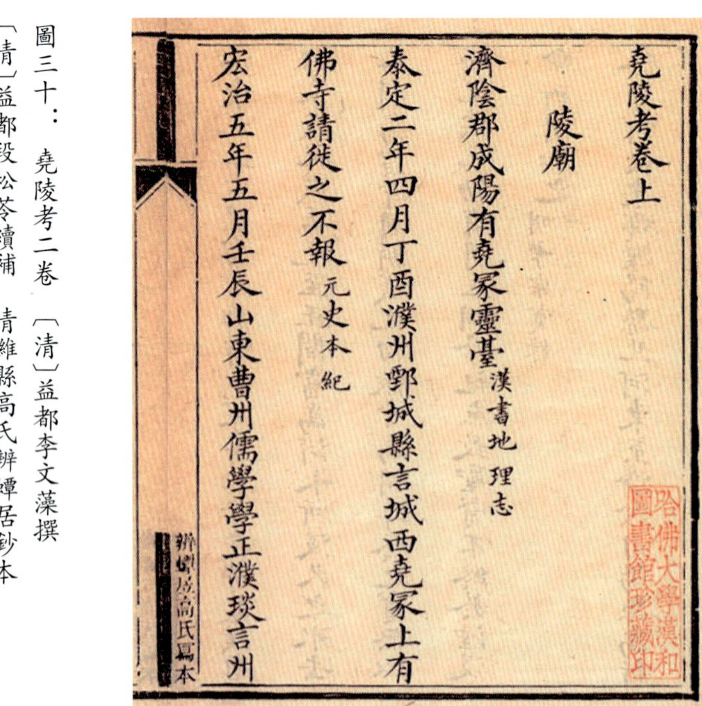

堯陵考卷上

陵廟

濟陰郡成陽有堯冢靈臺　漢書地理志

泰定二年四月丁酉，濮州鄄城縣言城西堯冢上有佛寺，請徙之，不報。元史本紀

宏治五年五月壬辰，山東曹州儒學學正濮琰言州

辨蟫居高氏寫本

圖三十：堯陵考二卷　〔清〕益都李文藻撰　〔清〕益都段松苓續補　清濰縣高氏辨蟫居鈔本

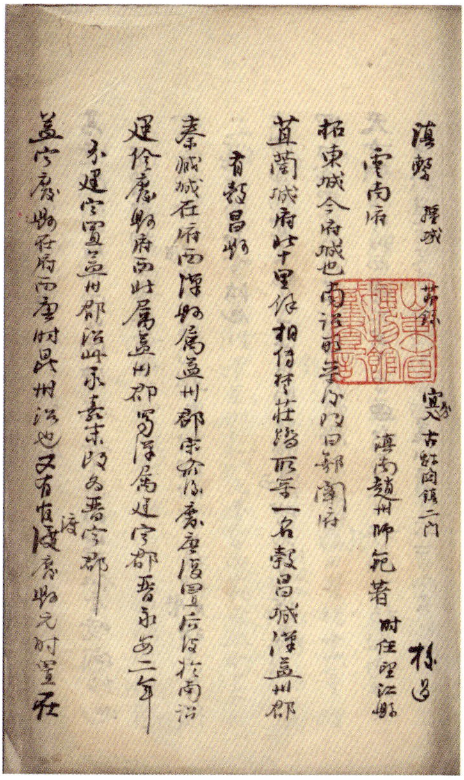

圖三十一：方輿叢錄不分卷 〔清〕濟寧許鴻磐撰 稿本

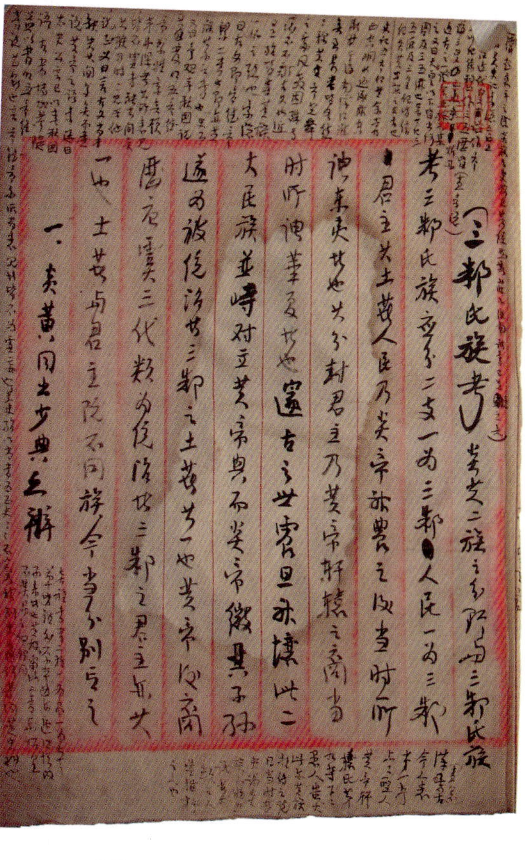

圖三十二：炎黃氏族文化考不分卷 日照王獻唐撰 稿本（王獻唐先生遺稿之一）

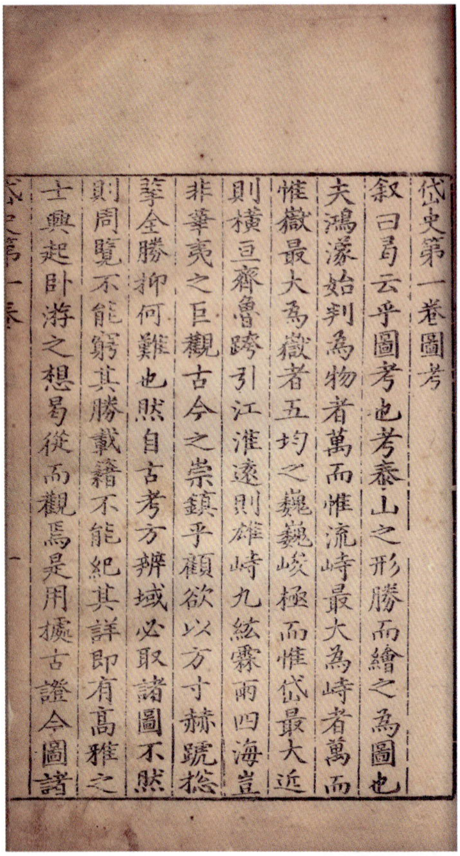

岱史第一卷圖考

敘曰㝵云乎圖考也考泰山之形勝而繪之為圖也夫鴻濛始判為物者萬而惟流峙最大為峙者萬而惟嶽最大為嶽者五均之巍巍峻極而惟岱最大近則橫亘齊魯跨引江淮遠則雄峙九紘霖雨四海豈非華夷之巨觀古今之崇鎮乎顧欲以方寸赫蹏揔箄全勝抑何難也然自古考方辨域必取諸圖不然則周覽不能窮其勝載籍不能紀其詳即有高雅之士興起卧游之想曷從而觀焉是用摭古證今圖諸

圖三十三：岱史十八卷〔明〕海寧查志隆撰
明萬曆十五年戴相堯刻本

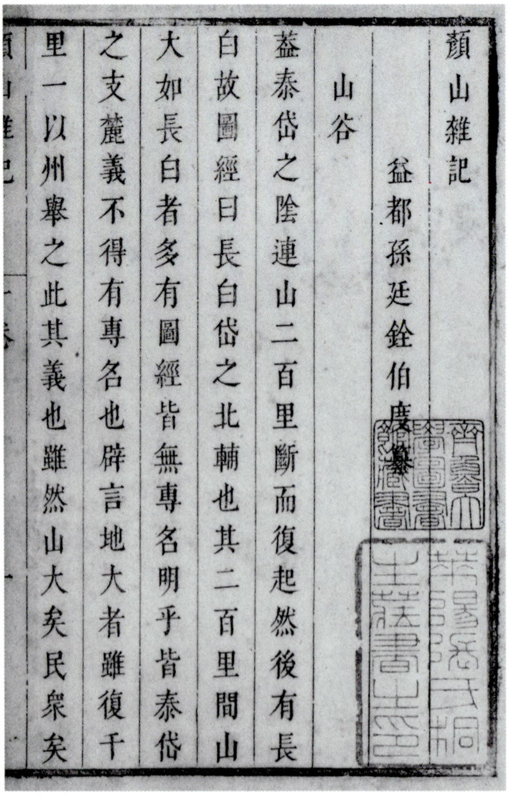

顏山雜記

益都孫廷銓伯度纂

山谷

蓋泰岱之陰連山二百里斷而復起然後有長白故圖經曰長白岱之北輔也其二百里間山大如長白者多有圖經皆無專名明乎皆泰岱之支麓義不得有專名也辟言地大者雖復千里一以州舉之此其義也雖然山大矣民衆矣

圖三十四：顏山雜記四卷〔清〕益都孫廷銓撰
清康熙五年刻本

圖三十五：登州雜事續編四卷 〔清〕黃縣趙蔚坊撰 稿本（清黃縣淳于鴻恩批注）

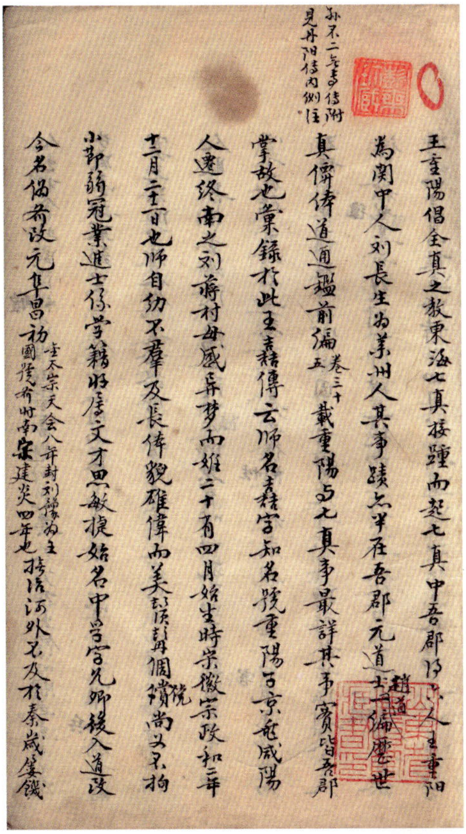
王重陽倡全真之教東海七真接踵而起七真中吾郡[illegible]人王重陽
爲關中人劉長生爲萊州人其事跡太半在吾郡元道士[illegible]編歷世
真仙體道通鑑前編卷三十五載重陽與七真事最詳其事實皆吾郡
掌故也彙錄於此王嚞傳云師名嚞字知明號重陽子京兆咸陽
人遷終南之劉蔣村母感異夢而娠二十有四月始生時宋徽宗政和二年
十二月二十二日也師自幼不群及長倜儻雄偉而美鬚髯[illegible]尚義不拘
小節弱冠業進士係學籍好屬文才思敏捷始名中孚字允卿後入道改
今名[illegible]

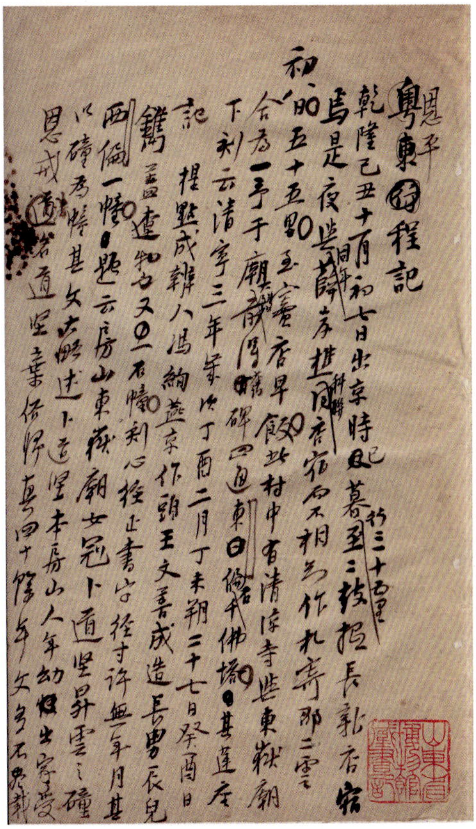
粵東程記
乾隆己丑十月初七日出京時[illegible]

圖三十六：恩平程記一卷 〔清〕益都李文藻撰 稿本

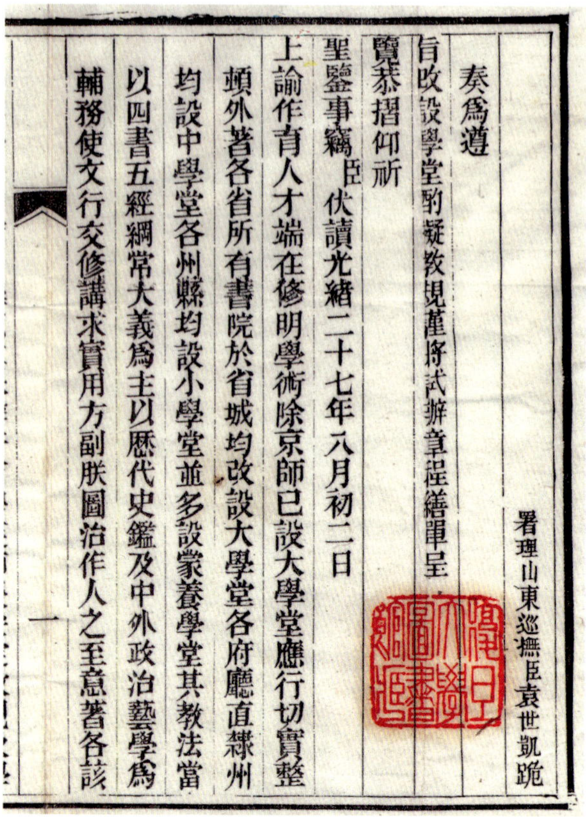

署理山東巡撫臣袁世凱跪
奏爲遵
旨改設學堂酌擬教規釐訂試辦章程繕單呈
覽恭摺仰祈
聖鑒事竊臣伏讀光緒二十七年八月初二日
上諭作育人才端在修明學術除京師已設大學堂應行切實整
頓外著各省所有書院於省城均改設大學堂各府廳直隸州
均設中學堂各州縣均設小學堂並多設蒙養學堂其教法當
以四書五經綱常大義爲主以歷代史鑑及中外政治藝學爲
輔務使文行交修講求實用方副朕圖治作人之至意著各該

圖三十七：山東試辦大學堂暫行章程摺稿一卷
〔清〕項城袁世凱撰　清光緒二十七年刻本

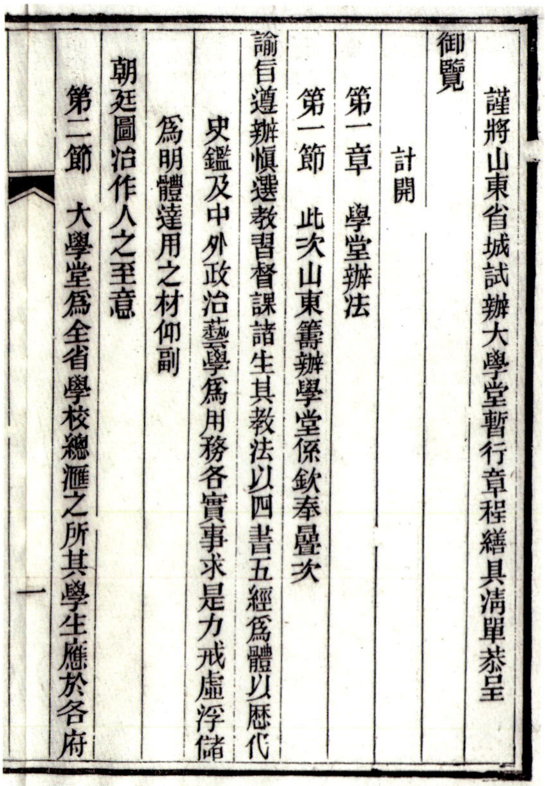

謹將山東省城試辦大學堂暫行章程繕具清單恭呈
御覽
計開
第一章　學堂辦法
第一節　此次山東籌辦學堂係欽奉疊次
諭旨遵辦愼選教習督課諸生其教法以四書五經爲體以歷代
史鑑及中外政治藝學爲用務各實事求是力戒虛浮儲
爲明體達用之材仰副
朝廷圖治作人之至意
第二節　大學堂爲全省學校總滙之所其學生應於各府

圖三十八：山東試辦大學堂暫行章程繕稿一卷
〔清〕項城袁世凱撰　清光緒二十七年刻本

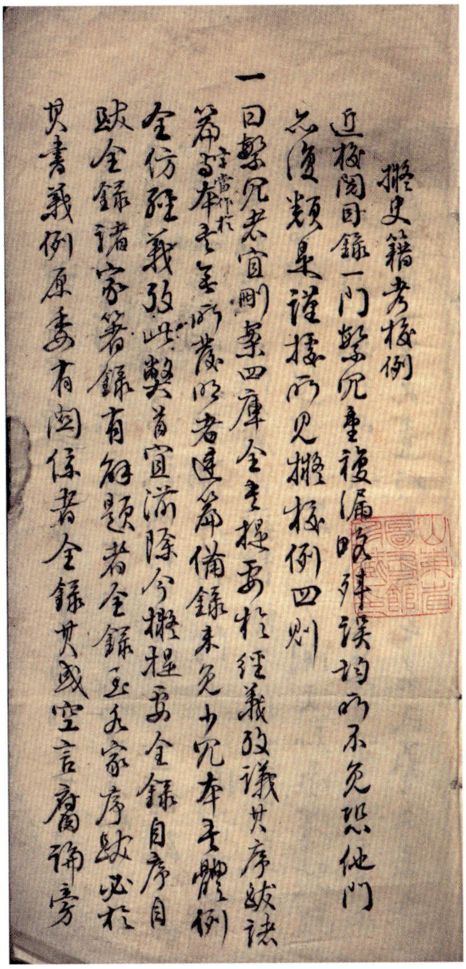

圖三十九：擬史籍考校例一卷 〔清〕日照許瀚撰

清道光二十六年稿本（日照王獻唐跋）

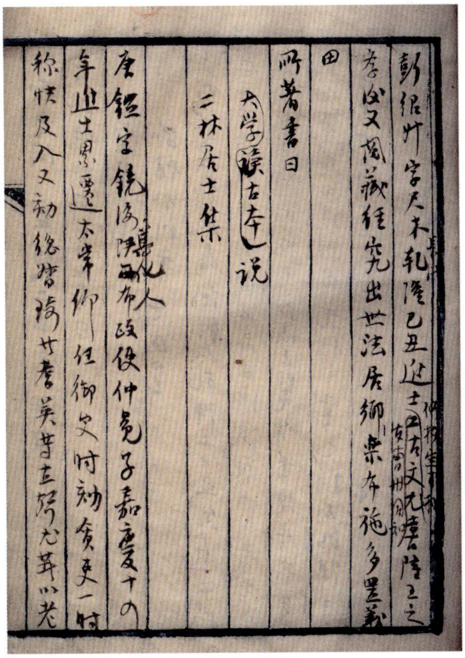

圖四十：晚出書目紀略四卷

〔清〕黃縣王守訓撰 稿本

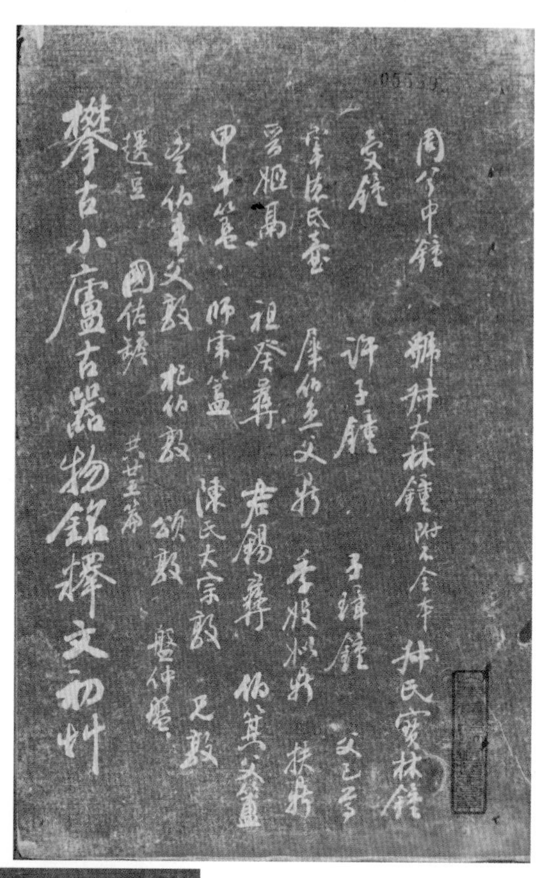
攈古小廬古器物銘釋文初艸

圖四十一：攈古小廬古器物銘釋文初草不分卷
〔清〕日照許瀚撰　稿本

圖四十二：攈古小廬古器物銘釋文初草不分卷
〔清〕日照許瀚撰　稿本

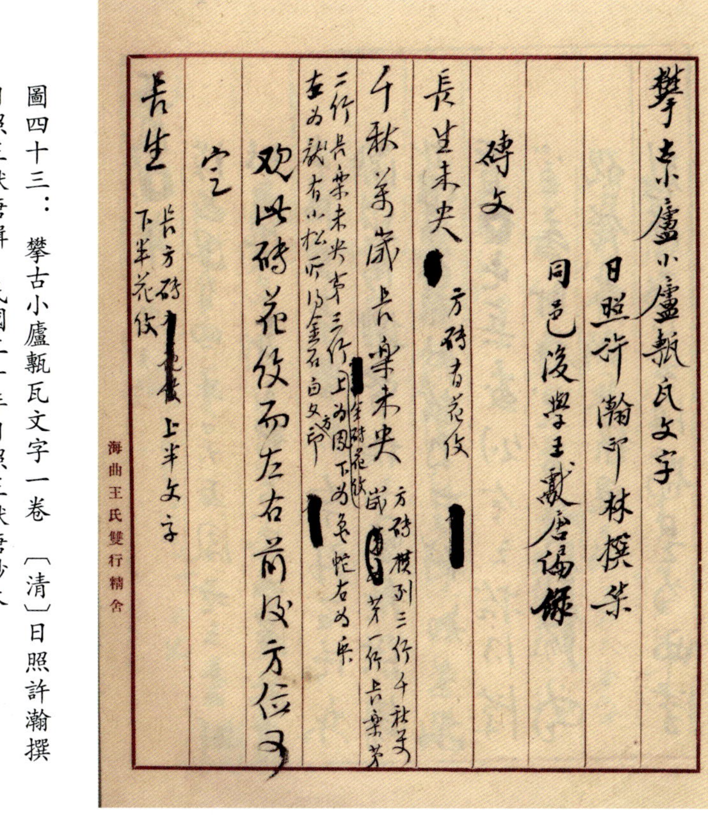
攀古小廬瓶瓦文字

日照許瀚印林撰集

同邑後學王獻唐編錄

磚文

長生未央

千秋萬歲長樂未央

觀此磚花紋而左右前後方位

長生

海曲王氏雙行精舍

圖四十三：攀古小廬瓶瓦文字一卷〔清〕日照許瀚撰
日照王獻唐輯　民國二十年日照王獻唐鈔本

圖四十四：古泉苑一百卷附皇朝錢法一卷
〔清〕諸城劉喜海撰　清稿本　劉喜海小像（古泉苑卷首）

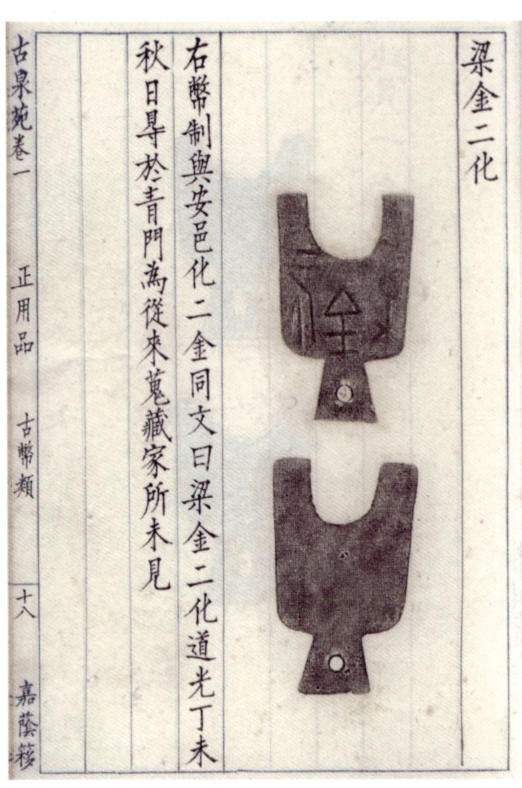

梁金二化

右幣制與安邑化二金同文曰梁金二化道光丁未秋日得於青門爲從來蒐藏家所未見

古泉苑卷一　正用品　古幣類　十八　嘉蔭簃

圖四十五：古泉苑一百卷附皇朝錢法一卷　〔清〕諸城劉喜海撰　清稿本

喜海案此錢今世頗艱覯余得一品甚完美綠翠斑斕字含八分體亦遒勁異常洵足寶玩也可謂絕無僅有之物

廣政錢泉道光丙午吳式鷗觀察得一品於蜀中昨金廣文（衍宗）出其祖（衍雲先生）古泉致亦有錢廣政

十國紀年後蜀史曰蜀主昶明德三年十二月丁亥申嚴錢禁明年改元廣政

十國春秋曰後蜀後主廣政元年是歲鑄廣政通寶錢

洪遵曰余按此錢計當時所鑄徑九分重三銖銅質渾厚字八分書

董逌曰廣政通寶前（培按當是後字之誤）僞蜀孟昶改元（培按說郛引此九字下有鑄字前字亦作後）

十國紀年曰廣政二十五年以屯戍既廣調度不

圖四十六：古泉彙考八卷　〔清〕大興翁樹培撰　〔清〕諸城劉喜海補注　稿本（清利津李佐賢　福山王懿榮批）

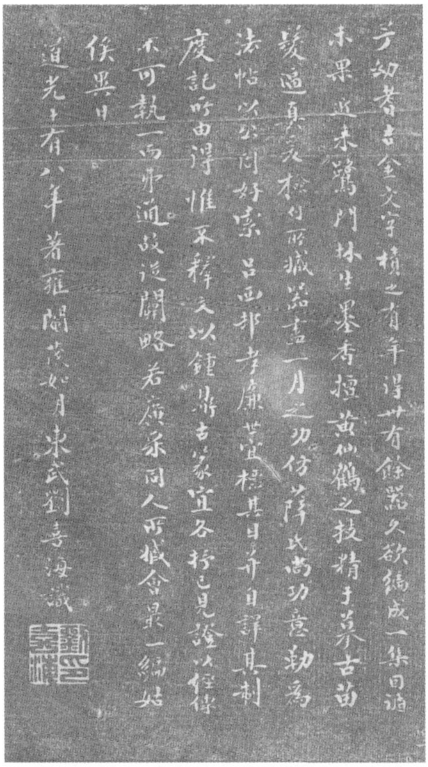

圖四十七：清愛堂家藏鐘鼎彝器款識灋帖一卷
〔清〕諸城劉喜海輯　清道光十八年原石拓印本

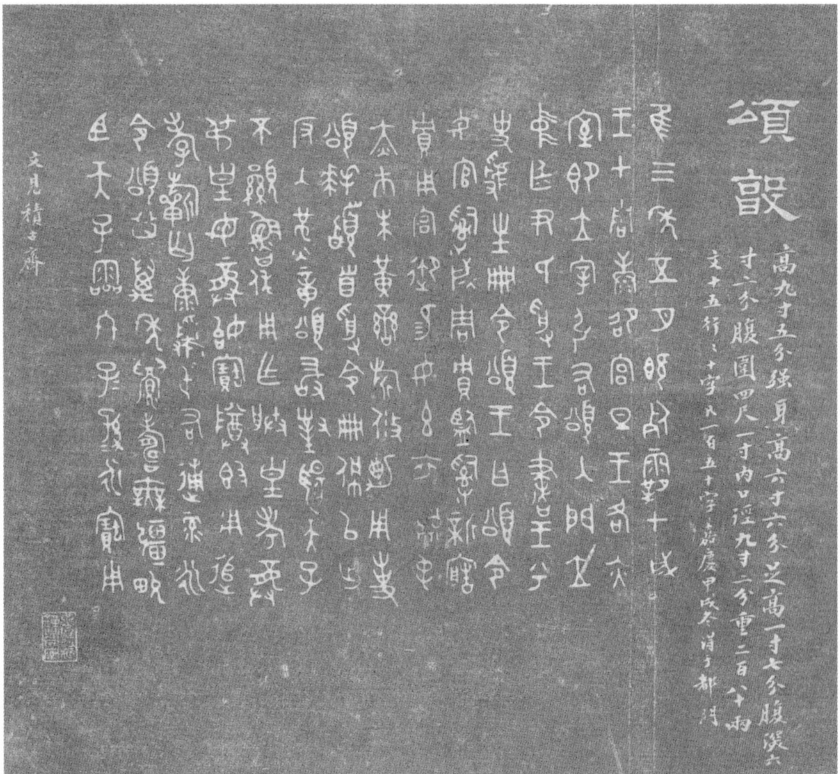

圖四十八：清愛堂家藏鐘鼎彝器款識灋帖一卷
〔清〕諸城劉喜海輯　清道光十八年原石拓印本

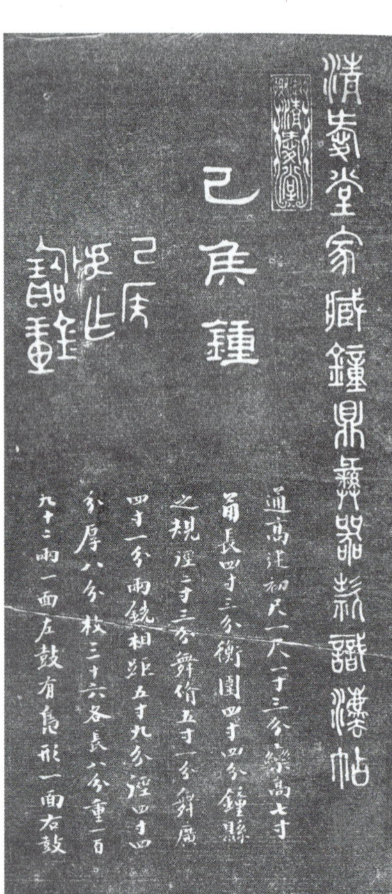

清愛堂家藏鐘鼎彝器款識灋帖

清愛堂

己侯鐘

通高建初尺一尺二寸三分 欒高七寸
甬長四寸三分 衡圍四寸四分 鐘縣
之規徑二寸三分 舞修五寸一分 舞廣
四寸一分 兩銑相距五寸九分 徑四寸四
分 厚八分 枚三十六各長八分 重一百
九十二兩 一面左鼓有鳥形 一面右鼓

圖四十九：清愛堂家藏鐘鼎彝器款識灋帖一卷
〔清〕諸城劉喜海輯　清道光十八年原石拓印本

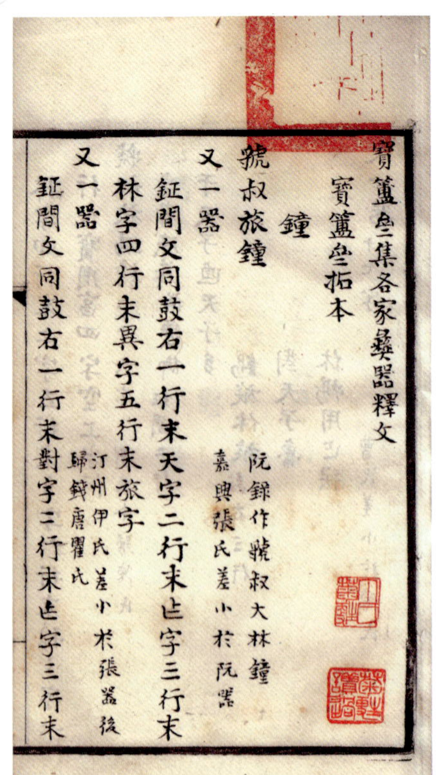

寶簠齋集各家彝器釋文
寶簠齋拓本
鐘
虢叔旅鐘　阮録作虢叔大林鐘 嘉興張氏差小於阮器
又一器　鉦間文同鼓右一行末天字二行末𤔲字三行末林字四行末異字五行末旅字　汀州伊氏差小於張器後歸錢唐瞿氏
又一器　鉦間文同鼓右一行末對字二行末𤔲字三行末

圖五十：寶簠齋集各家彝器釋文不分卷
〔清〕濰縣陳介祺釋文　民國黃縣丁菊甦鈔本

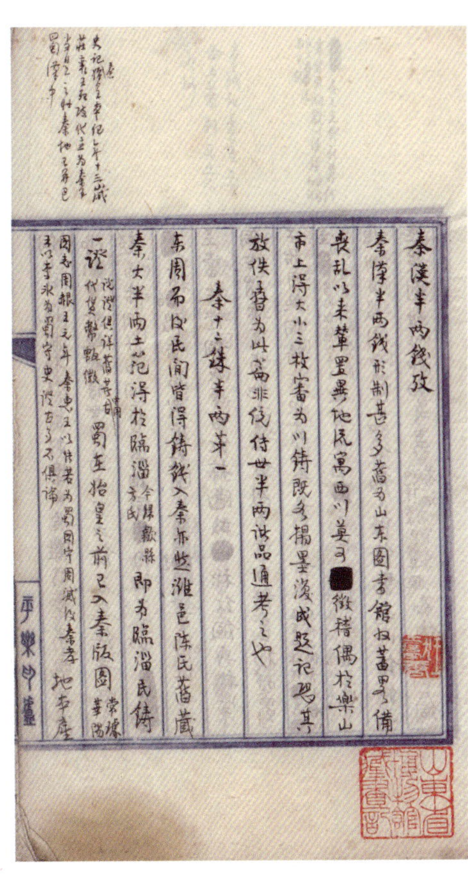

秦漢半兩錢攷

秦漢半兩錢形制甚多，舊為山東圖書館收蓄異品備
喪亂以來，革置異地，民寓西川，莫可[illegible]徵，稽偶於樂山
市上得大小三枚，審為川鑄，既多揭墨，復成題記，思其
放佚，舊為此，而非從傳世半兩諸品通考之也

秦十二銖半兩第一

東周而後民間皆得鑄錢，入秦亦然，濰邑陳氏舊藏
秦大半兩，土人云得於臨淄（今屬[illegible]縣），即為臨淄民鑄
一證

圖五十一：中國古代貨幣通考不分卷　日照王獻唐撰　稿本（王獻唐先生遺稿之一）

殷虛書契補釋

膠西柯昌濟學

卜詞中常有[illegible]字如[illegible]等語又从[illegible]之字亦甚多如[illegible][illegible]等字案从从[illegible]當即从辛古文結曲作形非辛字也父癸尊亦有此字作[illegible]其後辥侯盤作[illegible]从辛可証矣求之音訓當即古朔字朔辛音雖不在一部（朔五部辛十三部）然音在一母古雙聲字相从疑古讀朔如辥辥侯盤即薛侯盤（王靜安師釋辥以其文有媵叔任語）薛字段朔為之必以其音讀同故也（卜詞之[illegible]从𠂤从辛乃辥之本字）

卜詞常有[illegible]字其文曰癸子卜貞旬亡[illegible]王[illegible]曰吉又王卜貞田宮往來口口王[illegible]曰吉又王[illegible]曰大吉案此字見金文陵子盤作

圖五十二：殷虛書契補釋一卷　膠州柯昌濟撰　民國鈔本

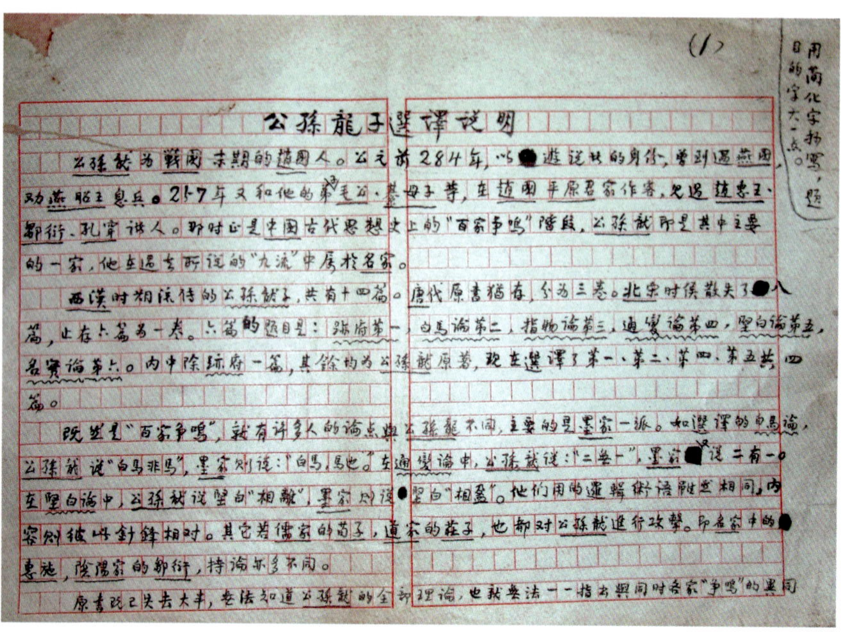

(1)

用简化字抄写，题目的字大一点。

公孫龍子選譯說明

公孫龍为戰國末期的趙國人。公元前284年，以遊說者的身份，曾到過燕國，劝燕昭王息兵。257年又和他的弟子毛公、綦母子等，在趙國平原君家作客，見過趙惠王、鄒衍、孔穿諸人。那时正是中國古代思想史上的“百家爭鳴”階段，公孫龍即是其中主要的一家，他在過去所說的“九流”中屬於名家。

西漢时期流傳的公孫龍子，共有十四篇。唐代原書猶存，分为三卷。北宋时候散失了八篇，止存六篇为一卷。六篇的題目是：跡府第一，白馬論第二，指物論第三，通變論第四，堅白論第五，名實論第六。內中除跡府一篇，其餘均为公孫龍原著，現在選譯了第一、第二、第四、第五共四篇。

既然是“百家爭鳴”，就有許多人的論點與公孫龍不同，主要的是墨家一派。如選譯的白馬論，公孫龍說“白馬非馬”，墨家則說：“白馬，馬也。”在通變論中，公孫龍說：“二無一”，墨家說二有一。在堅白論中，公孫龍說堅白“相離”，墨家則說堅白“相盈”。他們用的邏輯術語雖然相同，內容則彼此針鋒相对。其它若儒家的荀子，道家的莊子，也都对公孫龍進行攻擊。即名家中的惠施，陰陽家的鄒衍，持論亦多不同。

原書既已失去大半，無法知道公孫龍的全部理論，也就無法一一指出與同时各家“爭鳴”的異同

圖五十三：公孫龍子選譯四卷

日照王獻唐撰　稿本（王獻唐先生遺稿之一）

公孫龍子選譯

跡府第一①

原文

公孫龍，六國②時辯士③也。
疾名實之散亂，
因資材之所長，
为“守白”④之論；
假物取譬，以“守白”辯。
謂白馬为非馬也。白馬为非馬者：
言白所以名色，言馬所以名形也；
色非形，形非色也。
夫言色則形不當與，言形則色不宜從，
今合以为物，非也。
如求白馬於廄中，
無有，而有驪色之馬，

譯文

公孫龍，是六國时期善於辯論的士人。
他厭惡事物的名称和實体間的分離錯亂，
就自己的天賦才力所長，
提出“守白”論点；
借實物作譬喻，以“守白”爭辯。
他說白馬不是馬。白馬不是馬的原因：
白为顏色的名称，馬为形象的名称；
顏色不是形象，形象不是顏色。
既言顏色就不當加上形象，言形象就不應與顏色相連，
現在把它合而为一，是不对的。
若在馬棚中尋求白馬，
沒有得到，只有黑色的馬，

圖五十四：公孫龍子選譯四卷

日照王獻唐撰　稿本（王獻唐先生遺稿之一）

池北偶談卷一　　　　　　談故
濟南王士禛阮亭著　高都姪廷掄簡菴較
鑾儀衛
本朝鑾儀衛鑾儀使秩二品朝制武臣不乘肩輿康熙六年
鑾儀使王鵬冲上疏陳請奉　旨王鵬冲著與尚書等遂張
蓋肩輿視六卿矣鵬冲精鑒別書畫古器直隸長垣人前冢
宰永光子也
特賜進士及第
戊戌春　世祖親覆試江南丁酉貢士以古文詩賦拔武
進吳珂鳴第一是年禮闈榜後　上諭特賜珂鳴進士與

圖五十五：池北偶談二十六卷　〔清〕新城王士禛撰
清康熙三十九年王廷掄汀州府署刻本

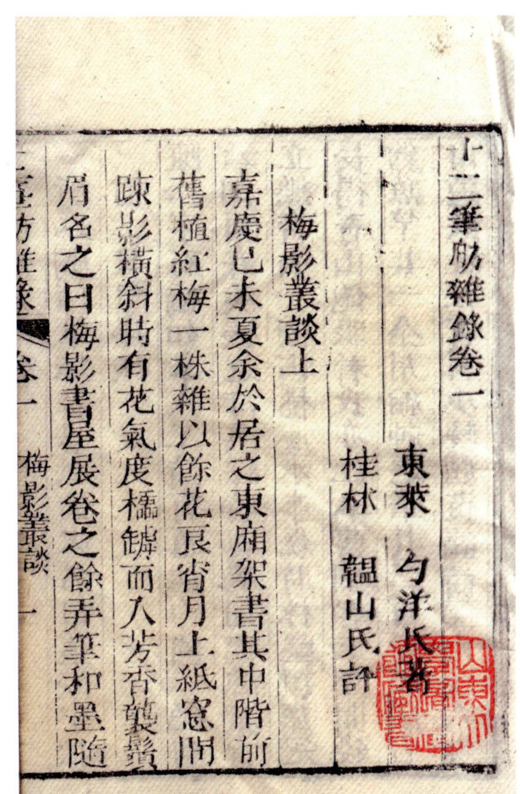
十二筆舫雜錄卷一　東萊　匀洋氏著
桂林　韞山氏訂
梅影叢談上
嘉慶己未夏余於居之東廂架書其中階前
舊植紅梅一株雜以餘花良宵月上紙窗間
疏影橫斜時有花氣度櫺隙而入芳香襲鬢
眉名之曰梅影書屋展卷之餘弄筆和墨隨

圖五十六：十二筆舫雜錄十二卷　〔清〕掖縣李兆元撰
清道光二年桂林朱鳳森開封刻本

曆學會通　法數部正弦　正集一卷

南海穆尼閣編

北海薛鳳祚註

三角八線表

三角法用一規矩或因已知之邊可取未知之角或因已知之角可取未知之邊

其作法之難繫于已知之邊非未知之角之量其角之量在于割圜割圜者于大圜中裁取一段爲用也故求角欲先知割圜之大小而割圜之量在線故求割圜欲先知割圜之線之大小

既有割圜之線可以得三角之邊

正弦

圖五十七：曆學會通六十五卷卷首一卷　〔清〕益都薛鳳祚撰輯　清康熙刻本

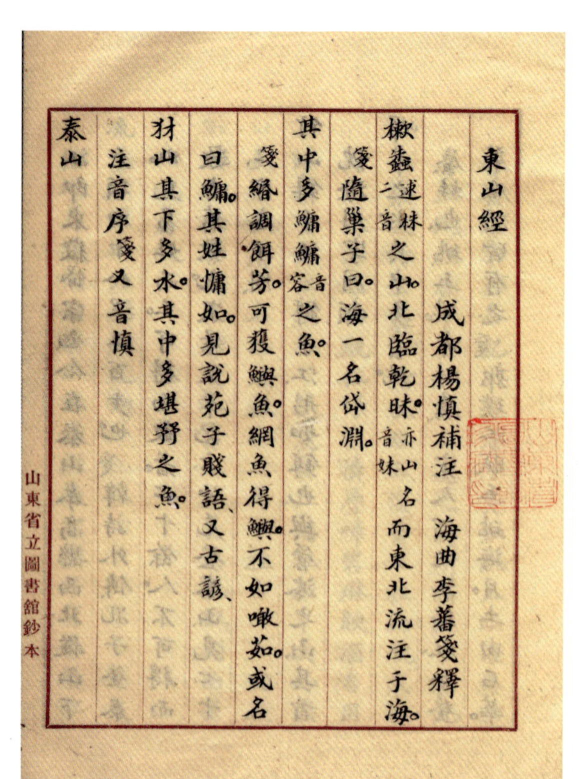
東山經　成都楊慎補注　海曲李蕃箋釋

樕螽（速株二音）之山。北臨乾昧。（亦山名音妹）而東北流注于海。

箋隨巢子曰。海一名岱淵。

其中多鱅鱅（音容）之魚。

箋𩞁調餌芳。可獲鰱魚。網魚得鱮。不如啗茹。或名曰鱅。其姓慵如。見說苑子賤語、又古諺、

犲山其下多水。其中多堪㐨之魚。

注音序箋又音慎

泰山

山東省立圖書館鈔本

圖五十八：山海經箋釋一卷　〔明〕成都楊慎補注　〔清〕日照李蕃箋釋　民國山東省立圖書館鈔本

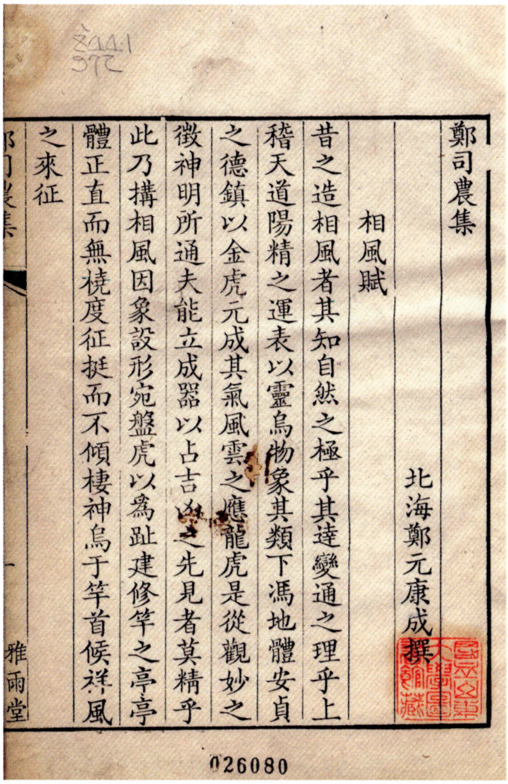

鄭司農集

相風賦

北海鄭元康成撰

昔之造相風者其知自然之極乎其達變通之理乎上稽天道陽精之運表以靈鳥物象其類下憑地體安貞之德鎮以金虎元成其氣風雲之應龍虎是從觀妙之微神明所通夫能立成器以占吉凶之先見者莫精乎此乃搆相風因象設形宛盤虎以為趾建修竿之亭亭體正直而無橈度征挺而不傾棲神烏于竿首候祥風之來征

鄭司農集　雅雨堂

圖五十九：鄭司農集一卷〔漢〕高密鄭玄撰
清乾隆間德州盧氏刻雅雨堂叢書本

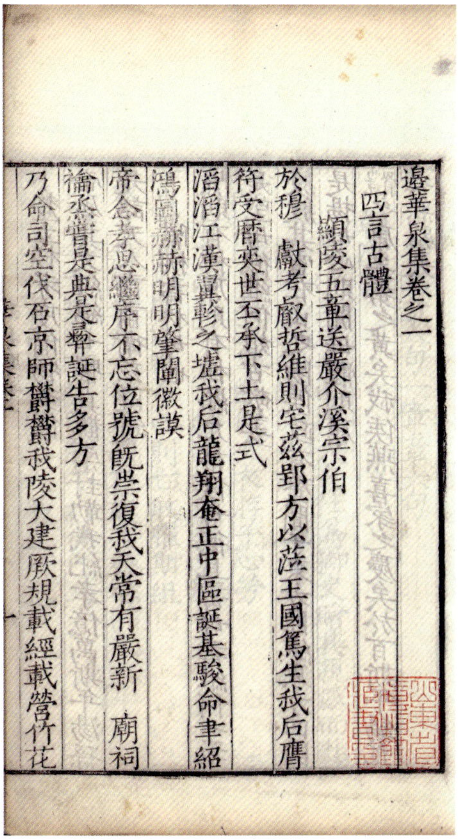

邊華泉集卷之一

四言古體

嶺陵五章送嚴介溪宗伯

於穆 獻考獻哲維則宅茲郢方以莅王國篤生我后膺符受曆奕世丕承下土是式

滔滔江漢異軫之墟我后龍翔奄正中區誕基駿命聿紹鴻圖赫赫明明肇闡徽謨

帝念孝思纘序不忘位號既崇復我天常有嚴新 廟祠禴烝嘗是典是彝誕告多方

乃命司空伐石京師欝欝我陵大建厥規載經載營竹花

圖六十：邊華泉集八卷邊華泉集稿六卷〔明〕歷城邊貢撰
清康熙四十四年歷城張涍刻本

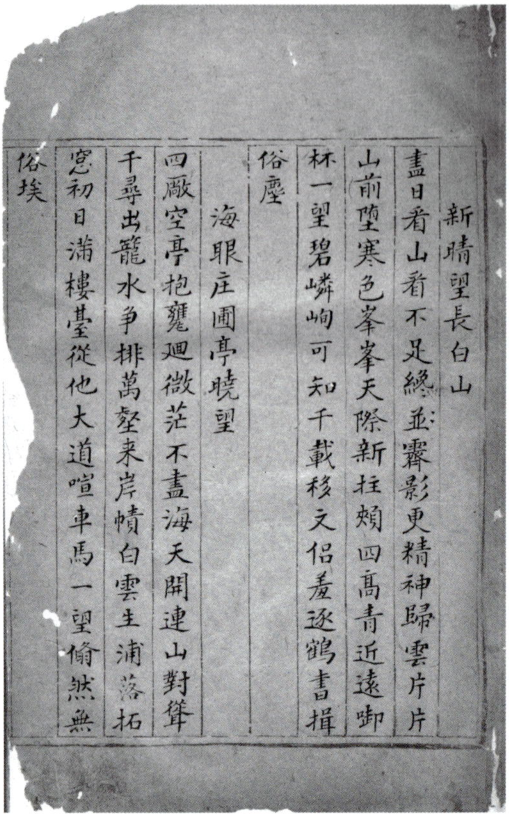

新晴望長白山

盡日看山看不足總並霽影更精神歸雲片片山前墮寒色峯峯天際新拄頰四高青近遠御杯一望碧嶙峋可知千載移文侶羞逐鶴書揖俗塵

海眼庄園亭曉望

四敞空亭抱甕廻微茫不盡海天開連山對聳千尋出籠水争排萬壑來岸幘白雲生浦落拓㝟初日滿樓臺從他大道喧車馬一望脩然無俗埃

圖六十一：秋澄詩集一卷 〔明〕淄川王教撰 明鈔本

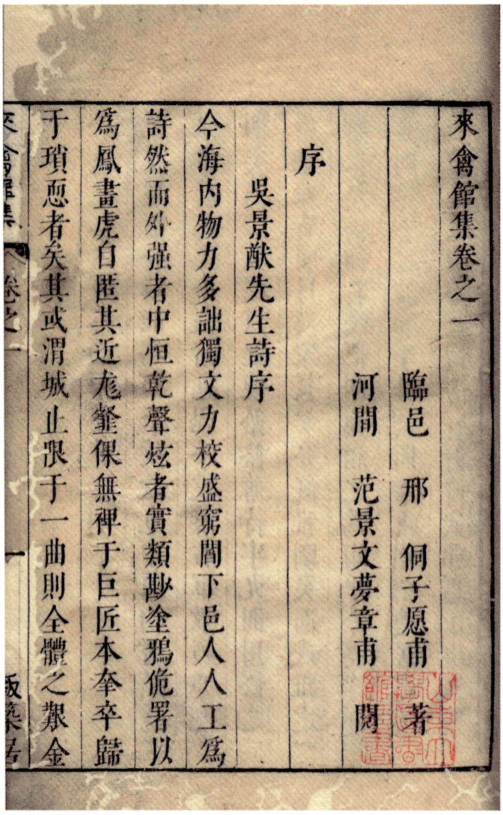

來禽館集卷之一

臨邑 邢侗子愿甫著

河間 范景文夢章甫閱

序

吳景猷先生詩序

今海内物力多詘獨文力校盛窮閻下邑人人工爲詩然而外強者中恒乾聲炫者實類斲塗鴉俛署以爲鳳畫虎自匿其近尨鼇倮無裨于巨匠本夲卒歸于瑣恧者矣其甙渭城止艰于一曲則全體之夥金

來禽館集　卷之一　一　版築居

圖六十二：來禽館集二十八卷 〔明〕臨邑邢侗撰 明崇禎十年版築居刻本

奏為撫津重任綿劣難勝懇祈
聖恩歸併餉臣就近兼攝亟議裁斥以安愚分以慎
海防事竊念人臣擔爵食祿固不辭勞辰承宣
猷允當量力蓋為官擇人非為人擇官也臣東
海硜硜拘儒耳年來待罪中外僅亦兢守尺寸
隨分盡職以追於戾量移冏牧政可藏拙抵任
猶月遽以遼左告警添設天津巡撫濫竽任使
出臣意想之外楮小懷大綆短汲深朝受
命而夕飲氷非佞也惟是[illegible]子分義蹇蹇匪躬東西

圖六十三：畢伯陽奏稿殘本一卷
〔明〕淄川畢自嚴撰　明鈔本

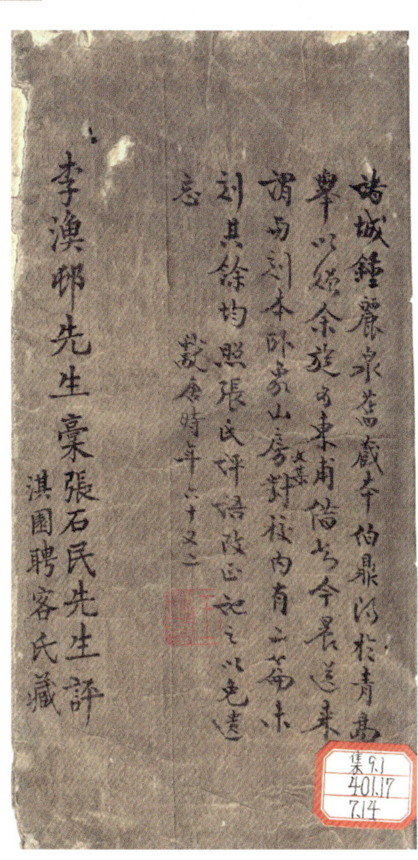
諸城鍾靈泉舊藏本伯鼎得於青島
舉以贈余從子東甫借去今晨送來
謂爲刻本取象山房文集對校內有二篇未
刻其餘均照張氏評語改正記之以免遺
忘
獻唐時年六十又二

李漁邨先生稾　張石民先生評
淇園聘客氏藏

圖六十四：李漁邨先生稾一卷　〔清〕諸城李澄中撰
稿本（壽光趙愚軒校　日照王獻唐跋）

送周櫟園先生序

中幼聞諸長者言今海内文章家有周櫟園先生者其文如廬陵南豐其爲人喜汲引後進又似昌黎皇甫諸君子皆嘆息不可得見中從旁竊聽之私自喜時童蒙不解帙括語但愛其文手摩挲不置及壯稍知掭觚事文墨搜架上書得制藝若干首晝日誦之夕夜則枕籍以臥雖敝垢不棄去蓋即手摩挲不置者也因肆力其中謂可一當世人見者輒掩目走不顧又去而學詩取漢魏唐宋元明諸大家縱讀所著頗成帙見者復掩目走不顧最後始學賦年日益加顛毛日益變牢愁傺侘意輒與騷人合遂取五賦付之梓見者掩目走不顧如故也已自念生不與世人爲緣致落魄如此因而自悲適有客自江南來持賴古堂集

圖六十五：李漁邨先生藁一卷 〔清〕諸城李澄中撰
稿本（壽光趙愚軒校 日照王獻唐跋）

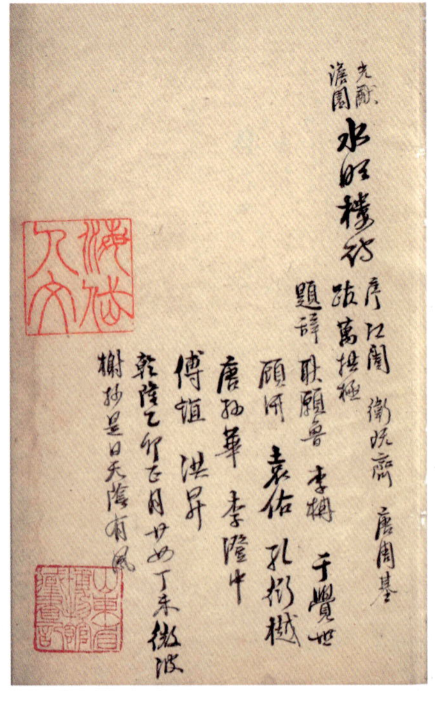

圖六十六：海岱人文三十三種四十五卷
〔清〕曲阜顔崇榘輯 〔清〕曲阜孔廣栻補輯
稿本（清曲阜孔憲彝跋）

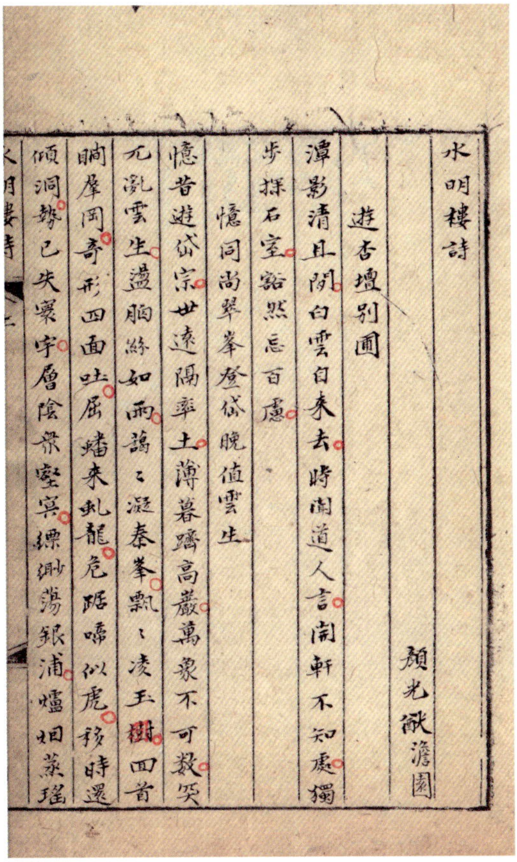
水明樓詩
顔光猷澹園
遊杏壇別圃
潭影清且閑白雲自來去時聞道人言閑軒不知處獨
步探石室豁然忘百慮
憶同尚翠峯登岱晚值雲生
憶昔遊岱宗世遠陽率土薄暮躋高巖萬象不可數笑
兀亂雲生盪胸紛如雨靄〻凝奔峯飄〻凌玉樹回首
睇羣岡奇形四面吐屈蟠來虬龍危踞嘯似虎移時還
傾洞勢已失寰宇層陰罨窐冥縹緲蕩銀浦爐烟蒸瑶

圖六十七： 海岱人文三十三種四十五卷 〔清〕曲阜顔崇槼輯 〔清〕曲阜孔廣栻補輯 稿本（清曲阜孔憲彝跋）

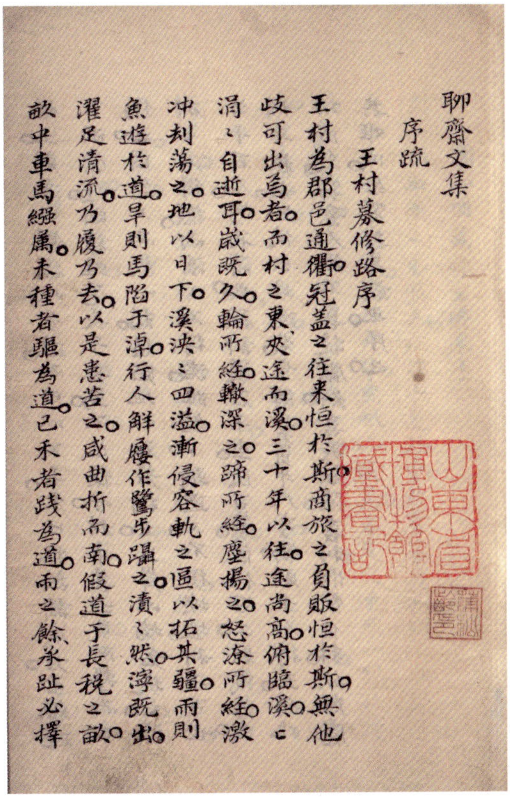
聊齋文集
序疏
王村募修路序
王村為郡邑通衢冠蓋之往来恒於斯商旅之負販恒於斯無他
歧可出焉者而村之東夾途而溪三十年以往途尚高俯臨溪〻
涓〻自逝耳歲既久輪所經轍深之蹄所經塵揚之怒潦所經激
冲刷蕩之地以日下溪決〻四溢漸侵容軌之區以拓其疆雨則
魚遊於道旱則馬陷于淖行人鮮屨作鷺步躡之漬〻然濘既出
濯足清流乃履乃去以是患苦之咸曲折而南假道于長稅之畝
畝中車馬縱屬未種者驅為道已禾者踐為道兩之餘承趾必擇

圖六十八： 聊齋文集十卷附農經一卷蠶經一卷蠶經補一卷蠶祟書一卷 〔清〕淄川蒲松齡撰 稿本（佚名批校）

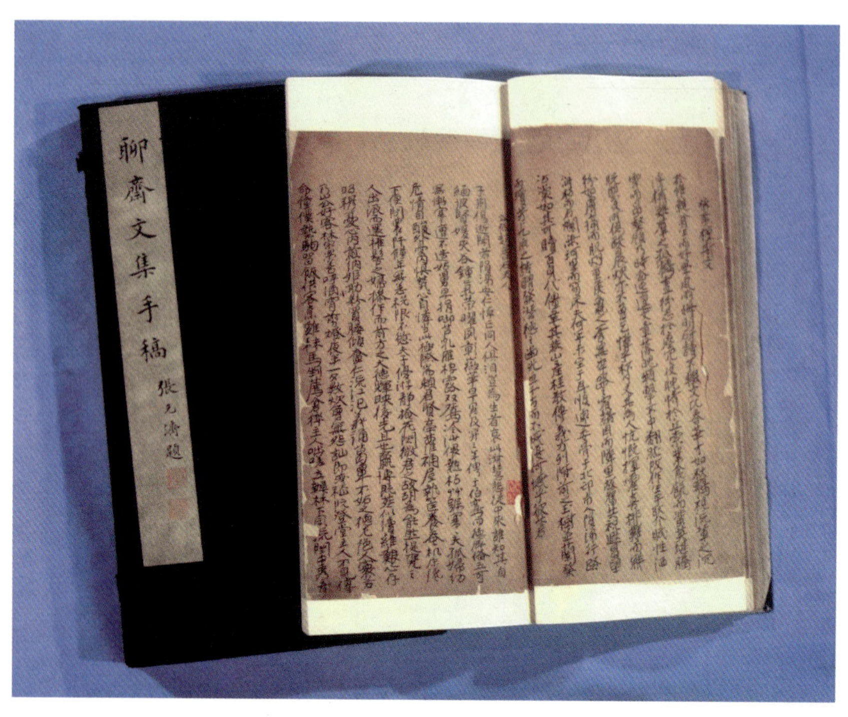

圖六十九：聊齋文集存一卷　〔清〕淄川蒲松齡撰
稿本（存卷七）

崑崙山房郢中集卷一
淄川　張篤慶歷友氏著
五言古體
長清川路中望羣山
羣山勢回合萬嶺皆向東崇巒与叠嶂蜿蜒似游龍造
化何以古洒使朝宗輻輳數百里一一黛色濃翩奔
何律絡此多煩神工終南衡太華少室參崧峰名山無
羽翼何以壯其雄我行川路側眼開塵胸泰山望匪
遥列岫光態態丹崖翠帶巘拱揖紛来同如彼多侯国

圖七十：崑崙山房郢中集三卷崑崙山房詩集十三卷
〔清〕淄川張篤慶撰　清鈔本

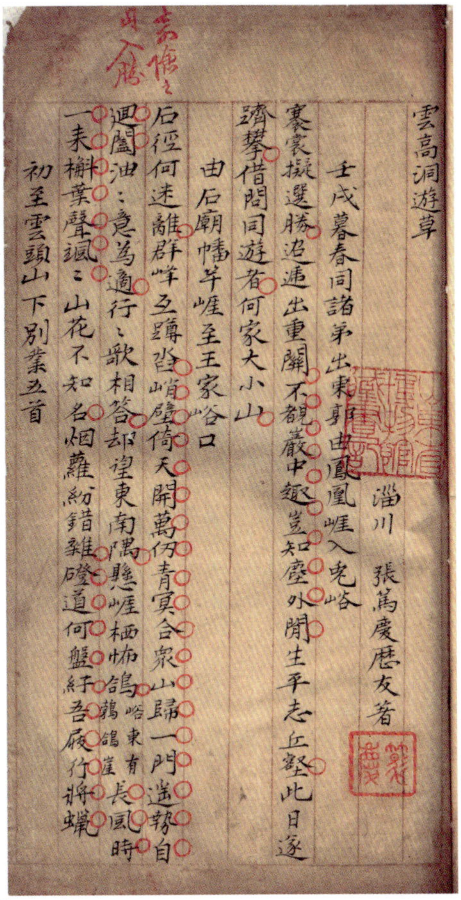
雲高洞遊草
淄川　張篤慶歷友著
壬戌暮春同諸弟出東郭由鳳凰嵯入兔峪
褰裳擬選勝迢遞出重關不覩巖中趣豈知塵外閒生平志丘壑此日遂躋攀借問同遊者何家大小山
由石廟幡竿嵯至王家峪口
石徑何迷離群峰互蹲沓峭壁倚天開萬仞青冥合衆山歸一門逆勢自迴闔油油意為適行行歌相答卻望東南隅懸崖棲怖鴿（峪東有鵓鴿崖）長風時一來槲葉聲颯颯山花不知名烟蘿紛錯雜磴道何盤紆吾屐行將蠟
初至雲頭山下別業五首

圖七十一：雲高洞遊草一卷　〔清〕淄川張篤慶撰　稿本

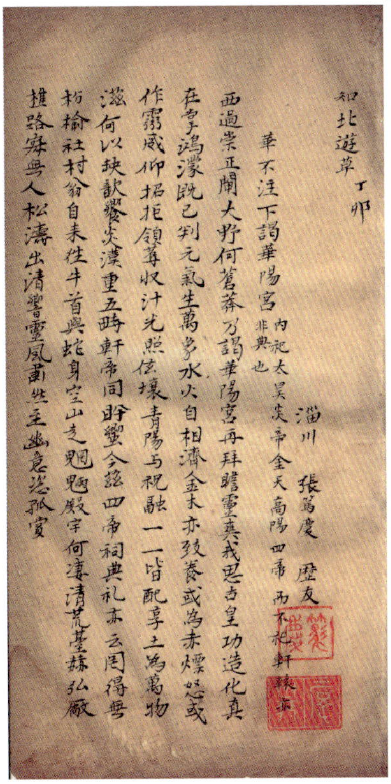
知北遊草　丁卯
淄川　張篤慶　歷友
華不注下謁華陽宮（內祀太昊炎帝金天高陽四帝而不祀軒轅亦非典也）
西過崇正閘大野何蒼莽乃謁華陽宮再拜瞻靈真我思古皇功造化真在乎鴻濛既已判元氣生萬象水火自相濟金木亦致養或為赤熛怒或作靈威仰招拒領蓐收汁光照依壤青陽與祝融一一皆配享土為萬物滋何以缺歆饗炎漢重五畤軒帝同時饗今茲四帝祠典禮亦云罔得毋枌榆社村翁自來往牛首與蛇身空山走魍魎殿宇何淒清荒臺赫弘敞推路寂無人松濤出清響靈風肅然至幽意悵孤賞

圖七十二：知北遊草一卷　〔清〕淄川張篤慶撰　稿本

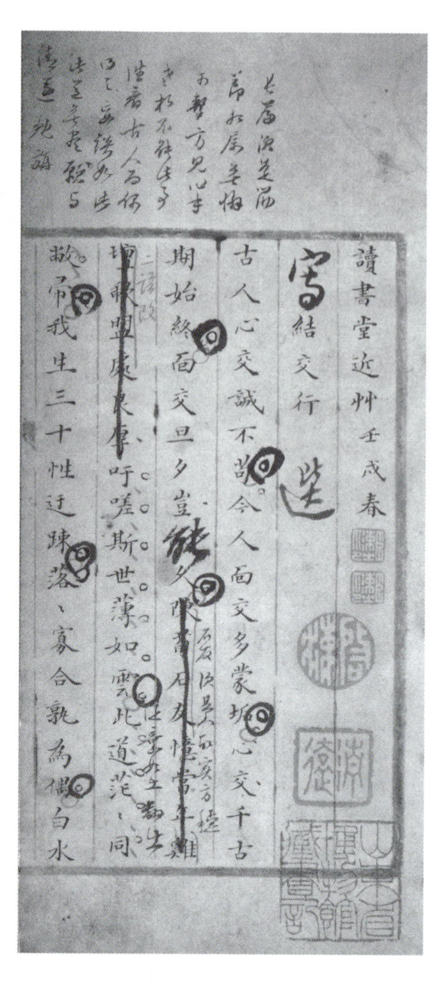

讀書堂近艸　壬戌春

寫結交行

古人心交誠不欺今人面交多蒙坻心交千古

期始終面交旦夕豈能久

圖七十三：讀書堂近艸一卷　〔清〕新城王啓涑撰

清新城王氏遺稿稿本

隱厚堂遺詩卷二

渠邱張在辛卯君著

雪舫曹　澣幼甸

峯林李大本立齋　選

畫石瑣言

長夏無營撫枕輒睡行散溪頭偶拾沙

際鷲翎蘸墨塗抹適得天趣因思古人

以敝帚作飛白書余何妨以羽毛為卷

圖七十四：隱厚堂遺詩四卷　〔清〕安丘張在辛撰

清鈔本

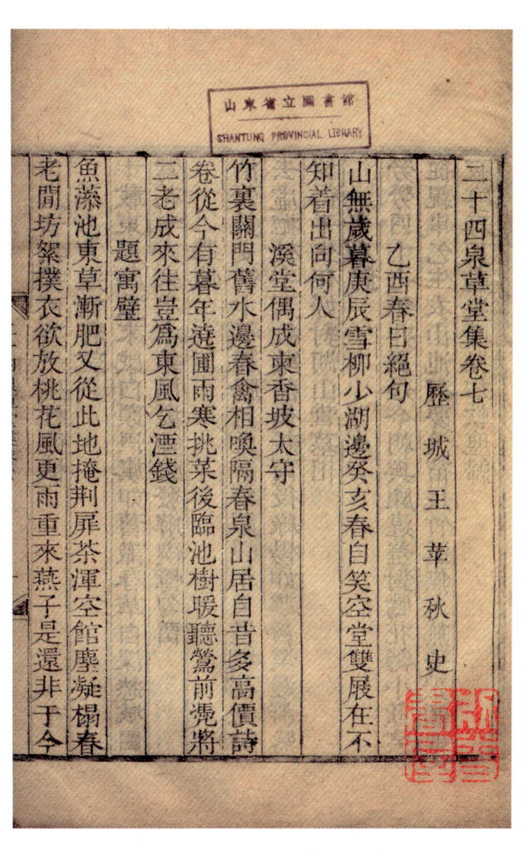

二十四泉草堂集卷七
歷城王苹秋史
乙酉春日絕句
山無歲暮庚辰雪柳少湖邊癸亥春自笑空堂雙屐在不知着出向何人
溪堂偶成柬香坡太守
竹裏關門舊水邊春禽相喚隔春泉山居自昔多高價詩卷從今有暮年蹺圃雨寒挑菜後臨池樹暖聽鶯前甕將二老成來往豈爲東風乞酒錢
題寓壁
魚藻池東草漸肥又從此地掩荊扉茶渾空館塵凝榻春老閒坊絮撲衣欲放桃花風更雨重來燕子是還非于今

圖七十五：二十四泉草堂集十二卷 〔清〕歷城王苹撰 清康熙五十六年文登于熙學京師刻本

宋嚴滄浪論詩惟在妙悟興趣以不涉理路不落言筌為上而自負其論詩如那查太子析骨還父析肉還母滄浪之論雖矣而余謂為詩欲如滄浪之論亦欲如滄浪自負之語蓋詩未有不攸視返聽慘澹經營移日分夜寂寞求音而能詣其極者故妙悟由於沉鬱興趣生於頓挫東野之寒號後山之吟榻與滄浪自負之語曾無少異矣于子秋漁少司農龍河先生冢孫擁書萬卷清吟海上以余為孤竹之知途出其詩卷是正余師友零落舊

圖七十六：鐵槎樵語十卷 〔清〕文登于熙學撰 清鈔本

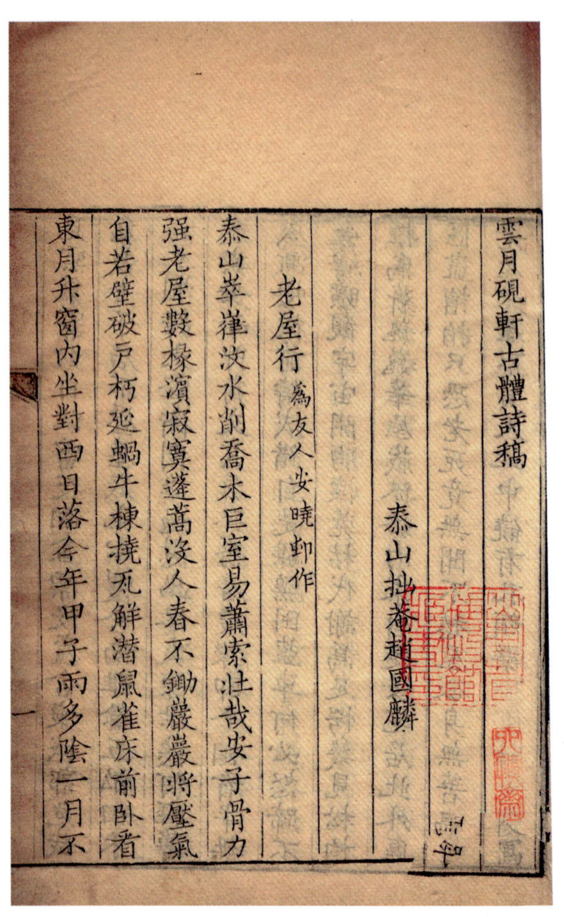

雲月硯軒古體詩稿

泰山拙菴趙國麟

老屋行 為友人安曉邨作

泰山崒嵂汶水削喬木巨室易蕭索壯哉安子骨力强老屋數椽濱寂寞蓬蒿沒人春不鋤巖巖將壓氣自若壁破戶朽延蝸牛棟撓瓦解潛鼠雀床前卧看東月升窗内坐對西日落今年甲子雨多陰一月不

圖七十七：雲月硯軒古體詩稿一卷 〔清〕泰安趙國麟撰 清雍正刻本

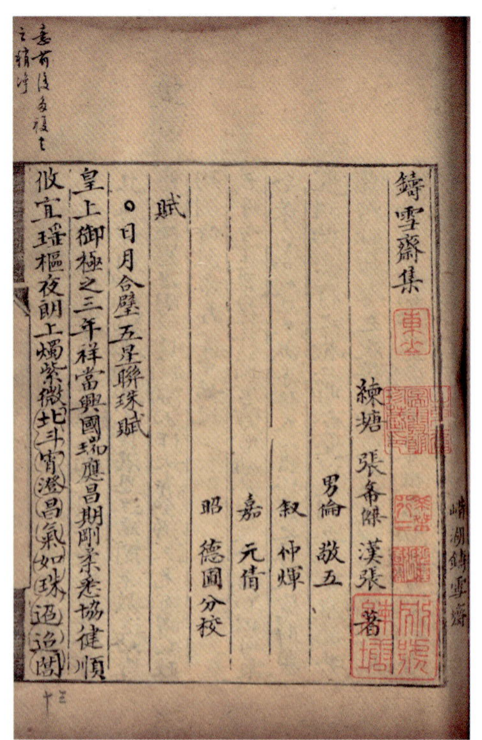

鑄雪齋集

練塘 張希傑 漢張 著

男倫 敬五

叔 仲輝

嘉 元倩

昭 德圓 分校

賦

○日月合璧五星聯珠賦

皇上御極之三年祥當興國瑞應昌期剛柔丕協健順攸宜瑤樞夜朗玉燭紫微北斗宵澄昌氣如珠迴迨閎

圖七十八：鑄雪齋集十四卷練塘年譜一卷 〔清〕歷城張希傑撰 清張氏峄湖鑄雪齋稿本

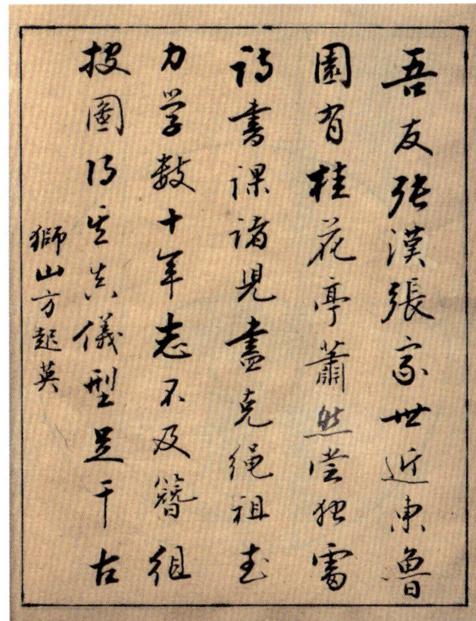
吾友張漢張家世近東魯
園有桂花亭蕭然當独富
詩書課諸兒畫克繩祖武
力學數十年志不及簪組
披圖仍生先儀型足千古
獅山方起英

圖七十九：鑄雪齋集十四卷練塘年譜一卷 〔清〕歷城張希傑撰
清張氏峼湖鑄雪齋稿本

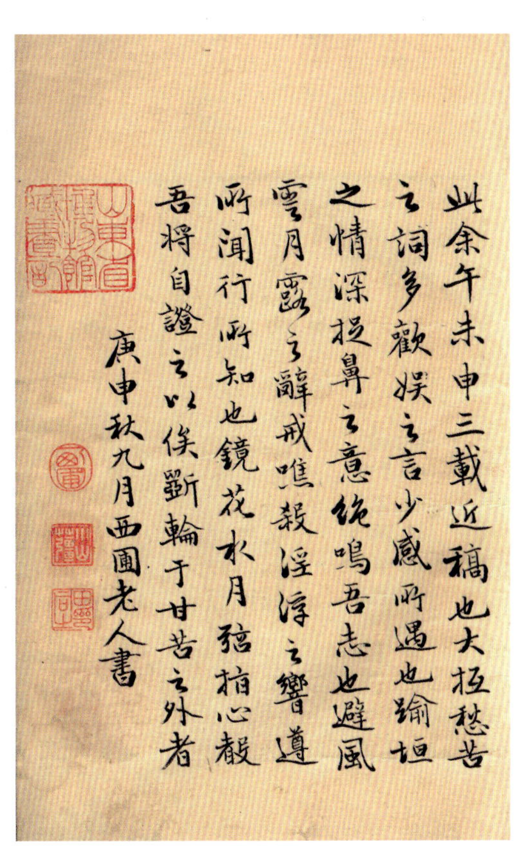
此余午未申三載近稿也大抵愁苦
之詞多歡娛之言少感所遇也踰垣
之情深捉鼻之意绝鳴吾志也避風
雲月露之辭戒噍殺淫淳之響遵
所聞行所知也鏡花水月疏栢心般
吾將自證之以俟斲輪于甘苦之外者
庚申秋九月西圃老人書

圖八十：西圃近稿一卷 〔清〕德州田同之撰 稿本

西圃近稿

濟南小山薀田同之著

長洲沈德潛確士刪定

歸来二首

歸来三徑少屛營老圃寒林氣味清失路人情經白眼登塲傀儡笑虛名古歡聊自分魚魯時論何須較重輕黃葉半牀詩一卷西風茆屋正秋聲

又

来去憑誰問馬牛薜蘿深處任淹留支離殘夢迷青草蕉萃寒花稱白頭事外塵蒙空有恨林間雨

圖八十一：西圃近稿一卷 〔清〕德州田同之撰 稿本

詩自戊子有訂藁前此爛紙久如敗蝟盖自騎竹縛鷄以來已多儷語茲茫烟煤略無端緒顧影一咲有付之書燈酒火耳槩綜生平約舉四部類藁各編賡使林泉之響不雜鞅掌紀以年叙用驗功侯亦令後之覧者按紀撿披行踪可繪尚其有觸緒紛来十載如揭澆酒向空呼高生而哀其志者乎雍正甲寅七月廿有四日海陵墉署自題

圖八十二：南阜山人詩集類藁四十一卷補遺一卷南阜山人斅文存稿十五卷 〔清〕膠州高鳳翰撰 清鈔本（清諸城劉墉舊藏 清諸城劉喜海跋）

圖八十三：南阜山人詩集類藁四十一卷補遺一卷南阜山人斆文存稿十五卷〔清〕膠州高鳳翰撰　清鈔本（清諸城劉墉舊藏　清諸城劉喜海跋）
高鳳翰小像

南阜山人詩集類藁
擊林集類之一 第一卷 戊子起　高鳳翰斆
杖擊林木手㚘流泉山中人寄托牢落别有辛楚豈真欲老死木石鹿豕間哉束髮以来棲跡蓬蒿下者幾四十年叩牛角擊唾壺歲月荏苒盖精力之消耗此中者十八九矣
春来初見燕子
杏花初照水海燕乍依人拖逗東風裏平消一線春
坐雨
寂歷輕寒向晚風撲簾細雨濕濛濛詩成自笑無些用清
一

圖八十四：南阜山人詩集類藁四十一卷補遺一卷南阜山人斆文存稿十五卷〔清〕膠州高鳳翰撰　清鈔本（清諸城劉墉舊藏　清諸城劉喜海跋）

迂齋學古編卷之一

書

答闞懷庭

遠辱華函注念般切教之大章兼索不佞逼日新得慚負慚負如何可言不佞少時酷愛古文學縱筆放言摹其近似後獲觀海陽蓮龕鞠先生史評東以規矩授之義法秘而玩之有年所見頗别學亦竟不能工也蓋文之為道微矣古今稱能文之士其人類有獨至之才殫畢生精力僅而能工既工矣輒復自悔歐陽子所謂草木榮華之飄風鳥

卷一　一　海上盧

圖八十五：迂齋學古編四卷　〔清〕膠州法坤宏撰
清乾隆三十九年膠州法氏海上盧刻本

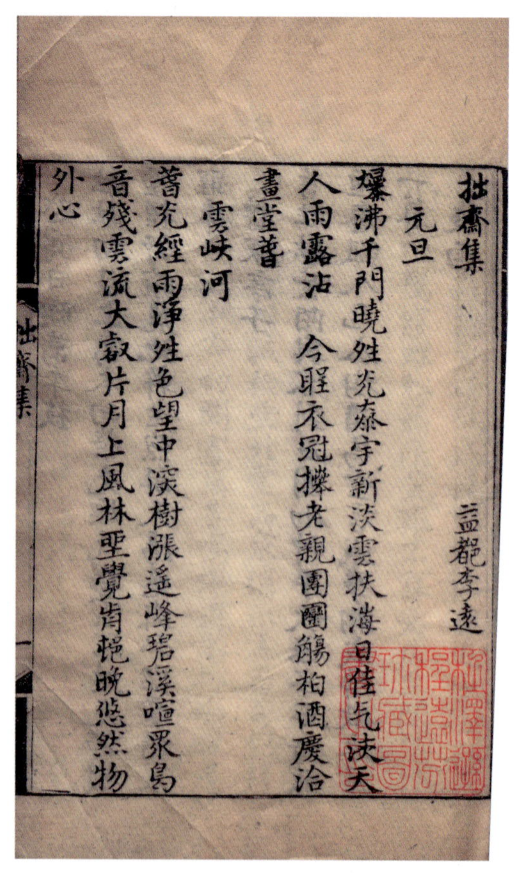
拙齋集　益都李遠

元旦

爆沸千門曉姓光淼宇新淡雲扶海日佳氣浃天人雨露沾　今睚衣冠擽老親團圞觴柏酒慶洽晝堂普

雲峽河

菁充經雨淨姓色望中濱樹漲遙峰碧溪喧衆鳥音殘雲流大寂片月上風林罣覺肯𢤱晚悠然物外心

圖八十六：拙齋集一卷　〔清〕益都李遠撰
清乾隆益都李氏刻本

劉文清公遺集卷第十二

七律四十七首

題高南阜畫

有客平生飯不足幾年傲吏又潛夫西園明月誰冠蓋南阜孤雲自竹梧盤礴丹青渾忘老清標富貴漫成圖脫裘忍痛真癡絕百研千章問有無

盆梅

陌上泥輕步屧頻忽逢顏色兩枝新不能萬點尋珠海也似孤山伴玉人頩頰未妨含薄怒冰心聊復鬭輕嚬誰言十笏藏春少却月淩風共一春

嚴子陵垂釣圖

文清遺集卷十二　一

圖八十七：劉文清公應制詩集三卷遺集十七卷 〔清〕諸城劉墉撰 〔清〕諸城劉喜海輯 清道光六年東武劉氏味經書屋仿宋刻本

劉文清公遺集目錄

卷之一

五古四十三首

有驥在野

朝日載昇

自箴四首

效江文通雜體詩三十首

雜擬七首

卷之二

五古四十八首

和張子蕪青韻三首

文清遺集目錄　一

圖八十八：劉文清公應制詩集三卷遺集十七卷 〔清〕諸城劉墉撰 〔清〕諸城劉喜海輯 清道光六年東武劉氏味經書屋仿宋刻本

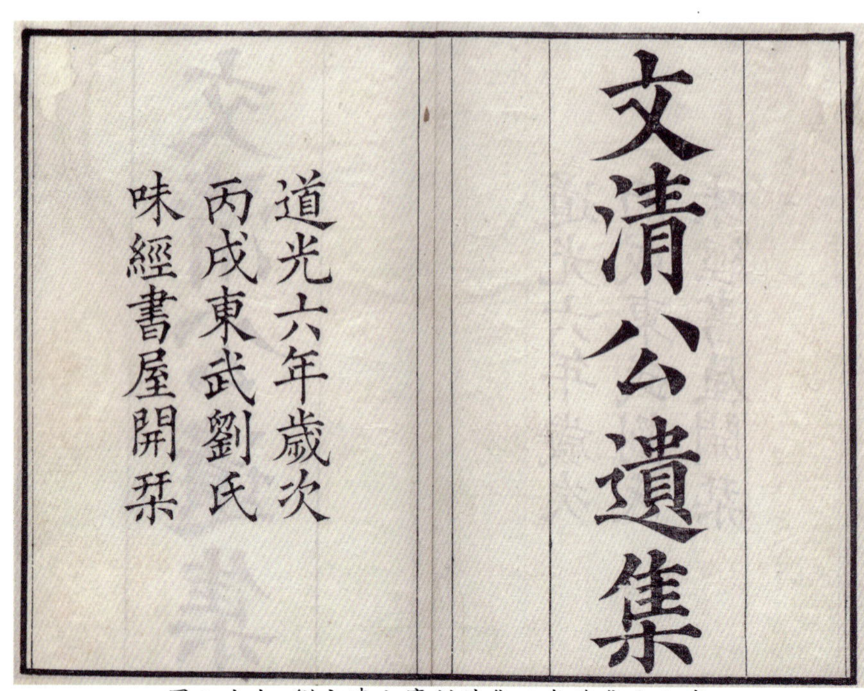
文清公遺集

道光六年歲次
丙戌東武劉氏
味經書屋開栞

圖八十九：劉文清公應制詩集三卷遺集十七卷
〔清〕諸城劉墉撰　〔清〕諸城劉喜海輯
清道光六年東武劉氏味經書屋仿宋刻本

右先伯祖文清公古今體詩二十卷喜海髫齔時嘗隨先君子後侍文清公於京邸嘉慶庚申甲子歲先君子視學兩浙三吳隨之任所不獲侍左右者數年洎乙丑還京文清公已即世先君子撫理遺稾蓋勵有存者即其所存手錄二冊藏諸笥將欲付雕而未之逮也道光辛巳冬先君子見背其明年春喜海奉諱旋里由澹園從祖家索得文清公詩五冊較舊存倍之並檢文清公自書詩稾手輯補錄依類分體釐爲二十卷得若干首付諸剞劂以承先志云道光六年歲次丙戌仲冬

從孫喜海謹識

跋　一

孫光海
耀海
原海
從孫華海敬校

杭州愛日軒陸貞一仿宋鐫

圖九十：劉文清公應制詩集三卷遺集十七卷
〔清〕諸城劉墉撰　〔清〕諸城劉喜海輯
清道光六年東武劉氏味經書屋仿宋刻本

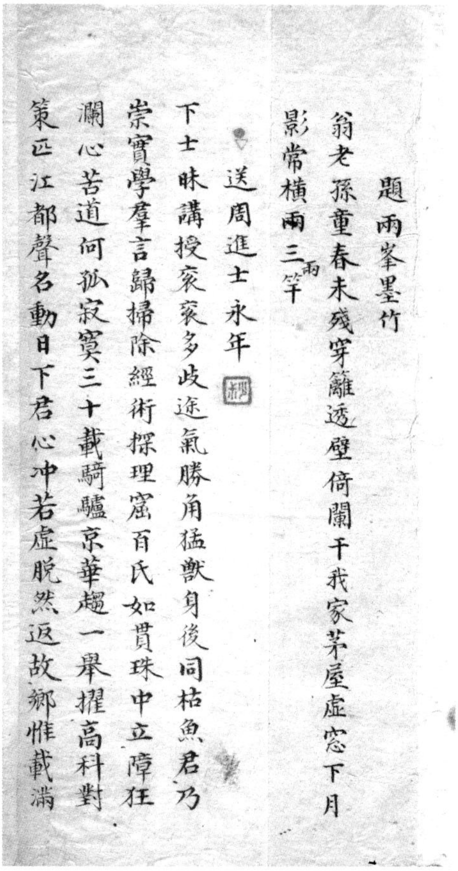

題兩峯墨竹

翁老孫童春未殘穿籬透壁倚闌干我家茅屋虛窗下月
影常橫兩三竿

送周進士永年

下士昧講授袞袞多歧途氣勝角猛獸身後同枯魚君乃
崇實學羣言歸掃除經術探理窟百氏如貫珠中立障狂
瀾心苦道何孤寂寞三十載騎驢京華趨一舉擢高科對
策匹江都聲名動日下君心沖若虛脫然返故鄉惟載滿

圖九十一：未谷詩集二卷 〔清〕曲阜桂馥撰 稿本

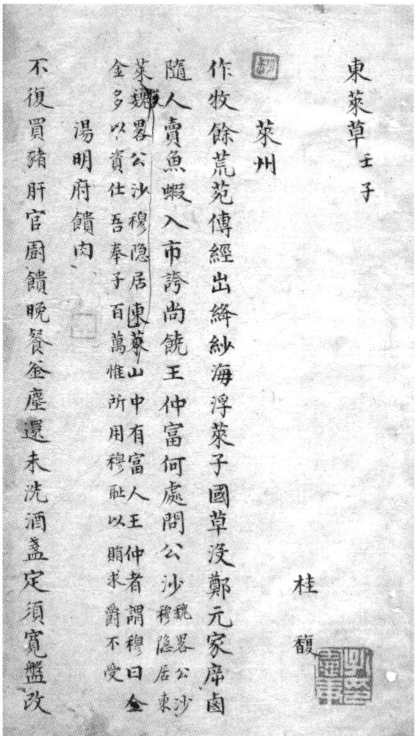

東萊草 壬子

桂馥

萊州

作牧餘荒苑傳經出絳紗海浮萊子國草沒鄭元家鹵
隨人賣魚蝦入市誇尚饒王仲富何處問公沙魏畧公沙穆隱居東
萊魏畧公沙穆隱居東萊山中有富人王仲者謂穆曰金
金多以資仕吾奉子百萬惟所用穆恥以賄求爵不受

湯明府饋肉

不復買豬肝官廚饋晚餐釜塵還未洗酒盞定須寬盤改

圖九十二：未谷詩集二卷 〔清〕曲阜桂馥撰 稿本

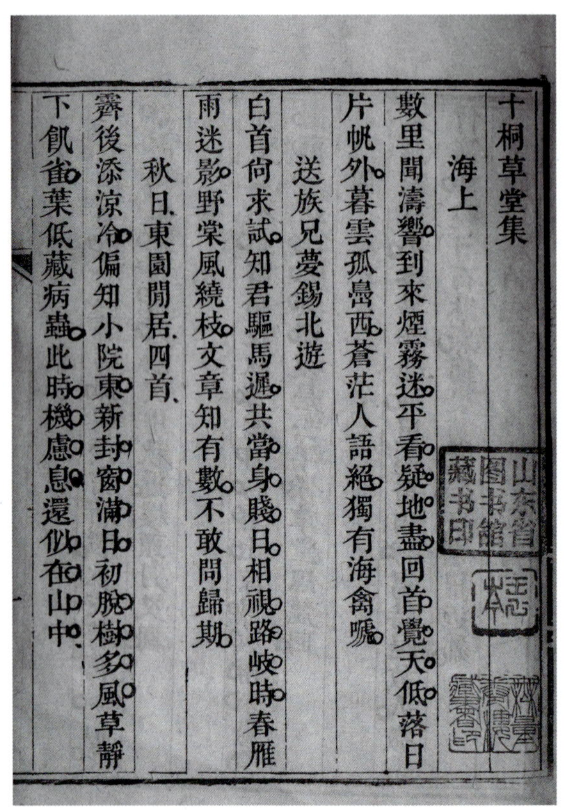

十桐草堂集

海上

數里聞濤響到來煙霧迷平看疑地盡回首覺天低落日
片帆外暮雲孤島西蒼茫人語絕獨有海禽嘶

送族兄蔓錫北遊

白首尚求試知君驅馬遲共當身賤日相視路岐時春雁
雨迷影野棠風繞枝文章知有數不敢問歸期

秋日東園閒居四首

霽後添涼冷偏知小院東新封窗滿日初脫樹多風草靜
下飢雀葉低藏病蟲此時機慮息還似在山中

圖九十三：石桐先生詩鈔十六卷　〔清〕高密李懷民撰
清光緒十二年李檍西安郡齋刻本

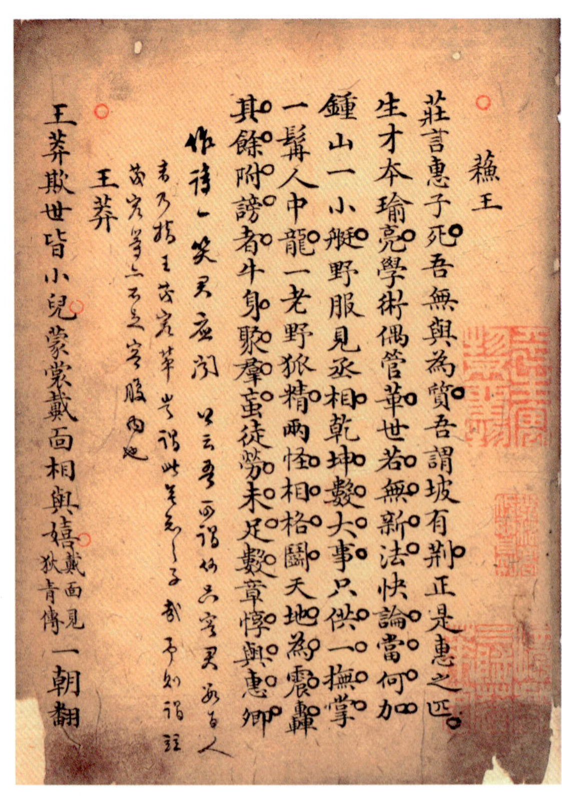

穌王

莊言惠子死吾無與爲質吾謂坡有荆正是惠之匹
生才本瑜亮學術偶管華世若無新法快論當何加
鍾山一小艇野服見丞相乾坤數大事只供一撫掌
一髯人中龍一老野狐精兩怪相格鬬天地爲震轟
其餘附謗者斗身聚羣蚩徒勞未足數章惇與惠卿
作詩一笑君應聞

王莽

王莽欺世皆小兒蒙裳戴面相與嬉（戴面見狄青傳）一朝翻

圖九十四：少鶴先生詩草墨蹟二卷
〔清〕高密李憲喬撰　稿本

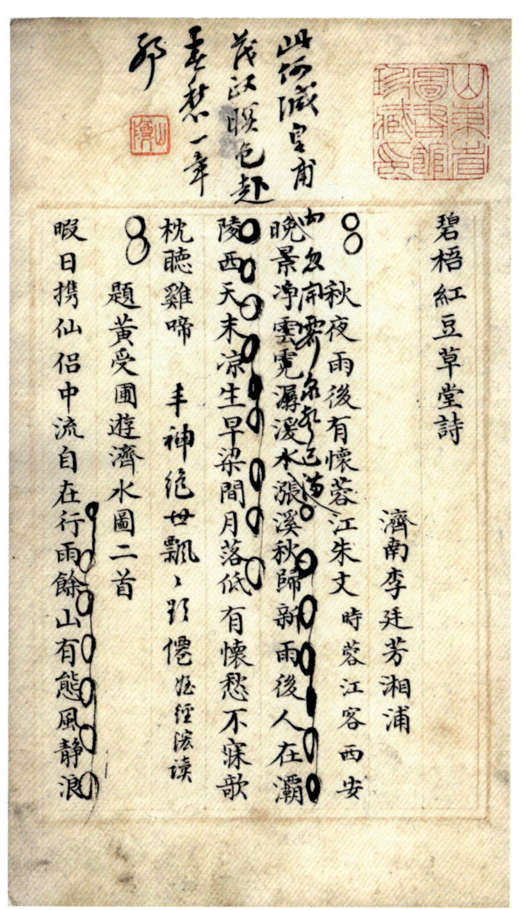

碧梧紅豆草堂詩

濟南李廷芳湘浦

秋夜雨後有懷蓉江朱文 時蓉江客西安

晚景淨雲霓灝漾水漲溪秋歸新雨後人在灞陵西天末凉生早梁間月落低有懷愁不寐歌枕聽雞啼

手神絕世飄飄雅儷 經浤讀

題黃受園遊濟水圖二首

暇日携仙侶中流自在行雨餘山有態風靜浪

圖九十五：碧梧紅豆草堂詩不分卷 〔清〕歷城李廷芳撰 稿本（清全椒吳鼒 歷城李經浤等批校並跋）

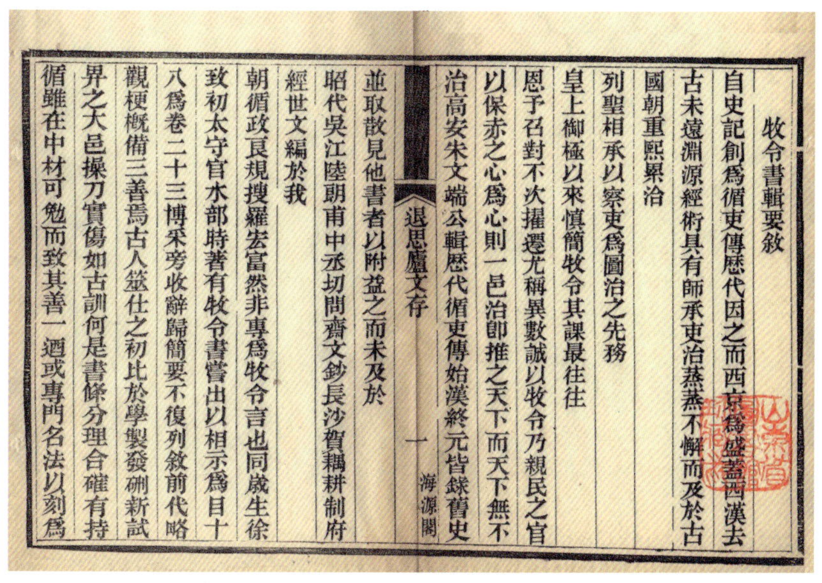

牧令書輯要叙

自史記創爲循吏傳歷代因之而西京爲盛蓋西漢去古未遠淵源經術具有師承吏治蒸蒸不懈而及於古

國朝重熙累洽

列聖相承以察吏爲圖治之先務

皇上御極以來慎簡牧令其課最往往

恩予召對不次擢遷尤稱異數誠以牧令乃親民之官以保赤之心爲心則一邑治卽推之天下而天下無不治高安朱文端公輯歷代循吏傳始漢終元皆錄舊史

退思廬文存 一 海源閣

並取散見他書者以附益之而未及於

昭代吳江陸朗甫中丞切問齋文鈔長沙賀耦耕制府經世文編於我

朝循政良規搜羅宏富然非專爲牧令言也同歲生徐致初太守官水部時著有牧令書嘗出以相示爲目十八爲卷二十三博采旁收辭歸簡要不復列敘前代略覩梗概備三善爲古人筮仕之初比於學製發硎新試畀之大邑操刀實傷如古訓何是書條分理合確有持循雖在中材可勉而致其善一邇或專門名法以刻爲

圖九十六：退思廬文存一卷 〔清〕聊城楊以增撰
民國九年聊城楊氏海源閣刻本

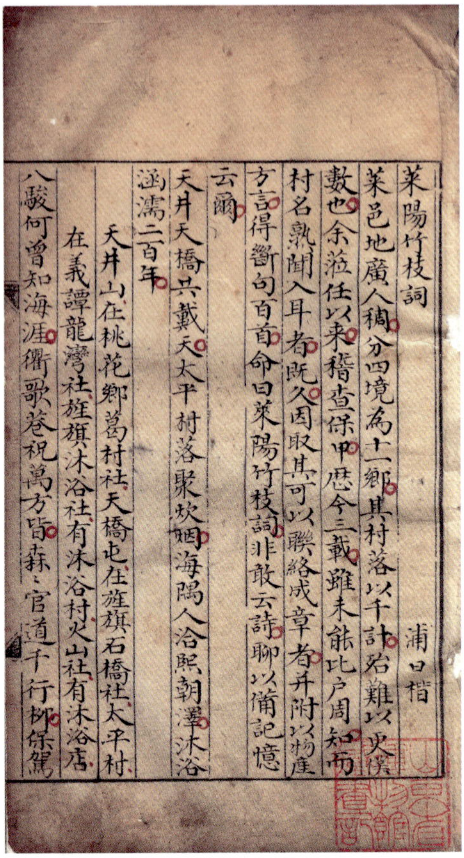
萊陽竹枝詞　浦日楷
萊邑地廣人稠分四境爲十一鄉其村落以千計名難以更僕
數也余涖任以來稽查保甲歷今三載雖未能比户周知而
村名熟聞入耳者既久因取其可以聯絡成章者并附以物産
方言得斷句百首命曰萊陽竹枝詞非敢云詩聊以備記憶
云爾
天井天橋共戴天太平村落聚炊烟海陽人洽熙朝澤沐浴
涵濡二百年
天井山在桃花鄉葛村社天橋屯在旌旗石橋社太平村
在義譚龍灣社旌旗沐浴社有沐浴村火山社有沐浴店
八駿何曾知海涯衢歌巷祝萬方皆森森官道千行柳係駕

圖九十七：萊陽竹枝詞一卷　〔清〕嘉善浦日楷撰　清鈔本

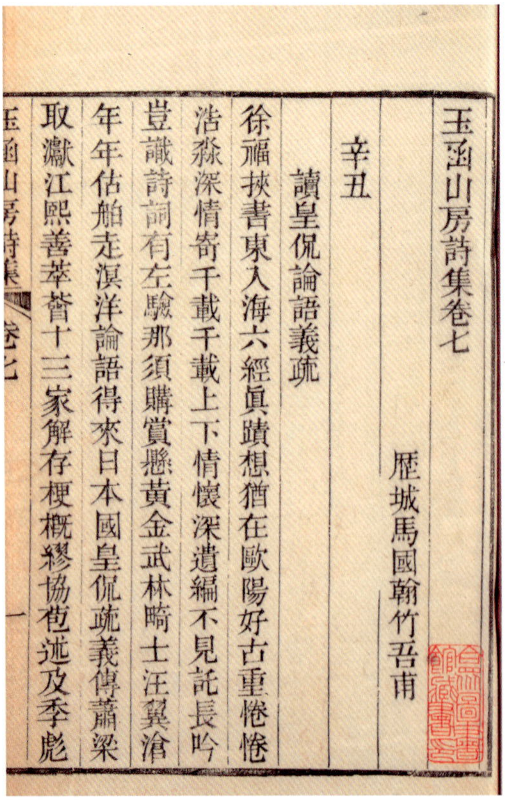
玉函山房詩集卷七
歷城馬國翰竹吾甫
辛丑
讀皇侃論語義疏
徐福挾書東入海六經眞蹟想猶在歐陽好古重惓惓
浩淼深情寄千載千載上下情懷深遺編不見託長吟
豈識詩詞有左驗那須購賞懸黃金武林畸士汪翼滄
年年估舶走溟洋論語得來日本國皇侃疏義傳蕭梁
取瀓江熙善萃荟十三家解存梗概繆協苞述及季彪
玉函山房詩集　卷七　一

圖九十八：玉函山房詩集九卷　〔清〕歷城馬國翰撰　清道光歷城馬氏刻本

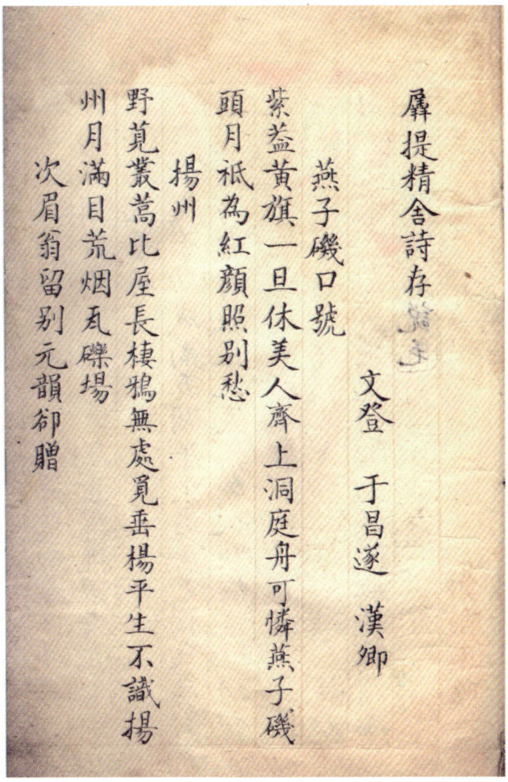

羼提精舍詩存

文登 于昌遂 漢卿

燕子磯口號

紫蓋黃旗一旦休美人齊上洞庭舟可憐燕子磯頭月祇為紅顏照別愁

揚州

野莧叢蒿比屋長棲鴉無處覓垂楊平生不識揚州月滿目荒烟瓦礫場

次眉翁留別元韻卻贈

圖九十九：羼提精舍詩存一卷 〔清〕文登于昌遂撰 稿本（李文田跋 佚名跋）

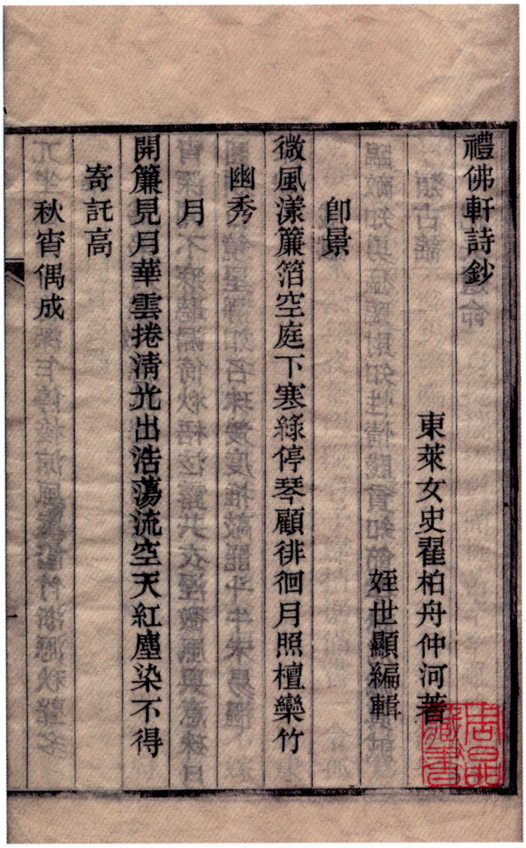

禮佛軒詩鈔

東萊女史翟柏舟仲河著

姪世顯編輯

即景

微風漾簾箔空庭下寒綠停琴顧徘徊月照檀欒竹

幽秀

月

開簾見月華雲捲清光出浩蕩流空天紅塵染不得

寄託高

秋宵偶成

圖一〇〇：禮佛軒詩鈔一卷 〔清〕掖縣翟柏舟撰 清光緒十八年刻本

序

國初詩學之盛莫盛於山左漁洋以實大聲宏之學爲
海内執騷壇牛耳垂五十餘年同時若宋荔裳趙清止
高念東田山薑漁洋之兄西樵清止之從孫秋谷咸各
先登樹幟衣被海内故山左之詩甲於天下蓋由我
朝肇興遼海聲教首及山東一時文人學士鼓吹休明
黼黻盛業地運所鍾靈秀勃發非偶然者也顧百餘年
來未有專選漁洋感舊集遍及海内之知交故舊而於
山左或缺略未備先生嘗以爲憾今距先生之歿又四
十餘年矣孟子曰誦其詩讀其書不知其人可乎是以

國朝山左詩鈔　序　一　雅雨堂

圖一〇一：國朝山左詩鈔六十卷　〔清〕德州盧見曾編
清乾隆二十三年德州盧氏雅雨堂刻本

黃詩續鈔

黃宗璦

先八世叔祖字我玉號良夫官生刑部郎中著有
慎獨齋詩草　家曉園傳略云公太保公次子神宗己酉視齋官生歷任刑部郎中性簡默談笑不苟人對之不可犯以色嚴重自持類如此

贈熊邑侯

當年獻賦羨奇才錦水真人自不羣隻鶴迴翔遲午夢雙
凫縹緲入青雲琴堂日麗千門曉花邑春新百里芬漢室
循良誰第一非熊今卜早知君

黃宗輔

先八世叔祖字靖伯歲貢生著有質木齋詩集

圖一〇二：黃氏詩鈔六卷　〔清〕即墨黃守平輯　稿本

圖一〇三：海豐吳氏詩存四卷 〔清〕海豐吳重憙輯

清光緒十年海豐吳氏陳州府署刻本

海豐吳氏詩存卷一

吳自肅字克菴號在公順治甲午舉人康熙甲辰進士山西河東道參議

我堂存稿自記

稿名存志幸也何幸乎存幸其幾不存而僅存之也余僻處海隅罔所資益童時諷誦之餘閒為韻語見老成人輒懔而匿之既不考證於人因不甚愛惜脫稿即棄去以故自少及壯偶爾有作皆散無存逮後遊五鹿遊伊闕遊廣武吳越龍津豫章覽山川之形勝見昔人之陳迹感事述懷亦復時為吟諷後訪田蒙齋先生於金陵學署先生索視余作為之指陳得失剖晰源流然後知詩不易為為即不宜輕棄洊遊京師側聞諸作者緒論因而捉筆不敢孟浪迺檢敝簏舊作自為改訂然已百不存一矣居京師四年總新舊作合訂成編將存之以貽我後人會量移南詔行李匆匆為細人攫去於是存者復亾遊滇時值蒙齋先生來撫黔畏友劉訒菴來守思南不憚數千里走箭相質因梓有萬行草一卷幸而存者惟

海豐吳氏詩存卷一　一

圖一〇四：二客吟二卷 〔清〕高密李懷民 李憲喬撰

〔清〕丘縣劉大觀輯 清乾隆嘉慶間丘縣劉大觀蘇州刻本

李懷民

北宮 即長春道院在濰縣城北

宮在縣樓北石門題玉清何時得仙處盡日有松聲

斷碣埋秋草荒鐘入暮城青雲不可接閒坐感浮生

送趙玉文東歸

雲中候雁飛白髮望荊扉落葉滿山徑秋風孤客歸

何時到鄉里前路授寒衣知是無人問空洲理釣磯

酧子迟長至日雪見寄

長至雪初下當看未作詩高情解相寄靜理獨能推

二客吟　一

圖一〇五：二客吟二卷　〔清〕高密李懷民　李憲喬撰
〔清〕丘縣劉大觀輯　清乾隆嘉慶間丘縣劉大觀蘇州刻本

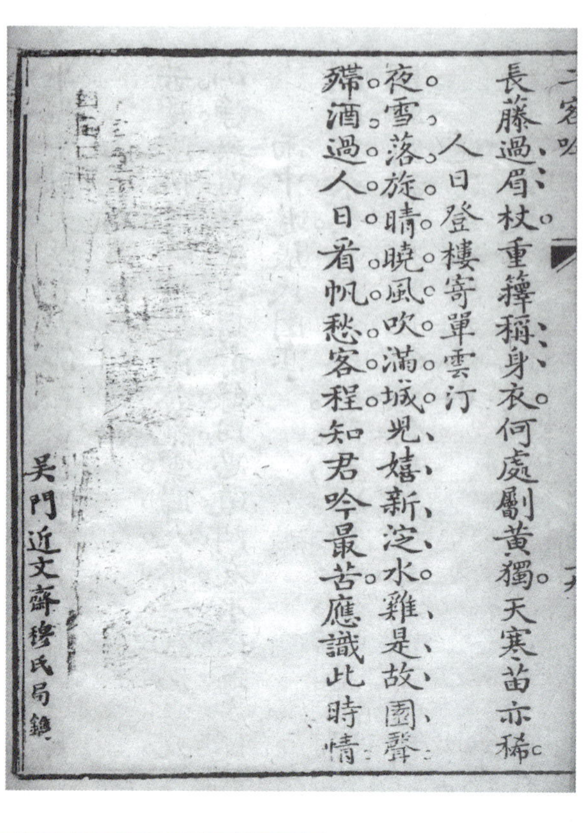
二客吟

長藤過眉杖，重韡稱身衣。何處劉黃獨，天寒苗亦稀。

人日登樓寄單雲汀

夜雪落旋晴，曉風吹滿城。兒嬉新淀水，雞是故園聲。殢酒過人日，看帆愁客程。知君吟最苦，應識此時情。

吳門近文齋穆氏局鐫

明湖載酒二集題辭

杞廬先生輯明湖載酒二集成爲題二律　周學淵

儒雅風流自性存，蕭然古衲不同溫（杞公方冷絕俗而於友朋文字保存如性命）。敲詩午夜鵶棲樹，擕酒春郊馬在門（杞公年來集事以同遊佛峪爲最）。南部煙花餘涕淚，貞山魚鳥換心魂。藥罏留得寒灰在，亭榭滄桑待我論（杞公寓小滄水榭六年賓朋極盛）。

一撮閒情等逝波，錦囊佳句苦搜羅。陳雷肝膽今安在，鮑謝文章總不磨。裙屐風光劉婉孌，湖山意興極嵯峨。那堪淚掩題襟集，黃髮青衫逸事多（集中二李及濮青士皆先後作古有人琴之感）。

杞廬刊印明湖載酒二集成因題二律　姚鵬圖

先生抱膝自長吟，每見新詩喜不禁。風雅網羅今世史，文章消息古人心。畢昇活字流傳易，王粲登樓感喟深。爲我叢殘苦收拾，多君此意抵千金。

芳茂停雲已逝川，漁洋秋柳更淒然。銷磨歲月追前輩，感慨湖山異盛年。一卷中州留姓氏，幾家秘閣供雲煙。徵詩祇道多多善，費我新裁百幅牋。

明湖載酒二集　題辭

圖一〇六：明湖載酒二集一卷補遺一卷
〔清〕祁陽陳琪輯　清宣統二年濟南片雲樓排印本

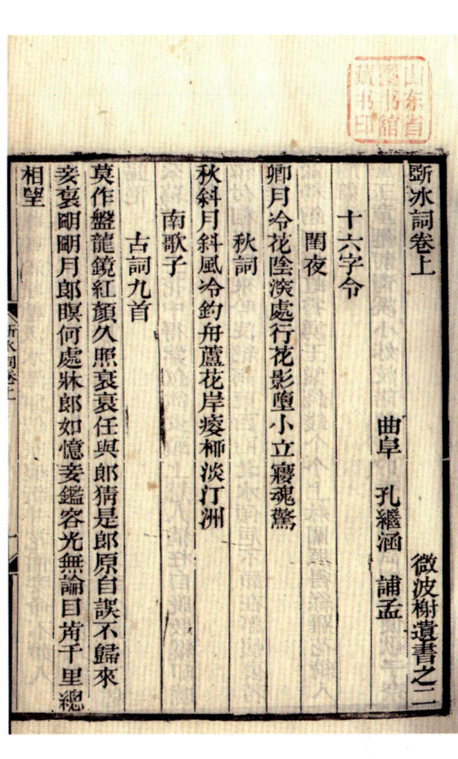

斳冰詞卷上　微波榭遺書之二

曲阜　孔繼涵　誧孟

十六字令

閨夜

卿月冷花陰深處行花影墮小立寤魂驚

秋詞

秋斜月斜風冷釣舟蘆花岸瘦柳淡汀洲

南歌子

古詞九首

莫作盤龍鏡紅顏久照衰衰任與郎猜是郎原自誤不歸來

妾衰爾爾月郎瞑何處牀郎如憶妾鑑容光無論目前千里總

相望

圖一〇七：斳冰詞三卷　〔清〕曲阜孔繼涵撰

清乾隆曲阜孔氏刻本（微波榭遺書六種之一）

漁父詞　乾隆壬午十二月紅櫚書屋鈔

張志和

西塞山前白鷺飛桃花流水鱖魚肥青箬笠綠蓑衣斜

風細雨不須歸

釣臺漁父褐爲裘兩兩三三舴艋舟能縱棹慣乘流長

江白浪不曾憂

霅溪灣裏釣魚翁舴艋爲家西復東江上雪浦邊風笑

著荷衣不歎窮

松江蟹舍主人歡菰飯蓴羮亦共餐楓葉落荻花乾醉

宿漁舟不覺寒

青草湖中月正圓巴陵漁父棹歌連釣車子橛頭船樂

圖一〇八：漁父詞一卷附漁家傲月節詞一卷

〔清〕曲阜孔繼涵撰並輯　清乾隆二十七年紅櫚書屋清稿本

石室談詩 上

東萊趙士喆伯濬著

総論 二十四條

第一條

唐人作詩而不談詩善談詩者惟嚴滄浪及朱子耳滄浪倡專主盛唐之説今日之攻詩者亦不以為異至於朱子則妄意以為迂濶而不知朱子之説與滄浪不謀而同而淵源深且遠也滄浪言學詩者以識

圖一〇九：石室談詩三卷 〔明〕掖縣趙士喆撰 清鈔本

主客圖詩論

詩自三百篇以後一變而為離騷再變而為蘇李古詩十九首以至建安黃初五言詩之盛極矣降而六朝古風沒滅唐初不能除陳隋之習陳子昂李太白起奮然以復古為任稍改其駢麗綺靡之陋究亦自成其體實於古無涉張九齡元次山韋蘇州沈千運柳宗元等差為近古然亦未盡脫選體故李滄溟謂唐無古詩而自有其古詩亦通論也學唐詩者斷自沈宋律體律者法律也猶今制科之四書文雖有韓歐之筆不得縱其馳騁後生或襲古文格調識者譏其破體王鳳洲謂賦之與文猶竹之與木予謂古律亦然

今之選唐詩者大概古今並收以希各體俱備之目且矜尚七言詩利其句長調高便於諷詠不知七言律詩唐人不輕作嚴滄浪曰七言難於五言予嘗考唐詩王楊盧駱絕無七言近體燕許稱大手筆張止十二篇蘇十三篇沈宋律體之始沈七言十六首宋止三首而已崔司勳黃鶴樓千古絕唱然此篇或行經華陰一首

圖一一〇：紫荊書屋詩話不分卷 〔清〕高密李懷民撰 稿本（高密三李詩話三種之一）

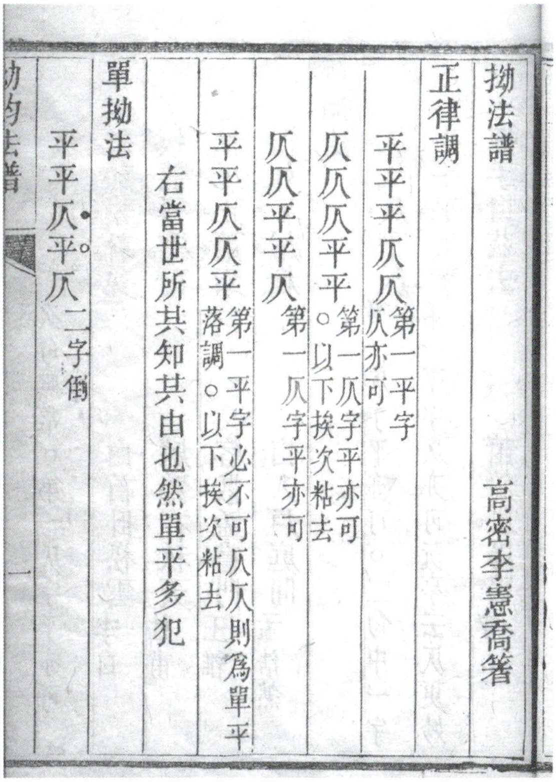

拗法譜　高密李憲喬著

正律調

平平平仄仄第一平字仄亦可

仄仄仄平平第一仄字平亦可。以下挨次粘去

仄仄平平仄第一仄字平亦可

平平仄仄平第一平字必不可仄仄則爲單平落調。以下挨次粘去

單拗法

右當世所共知共由也然單平多犯

平平仄平仄二字倒

拗法譜　一

圖一一一：拗法譜一卷附通轉韻攷一卷　〔清〕高密李憲喬撰　清光緒二十四年刻本

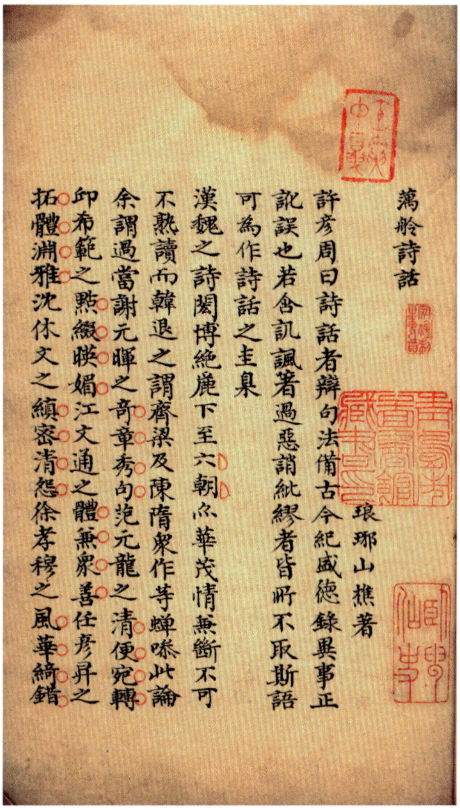

蕅舲詩話　瑯琊山樵著

許彥周曰詩話者辯句法備古今紀盛德録異事正訛誤也若含譏諷著過惡誚紕繆者皆所不取斯語可為作詩話之圭臬

漢魏之詩閎博絕麗下至六朝之華茂情兼斷不可不熟讀而韓退之謂齊梁及陳隋衆作等蟬噪此論余謂過當謝元暉之竒章秀句范元龍之清便宛轉卯希範之點綴映媚江文通之體兼衆善任彥昇之拓體淵雅沈休文之縝密清怨徐孝穆之風華綺錯

圖一一二：蕅舲詩話一卷　〔清〕諸城王瑋慶撰　精鈔稿本

東泉詩話 續冊

魚臺　馬星翼仲章

論詩類

文選載李陵詩三首太平御覽別有一篇結句梟父不洗耳後世有何稱引喻失義自擬非倫殆廢鼎也古文苑有擬李陵詩七首不著誰作其一有鳥西南飛其七鳳皇鳴高岡後人引詩或即以無名氏擬詩為陵自作而此外尚有遺句李善注文選魏文帝與鍾大理書五內句下引李陵詩曰行行且自割無令五內傷又孫子荊為石仲容與孫皓書虎步句下引李陵詩曰幸託不肖軀且當猛虎步令俱不見全篇

山東省立圖書館鈔本

圖一一三：東泉詩話續冊七卷　〔清〕魚臺馬星翼撰

民國間山東省立圖書館鈔本（魚臺馬氏叢書之一）

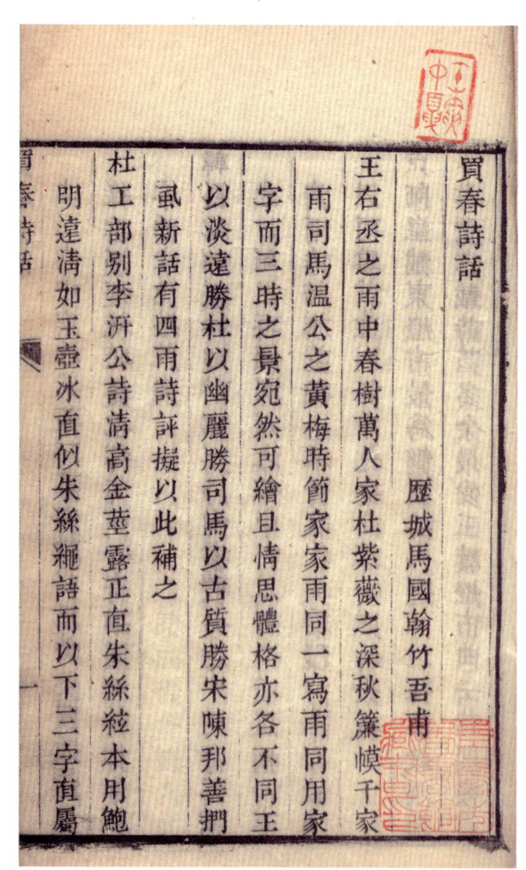

買春詩話

歷城馬國翰竹吾甫

王右丞之雨中春樹萬人家杜紫薇之深秋簾幙千家雨司馬温公之黃梅時節家家雨同一寫雨同用家字而三時之景宛然可繪且情思體格亦各不同王以淡遠勝杜以幽麗勝司馬以古質勝宋陳邦善捫虱新話有四雨詩評擬以此補之

杜工部別李涆公詩淸高金莖露正直朱絲絃本用鮑明遠淸如玉壺冰直似朱絲繩語而以下三字直屬

買春詩話　一

圖一一四：買春詩話一卷　〔清〕歷城馬國翰撰

清道光咸豐間歷城馬氏刻本

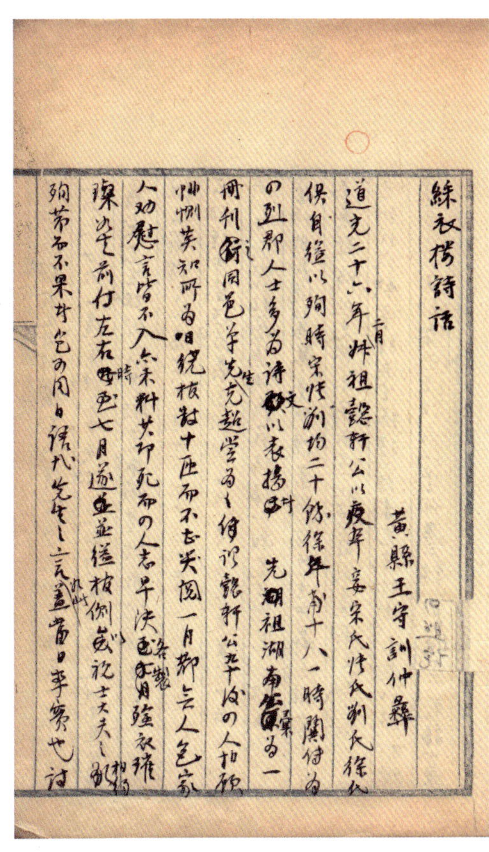

綠衣樓詩話

黃縣王守訓仲彝

圖一一五：綠衣樓詩話四卷〔清〕黃縣王守訓撰
稿本（清黃縣趙蔚坊跋）

雲亭山人編

桃花扇

西園梓行

圖一一六：桃花扇傳奇二卷〔清〕曲阜孔尚任撰
清康熙西園刻本

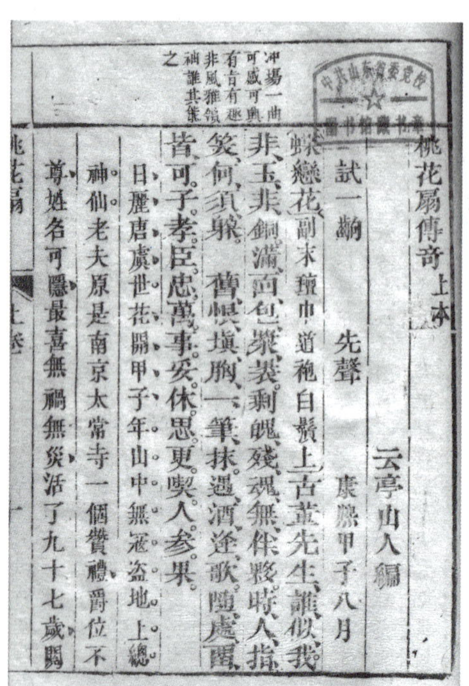

桃花扇傳奇上本　　云亭山人編

試一齣　先聲　康熙甲子八月

蝶戀花　副末氈巾道袍白鬚上　古董先生誰似我　非玉非銅滿面包漿裹　剩魄殘魂無伴夥　時人指笑何須躲　舊恨填胸一筆抹　遇酒逢歌隨處留皆可　子孝臣忠萬事妥　休思更喫人參果

日麗唐虞世　花開甲子年　山中無寇盜　地上總神仙　老夫原是南京太常寺一個贊禮　爵位不尊　姓名可隱　最喜無禍無災　活了九十七歲閱

圖一一七：桃花扇傳奇二卷　〔清〕曲阜孔尚任撰

清康熙西園刻本

青衿俠傳奇　一名儒俠記

膠州羽陵外史　填詞

第壹齣　詞源　齊徵

西江月　副末白鬚道袍扶杖上　富貴即能博取　倫常且莫輕虧　近來風會太澆漓　救世從何着嘴　孰意蒼涼俠骨　仍為落拓書癡　忘親負友果伊誰　綴列黌宮可鄙

雰濁年〻　困久居　牀頭金盡　締交餘　謾言詞語傷忠厚　三百風詩悉憤書　老夫乃膠州大珠山下一箇居士是也　身棲林下　名

圖一一八：青衿俠傳奇三十二齣一卷　〔清〕膠州紀聖宣撰

清道光五年紀聖徵鈔本（清膠州紀聖徵題識　膠州陳曳雲錄

清膠州李之雍跋）

富貴神仙

第一回　淄川　蒲松齡編

鷓鴣天　區區小願欲求天近繞居民百頃田膝下兒孫多似玉堂中妻妾美
如仙朝朝飲酒暮暮鮮耳目聰明牙齒堅皓齒清歌細腰舞糊突混過百餘年
山坡羊　笑世人求仙求佛這念頭忒也謬一個俗俗人兒怎能把青天上去就是
那鶴壯如鵰他能馱我到仙府也怕那裏的神仙太多這後來的無處安放奉勸世人
不必慌張依我這意思清廉本分那天爺也不說我貪只顧得那小蔵蔵山兒似的
元宝又離不了一兩个子孫封侯拜相解悶開懷也須得幾个美人歌舞百歲外渾
身上下任拘嘎都健壯如常但只是古人富貴都要先受点子風霜我却要漫荒拉
草受用那下半世的風光或是佛或是仙模模這頭不能担忽然要到極樂國只怕也坐
不慣那九品蓮我要騰雲學呂祖天爺必然笑我憨若是那不富不貴的老彭祖
天爺就肯我心也不甘自家貶損又貶損這咱開口告人難我說一个樣子給天爺看

圖一一九：富貴神仙十四回不分卷　〔清〕淄川蒲松齡撰
清酌月書屋鈔本

開場　木皮散人賈鳧西著

論地談天講王說伯第一件不要支離不經第
二件不要荒唐無味言言都是藥石事事可作
監戒那剛膽的人聽說那忠臣孝子也動一番
惻隱那婆心的人聽說那奸佞邪淫也起一番
嗔怒即如荊軻報讐田横死節講到這個去處
令人慷慨悲壯吐氣為虹又如那忠臣抱恨孝
婦含寃講到這個去處令人咨嗟傷歎歔欷流淚

圖一二〇：賈鳧西鼓詞一卷　〔清〕曲阜賈應寵撰
清鈔本

《山東文獻集成》第一輯前言

一個文化大省，要有標志性人物，山東省因爲有孔子、孟子、管子、墨子、孫武、孫臏這樣一些譽滿中外的文化名人，因而被公認爲文化大省。但是，一個文化大省還必須有標志性的文獻。以省級地方文獻叢編爲例，清代道光至同治年間廣東的伍元薇、伍崇曜編刻《嶺南遺書》、光緒年間定州王灝編刻《畿輔叢書》、民國年間山西省文獻委員會排印《山右叢書初編》、金毓黻編印《遼海叢書》、張鵬一編印《關隴叢書》、安徽叢書編審委員會影印《安徽叢書》、盧靖編刻《湖北先正遺書》、孫文昱編印《湖南叢書》、胡思敬編刻《豫章叢書》、廣東叢書編印委員會編印《廣東叢書》、瓊州海南書局排印《海南叢書》、貴陽任何澄等編印《黔南叢書》、雲南叢書處趙藩等編刻《雲南叢書》等等，都是一省文化之標志。下至地區一級文獻叢書，也不乏聞名於世的，其典型事例爲民國年間上海暨南大學校長張壽鏞個人出資編刻的寧波地方文獻叢書《四明叢書》，久已被學術界視爲善本。其餘如丁丙編刻《武林先哲遺書》、盛宣懷編刻

《常州先哲遺書》等都享有盛名。可是，山東作爲一個文化大省從没有像其他幾個省份那樣，編印出足以標志山東文化的『山東叢書』，這是一個重大遺憾，也是我們當代山東人不可推卸的歷史責任。

根據山東大學教授王紹曾先生主編的《山東文獻書目》、沙嘉孫先生編著的《山東文獻書目續編》，從先秦到近代，山東歷史上産生的著述在一萬種以上，數量龐大，在此基礎上選編一部超過其他各省的山東地方文獻叢書，是具備優越條件的。作爲山東省第一學府素以文史研究聞名於世的山東大學，理應承擔起這一重任。二〇〇五年山東大學文史哲研究院王學典院長、杜澤遜教授提出編纂《山東文獻集成》的計劃，經山東大學領導上報山東省人民政府，由韓寓群省長特批立項，成爲山東省政府重大文化工程。二〇〇五年底開始籌備，二〇〇六年初正式啓動。《山東文獻集成》由韓寓群省長任主編，山東大學黨委書記朱正昌、校長展濤等任副主編。編纂處設在山東大學文史哲研究院，負責項目的具體實施，王學典任編纂處主任，杜澤遜任副主任。全書初步計劃搜集山東先賢著述一千種，主要收入流傳未廣而又價值較高的稿本、鈔本、刻本等，影印出版。外省人士所撰關於山東的重要書籍，亦酌予收入。共分四輯，精裝十六開本二百册。

現在出版的是第一輯五十册，收書一百七十九種，以名家未刊稿本、鈔本爲主。

其中經學著作有清盧見曾《讀易便解》（清鈔本）、清牟庭《周易注》（鈔本）、清張爾岐《書經直解》（清鈔本）、清牛運震《尚書評注》（清鈔本）、清宋書升《尚書考》（稿本）、清王守訓《詩毛傳補證》（稿本）、《春秋地理補考》（稿本）。語言文字學著作有清王維言《方言釋義》（稿本）、清時庸勱《單縣時氏音學遺著》三十八種六十二卷（稿本）。金石學著作有清劉喜海《古泉苑》一百卷（清稿本）、清翁樹培撰、劉喜海補注《古泉彙考》（稿本）、清許瀚《許印林先生吉金考釋》（鈔本）、《攀古小廬古器物銘》（鈔本）、《攀古小廬甎瓦文字》（王獻唐鈔本）、《攀古小廬古器物釋文初草》（稿本）、《攈古録金文考釋》（王獻唐鈔本）等。史部著作有清李文藻《恩平程記》（稿本）、《長途備忘録》（稿本）、清楊以增撰、楊紹和輯《楊端勤公奏疏》（清稿本）等。集部有清高鳳翰《南阜山人詩集類藁》、《斅文存稿》（清劉喜海藏精鈔本）、清孔廣栻輯《海岱人文》三十三種（稿本）、清蒲松齡《聊齋文集》（稿本十二册）等。琳琅滿目，美不勝收。這些珍貴的稿本、鈔本，大都未曾刊印過，學術界難得一見。

濟陽張爾岐是清初著名經學家。顧炎武曾説：『獨精三禮，卓然經師，吾不如張稷若。』（《亭林文集·廣師》）對張爾岐評價很高。但張氏教授鄉里，生前著述多未刊行，今影印其《書經直解》清鈔本，對《書經》之詮釋，深入淺出，細致入微，顯示出張氏深厚的經學功力。諸城劉喜海爲金石學大家，久負盛名，其《古泉苑》一百卷，係清

稿本。又大興翁樹培《古泉彙考》，從未刊行，劉喜海在書眉作了詳細批注考釋，是計劃刊印而未成的原稿本，書中還保存了著名金石學家利津李佐賢、福山王懿榮的手批，更加珍貴。王獻唐先生曾説：『大興翁氏《古泉彙考》與劉氏《古泉苑》、李氏《古泉匯》並爲泉學鉅製，李書已刻行，此與《泉苑》迄未付梓，學者以不見爲憾。』（《雙行精舍書跋輯存續編·古泉彙考跋》）劉氏《古泉苑》保存在山東省博物館，翁著劉批的《古泉彙考》原件保存於山東省圖書館，今將二書一並影印，可謂中國古錢幣學史上的一件大事。至於不爲人知的音韻學大家時庸勱，生活於同治至光緒前期，曾是著名金石學家吴式芬的門人，用一生心血著成音韻學專著三十八種，對清代音韻學家顧炎武、江永、戴震、段玉裁、王念孫、孔廣森等人的成就進行了系統總結，并提出獨到的古音體系。對諸家文字的歸部，進行了細致討論，涉及古文字學、訓詁學等領域，多有創獲。王獻唐先生認爲：『他的功力和新穎見解，在清代二百六十年内，具有山東全省的代表性，同時也有全國的代表性。』但時氏音學遺著沉埋一百多年，幾乎不爲人知，此次全部影印問世，將爲研究中國音韻學提供一大批嶄新的文獻資料，也爲我們全面認識有清一代的音韻學成就提供更爲廣泛的可靠依據。日照許瀚爲清中葉著名金石學家、文字學家和校勘學家，龔自珍《己亥雜詩》稱贊他『北方學者君第一』，有『北方顧千里』之譽。但一生潦倒，著述多未刊行。王獻唐先生作爲日照後

學，曾努力搜訪借鈔，在一九三一年前後集爲《許印林遺書》，計二十一種，一大函。在七十餘年後，我們予以影印問世，實現了老一代文獻學家的宿願。

歷城馬國翰終生從事輯佚之學，成《玉函山房輯佚書》六百零三種七百二十九卷。著名文獻學家王重民先生說：『清代輯佚，我推先生爲第一家。』（《清代兩個大輯佚書家評傳》）絶非過譽。這部輯佚大書在道光間由馬國翰陸續刊版，直至他咸豐七年去世，尚未最終完成。同治十年丁寶楨任山東巡撫，從馬國翰女婿章丘李氏家借得書版，由濼源書院山長匡源等修補整理刷印，即濟南皇華館書局印本，這部書才流傳稍廣。近年來有出版社影印《玉函山房輯佚書》，根據的是南方重刻本，效果不佳，往往有漫漶不清之處。此次重印有三個優點：一是採用馬國翰的初刻本，當然優於南方重刻本。二是印本清朗。我們用山東省圖書館藏濟南皇華館白紙本重新掃描，縮爲上下欄十六開本，清晰度大大勝於以往影印本。三是附有光緒十五年章丘李氏所刻《玉函山房輯佚書續補》十一種十四卷、《目耕帖續補》二卷，以及光緒間蔣式瑆撰輯《玉函山房手稿存目》一卷、《玉函山房輯佚書書後》三篇。這都是南方重刻本所没有的，却是不可缺少的組成部分。因此，本次影印本可説是清代第一輯佚大書《玉函山房輯佚書》迄今最完整的本子。

《山東通志》二百十一卷，創修於光緒十六年，經山東巡撫張曜、楊士驤等前後苦

心經營，耗費著名學者孫葆田半生心血，集數十位晚清學者的智慧，歷時二十年始告修成，而完成時間恰爲宣統三年。在各省通志中，這樣完整系統地記載上古至清末一省地理、歷史的，實在不多見。同爲文化大省的江蘇、浙江，也都没能在清末民初這個新舊交替的年代修成他們的通志，因此宣統《山東通志》彌足珍貴。商務印書館曾在民國間縮小拼版影印爲三十二開本，上海在近年又翻印商務本，版小字密，多有不清晰處。鑒於該書有重大學術價值，我們改用山東通志刊印局初印本重新掃描影印，完全解决了清晰度問題，爲讀者提供了更好的讀本。

對山東文獻的系統搜集整理工作，前人早已開始。以詩歌而論，乾隆間盧見曾輯刻《國朝山左詩鈔》六十卷，收入清初山東詩人六百二十餘家的詩作，同時宋弼輯《山左明詩鈔》三十五卷，乾隆三十六年李文藻刻印，收明代山東詩人四百三十一家的詩作。嘉慶間張鵬展輯刻《國朝山左詩續鈔》三十二卷《補鈔》四卷，上繼盧氏，收山東詩人七百四十七家的詩作。道光間余正酉又輯刻《國朝山左詩彙鈔後集》三十九卷，收入山東詩人三百八十九家的詩作。合計以上四種，共得近五百年間山東詩人二千一百八十七家，每人都繫有小傳。其中絕大部分人物没有别集傳世，其姓名亦不見經傳，因此這四種前後蟬連的地方詩歌總集，是極爲珍貴的文獻資料，對研究山東古代文學史、古代歷史，乃至整個中國古代文學史、中國古代史，都堪稱資料淵藪。此次將

四種總集配齊影印，有着不同尋常的學術意義。

在調查搜集過程中，我們發現，有些具有重要文獻價值的著述，盡管曾經印行，但流傳仍十分稀少。例如萊陽姜埰、姜垓兄弟，在明末清初都有重要影響。姜埰《敬亭集》有光緒十五年山東官書局刻本，尚不難得。其弟姜垓在崇禎間曾建言除掉題名碑上奸臣阮大鋮的名字，南明弘光間阮大鋮得勢，欲殺姜垓，垓乃變易姓名，逃到寧波，明亡後隱居蘇州。姜垓的集子《流覽堂殘稿》六卷，經其後人四處搜集，於宣統二年由萊陽通興石印館石印。這個普普通通的石印本，十分罕見，網羅晚明文獻最完備的謝國楨《晚明史籍考》、大型書目柯愈春《清人詩文集總目提要》、《東北地區古籍綫裝書聯合目録》、專門書目《山東文獻書目》等，均未記載這個本子。《清人别集總目》雖然著録了該書，但唯一的收藏者是山東省圖書館。我們這次就是用山東省圖書館藏宣統二年萊陽石印本影印的，這不僅有利於該集的利用，同時也有利於該集的保存。值得指出的是，該書有王懿榮在光緒二十六年四月作的序言，三個月後八國聯軍進北京，王氏就以身殉國了。這篇序言《王懿榮集》没有收録，其子王崇煥作的《王文敏公年譜》也只字未提。該序對研究王懿榮顯然有不可忽視的價值。

我們的編纂工作包括調查搜集、版本鑒别與遴選、書名卷數之核定、作者及其籍貫之確認等等。對於前人的錯誤，我們盡可能作了訂正。例如山東省博物館藏《海

岱人文》稿本，收入曲阜顔氏的詩文集三十三種，大部分傳世稀少。該書的編者，《中國古籍善本書目》定爲清代王懿榮。但我們從這部書上未曾發現王懿榮任何痕迹，既無序跋批校，亦無印鑒。同時我們發現，大部分集子有微波榭主人親筆補寫的詳細目録，並留下了題記。如：《水明樓詩》補目末：『乾隆乙卯（六十年）正月廿四丁未微波榭鈔，是日天陰有風。』《江干幼客詩集》目下：『乾隆癸丑（五十八年）冬十月十四日甲戌顔運生崇規學博所貽，一齋記。』同上補目下：『嘉慶三年戊午冬十二月廿四日癸丑午刻微波榭晴牕録。』考『微波榭』是曲阜孔繼涵堂號，但孔繼涵已於乾隆四十九年去世，這些題記顯然是孔繼涵之子所作。又考『一齋』爲孔繼涵長子孔廣栻的號，題記中最晚的一條是嘉慶三年十二月廿四日，而孔廣栻嘉慶四年去世。從《祇芳園詩》補目下的題記，我們可以了解到嘉慶三年冬孔廣栻已有病在身。該題記云：『嘉慶三年戊午臘月廿二辛亥録。是日招諸弟與顔思誠飲，予以疾不陪。』孔廣栻在去世前猶抱病爲這批文獻鈔補目録，作必要的編纂工作，他的精神對我們也具有很大的感染。順着這一思路，我們查閲了王獻唐先生題跋，發現兩條有關的記載：一是《雙行精舍書跋輯存續編·十子詩略跋》：『此《十子詩略》之一，護葉後面十子名次及《樂圃集目》、集中批點，皆曲阜孔伯誠廣栻先生手筆。……身後遺藏，十年前多爲北平翰文齋購去。先後凡見四十餘種，其《微波榭遺書》、《通德遺書所見録》、孔

氏説經稿底本，由余作介，仍歸衍聖公家，餘則多爲山東圖書館購藏。內以曲阜孔、顔各家詩文集鈔本爲多，類經伯誠先生訂定編録，朱墨爛然，似當時欲編集付梓者。』二是《雙行精舍書跋輯存·藤梧館金石題詠集録跋》：『右書爲曲阜孔伯誠先生集録。……藤梧館爲先生書室，所著詩文均以是名署之，前見《海岱人文》先生集鈔各書，板心多有藤梧館三字。』從這兩條跋文，我們可以進一步確認，這部《海岱人文》是孔廣栻所輯。過去定爲王懿榮輯，是錯誤的。那麼，這一錯誤是爲何發生的呢？考《王文敏公年譜》，光緒十七年云：『公自本年始搜集《海岱人文》，九月，撰《海岱人文序》。』天津圖書館藏有王懿榮《海岱人文册目》稿本二册，經向該館專家請教，係王懿榮所藏山東人書劄、詩牋、閒帖等文獻的目録。王懿榮收藏的山東人書劄等文獻，裝裱成册子，題名《海岱人文》，所以這兩本目録題作《海岱人文册目》。《册目》前有王懿榮自序，亦未提及孔廣栻的《海岱人文》。可見王氏所輯《海岱人文》與孔廣栻輯《海岱人文》是内容不同的兩部書，只是書名相同而已。前人誤定孔廣栻所輯《海岱人文》爲王懿榮輯，當是循名失實所致。至於孔、王兩書有無先後配合的關係，只能書此待考了。

在編纂《山東文獻集成》過程中，我們時時感受到前人在搜集保護鄉邦文獻方面的苦心孤詣和卓越貢獻。乾隆間德州學者宋弼，在與盧見曾合輯《國朝山左詩鈔》

後，又輯《山左明詩鈔》，當時益都學者李文藻也參與了搜集工作。宋弼把《山左明詩鈔》稿本交給盧見曾，希望盧氏刊刻行世。乾隆三十三年秋盧見曾獲罪，被抄家，數十萬卷藏書都堆在德州官府内。時宋弼官甘肅按察使，入覲途中死在洛陽。李文藻深恐此書就此湮没，第二年正月趕到德州，託人購買此書，花了三天時間，才從書堆中清理出該書的稿本三十五卷。可是未找到詩人小傳。數日後，宋弼的靈柩從洛陽迎到德州。李文藻吊唁後，打開宋弼的行李箱，小傳一册正在其中。延津劍合，真是天意。這年秋李文藻得了廣東恩平知縣，就携帶這部稿子南下廣東。次年夏到任，入冬即着手校刻，使這部包括四百三十一人詩作的山東文獻得以問世。

至於王獻唐先生，幾乎用一生心血搜集、保護、研究山東文獻，他在古代史、金石文字、版本目録等方面都取得了令人矚目的成就，無愧一代宗師。抗日戰争爆發，王獻唐與屈萬里、李義貴携帶山東圖書館善本、文物，歷盡千辛萬苦，向後方遷徙，因資金匱乏，甚至討飯，而所有圖書文物絲毫無損。途經萬里，時逾十載，一九五〇年冬這批珍貴文獻終於從四川運回山東，後來入藏山東省博物館。其中山東先賢遺著稿本、鈔本，未經刊行的，數量可觀。我們這次影印的不少文獻，就是王獻唐先生帶到四川又運回山東的，許多書上都留下了獻唐先生的題跋，是我們認識和研究山東文獻的重要向導。在國破家亡，戰火聯綿的年代，王獻唐先生輯印《山左先喆遺書》的計劃難

以實現。在社會安定，經濟發展，文化受到高度重視的今天，我們有條件把這些珍貴文獻影印出版。可是，如果没有前輩們的薪火傳燈，我們今天無論如何也無法創造出這些文獻。前人對於我們是這樣，我們對於後人也應該是這樣。保護和傳承文獻，實質上就是保護和傳承古老的中華文明，這才是我們編纂出版《山東文獻集成》的初衷。

《山東文獻集成》的編纂出版工作，得到山東省政府的關懷和支持，還得到山東大學、山東省財政廳、山東省文化廳、山東省圖書館、山東省博物館、山東師範大學、濟南市圖書館等單位的大力支持，山東大學文史哲研究院負責編纂工作，山東大學出版社負責出版工作，江蘇金壇古籍印刷廠負責印刷工作，有關人員都付出了艱苦的勞動，做出了重大貢獻。在此致以衷心的感謝。

山東文獻集成編纂委員會
二〇〇六年十二月十日

《山東文獻集成》第二輯前言

《山東文獻集成》是山東省政府特批重大文化工程，二〇〇五年獲准立項，二〇〇六年初正式啓動，是一部大型影印古籍叢書，其宗旨是搶救保存山東文獻，計劃搜集具有一定學術價值的山東先賢遺著稿本、鈔本、稀見刻本一千種，影印出版。全書精裝二百册，十六開本，每册八百頁，分四輯陸續印行。每輯所收之書略依經、史、子、集、叢五部分類編排。第一輯五十册，收書一百七十九種，已於二〇〇六年十二月正式出版。經過二〇〇七年一年的辛勤工作，到二〇〇七年底，第二輯五十册的編纂出版工作已經完成。

《山東文獻集成》第二輯，本着第一輯業已確定的宗旨，進一步擴大收集範圍，共收入山東先賢遺著三百五十五種。其中稿本九十三種，鈔本一百四十一種，刻本一百一十三種，舊排印本四種，石印本四種。經牟庭、紀昀、王芑孫、傅增湘、王獻唐、欒調甫、路大荒、屈萬里等名家批校題跋的本子有四十種，其中王獻唐先生題跋的有十四

種。

稿本較重要的有明淄川畢自嚴《白陽畢公自嚴遺蹟》一卷、清諸城李慎《周易注解》八卷、清安丘王筠《禮記讀存》一卷（王獻唐跋）、《顧亭林年譜校録》一卷、清歷城王維言《夏小正箋疏》一卷、清濟寧許鴻磐《方輿叢録》十二册、清掖縣侯登岸《掖乘》十六卷、清日照許瀚《擬史籍考校例》一卷、《許印林手稿》一卷、清章丘張篤行《杜詩七律》四卷、清黄縣王守訓《綵衣樓詩話》四卷等。

鈔本值得重視的有清黄縣姜其垓《周易古本集註》十二卷《續編》二卷（清鈔本）、清濰縣郭麐《濰言》四卷（民國二十二年秦玉章鈔本，王獻唐批注並跋）、清魚臺馬星翼《國策補遺》不分卷（舊鈔本，王獻唐跋）、清祥符周亮工《全濰紀略》一卷（清鈔本）、佚名《黄培文字獄案》一卷（清鈔本）、清曲阜孔尚任《畫林雁塔》不分卷（清初鈔本）、明淄川畢自嚴《畢伯陽奏稿》一卷（明鈔本）、明泰安蕭大亨《北虜風俗》一卷《北虜世系》一卷（民國十三年江安傅氏藏園鈔本，傅增湘校並跋）、清嘉善浦曰楷《萊陽竹枝詞》一卷（清鈔本）、清安丘王筠《周虢季子白盤釋文》一卷（民國濰縣丁錫田鈔本）、清濰縣陳介祺《寶簠齋集各家彝器釋文》不分卷（民國黄縣丁菊甦鈔本）、清昌樂閻湘蕙《諺語類鈔》四卷（民國二十六年山東省立圖書館鈔本）、清淄川張篤慶《崑崙山房郢中集》三卷《崑崙山房詩集》十三卷（清鈔本）等。

刻本值得注意的有清即墨黄守平《易象集解》十卷（清同治十三年即墨黄氏漱芳園刻本）、清濟陽張爾岐《儀禮鄭注句讀》十七卷（清乾隆八年濟陽高廷樞刻本）、清滕縣張耕《古韻發明》不分卷（清道光滕縣張氏芸心堂刻本，儀徵阮元序）、清新城王兆弘等《新城王氏世譜》八卷（清乾隆二十五年新城王氏刻本）、清益都孫廷銓《顔山雜記》四卷（清康熙五年刻本）、明海寧查志隆《岱史》十八卷（明萬曆十五年戴相堯刻本）、清益都薛鳳祚《曆學會通》六十五卷（清康熙刻本）、唐臨沂顔真卿《顔魯公文集》十五卷《補遺》一卷《附録》一卷（清嘉慶七年曲阜顔崇椝刻本）、明歷城邊貢《邊華泉集》八卷《邊華泉集稿》六卷（清康熙歷城張溎刻本）、清海豐吴重憙輯《吴氏石蓮庵刻山左人詞》十七種（清光緒二十七年刻本）、清棲霞郝懿行等《郝氏遺書》三十四種（清嘉慶至光緒年間郝氏刻本）等。

在第一輯相對集中收入日照許瀚、歷城馬國翰、諸城劉喜海、黄縣王守訓、單縣時庸勱、聊城楊氏、曲阜顔氏、山左詩鈔各系列文獻之後，本輯則相對集中收入淄川畢自嚴、淄川張篤慶、益都趙執信、泰安趙國麟、新城王祖昌、歷城李廷芳、安丘王筠、棲霞郝懿行、歷下王維言、黄縣丁菊甦、即墨黄氏、魚臺馬氏、安丘曹氏的著作，以及明清青州詩鈔、武定詩鈔等系列文獻。

王筠作爲清代《説文》四大家之一，本集收入他的《説文解字句讀》三十卷（清歸

安沈錫胙批校本)、《説文釋例》二十卷(家刻本)、《説文繫傳校録》三十卷(家刻本)、《禮記讀存》一卷(稿本)、《顧亭林年譜校録》一卷(稿本)、《周虢季子白盤釋文》一卷(鈔本)、《覆瓿社燈謎》一卷(稿本)、《清詒堂燈謎》一卷(稿本)、《菉友雜著四種》(家刻本)等十二種。這對全面研究王筠創造了更便利的條件。其中《燈謎》稿本二種,在過去屬游戲文字,今天看來,却頗覺難得,是民俗學的重要文獻。

即墨黄氏明清以來科名不斷,交游甚廣,爲山東地方望族。前輯已收入黄守平《黄氏家乘》二十卷(鈔本),本輯收入黄守平《周易集解》十卷(家刻本)、黄垍《夕霏亭詩》二卷(鈔本)、黄守平輯《黄氏詩鈔》六卷(稿本)。其中《黄氏詩鈔》稿本是山東省委黨校圖書館新發現的孤本,内收即墨黄氏一門三百年間詩人,自明嘉靖三十二年進士黄作孚至清中葉黄守思,共七十一人的詩作三千八百一十七首。前後十代,代代不斷,是典型的文學世家。該書的發現和影印出版,對研究明清家族文學應是難得的第一手資料。

安丘曹氏在清康熙年間甚爲顯赫。曹貞吉,康熙二年山東解元,三年成進士,與王士禛、朱彝尊等唱和,活躍於清初詩壇。其弟曹申吉少年巍科,官至貴州巡撫,死於吴三桂之難。後人文脈綿延,稱一時之盛。本輯收入曹氏一門詩、文、詞集三十四種,其中稿本三種,曹氏家鈔本二十一種,多未刊行,傳世極罕。不僅是研究家族文學的

重要資料，而且有助於研究清初的歷史和清初的文學史。

許瀚是清中期著名的金石學家、小學家，一生爲人作嫁衣，仍然留下了極爲可觀的高水平著述。第一輯影印的王獻唐輯《許印林遺書》二十種已令人嘆爲觀止。本輯又收入他的稿本二種，其中《擬史籍考校例》尤爲重要。衆所周知，章學誠曾用十餘年精力纂修過一部目録學和歷史文獻學的巨著《史籍考》，先後經過畢沅、阮元、謝啓昆等大員資助，成稿五百卷。道光二十五年江南河道總督潘錫恩邀請許瀚、包慎言、劉毓崧等修訂章氏遺稿。道光二十六年許瀚擬定了這份《校例》，開頭説：『繁冗重複，漏略殊誤，均所不免。』經過三年的努力，最後定爲三百卷。雖卷數減少，但内容增加了四分之一。可惜這部巨著咸豐六年燬於潘錫恩家火災。王重民在爲姚名達《中國目録學史》補寫的《後記》中詳細考證了《史籍考》的纂修過程和悲劇性結局，他説：『許瀚在修訂工作中起着領導作用。』這部凝聚着許多學者心血尤其是許瀚心血的章學誠遺著，不幸失傳。這件許瀚寫於道光二十六年清明節前三日的《擬史籍考校例》手稿，可供我們摩挲，想見《史籍考》這部巨著的模樣。

本輯收入的《黄培文字獄案》一卷，是關於清初黄培文字獄的有限的原始記録材料彙集，該書山東圖書館藏有清鈔本，下半頁多缺字。中國科學院圖書館藏一部鈔本，經核即爲山東省圖書館藏鈔本的底本，其下半霉爛，字不可識，而且個別文字在傳

鈔之後又有損失。可見將山東省圖書館藏清鈔本影印出來，是有搶救意義的。

本輯收入的某些古籍，是一向受到關注的。如張篤慶《崑崙山房詩集》清鈔本十三卷與蒲松齡研究有密切關係； 萬曆刻查志隆《岱史》十八卷是流傳不廣的重要泰山史料； 明代詩人邊貢的詩集，傳世常見的是王士禛的選本《華泉先生集選》四卷，此次影印的康熙刻《邊華泉集》十四卷足本一向難得； 順治年間兼通中西法的數學家和天文曆法專家益都薛鳳祚被《清史稿・疇人傳》稱爲『疇人之功首』，他的巨著《曆學會通》六十五卷刊刻於康熙間，傳世足本甚少，今從北京大學借得全本影印，對中國科技史研究彌足珍貴； 著名學者棲霞郝懿行、王照圓夫婦著作在嘉慶至光緒間陸續刊刻彙印爲《郝氏遺書》三十四種，除其中《爾雅義疏》、《山海經箋疏》等少數幾種曾再版外，其餘很少重印，今一並影印，其學術價值不容忽視； 唐臨沂顔真卿《顔魯公文集》，傳世有明嘉靖錫山安國活字本、又錫山安國刻本、萬曆劉思誠刻本、乾隆武英殿活字本、道光黄本驥三長物齋刻本，但一向以嘉慶七年曲阜顔崇槼刻本爲佳，係從錫山安氏本出而重加校勘者，傅增湘云『刊刻甚精』，今即據顔氏本影印。

本輯所收兩種家譜亦值得稱道。 一是新城王士禛家的家譜《新城王氏世譜》八卷，乾隆二十五年王氏刻本。 二是鄒平馬驌、歷城馬國翰家的家譜《馬氏家譜》十五卷，民國二十年石印本。 新城王氏明清兩代科名頗顯，爲名門望族，王士禛尤爲文壇

巨匠。馬驌、馬國翰則以學術名於世。馬驌精通上古史，著《繹史》一百六十卷、《左傳事緯》十二卷《附録》八卷，人稱『馬三代』。馬國翰則以《玉函山房輯佚書》獲得清代第一輯佚大家的美名。二人同出一個家族。今從山東省圖書館借印《王氏世譜》，從馬氏後人馬以林先生借印《馬氏家譜》，都是傳世極少的名家家譜，是考史論文的寶貴資料。

熟悉《聊齋志異》的學者應當對該書最接近稿本的鑄雪齋鈔本有所留意，該本是乾隆十六年濟南張希傑鑄雪齋從濟南朱氏殿春亭鈔稿本過録的，比存世殘稿本多出一倍，比最早的刻本青柯亭本多出四十九篇。這個鑄雪齋本已有影印本、排印本傳世，不再難得。那麽鑄雪齋主人張希傑的生平、學識、文學修養究竟如何呢？根據我們的了解，張希傑的《鑄雪齋集》存世僅有兩個稿本，一是山東省圖書館藏《鑄雪齋集》十四卷《練塘年譜》一卷，一是天津圖書館藏《鑄雪齋集》七卷。相形之下山東的十四卷本比較完整，並且附有自撰年譜，當然是最好的稀世珍本，現在把這個本子影印收入第二輯，相信對解決上面的問題會有直接幫助。

我們在調查收集編纂考訂山東文獻過程中，深深體會到鄉邦文獻搶救保存和流通的緊迫性。我們固然應當進一步深入研究管子、孔子、孟子、鄭玄、辛棄疾、李清照這些山東歷史上耀眼的明星，但這些人物的著作及相關文獻已不再有湮没或失傳的

危險。相比之下，上面列舉的先賢遺著稿本、鈔本，則大都塵封高閣，賴一綫而孤傳。輕重緩急，不言而喻。《山東文獻集成》創始之初即以搶救保存具有一定學術價值的罕傳文獻爲宗旨，其用心正在於此。

在我們飽覽齊魯先哲遺著珍本秘笈之後，不能不對長期致力於搜集保護山東文獻的王獻唐、路大荒等老一輩學者肅然起敬，也不能不對近幾十年來收藏山東文獻的山東省圖書館、山東省博物館、山東大學圖書館、山東師範大學圖書館、濟南市圖書館、山東省委黨校圖書館等單位的幾代主人表示真摯的感謝。對於編纂工作中出現的失誤，在此敬請讀者批評指正。

山東文獻集成編纂委員會

二〇〇七年十二月二十日

《山東文獻集成》第三輯前言

《山東文獻集成》第一輯五十册和第二輯五十册已於二〇〇六年、二〇〇七年相繼出版。現在第三輯五十册又編纂出版了。本輯共影印山左先賢遺著四百二十種，其中稿本六十種，鈔本七十七種，刻本一百九十四種，拓本四種，石印本六十七種，排印本十五種，鈐印本一種，影印本二種，批校題跋本二十種。又一批珍貴文獻集中呈現在讀者面前。

稿本中值得注意的有清代濟陽艾紫東《尚書淺注》、黄縣王漸鴻《明堂禮制考》、福山王崇燕《穀梁集解糾謬》、日照丁楙五《説文解字均隸》、安丘王筠《刻鵠軒集古録》、曲阜顔崇槼《摩墨亭稿》、諸城王瑋慶《蕅舲詩話》、曲阜孔繼涵《漁父詞》、曲阜孔昭虔《蕩婦秋思》等。

鈔本值得重視的有清代安丘劉象升《易翼與能》、黄縣王漸鴻《三禮條辨》、即墨黄肇顎《嶗山藝文志》、淄川蒲松齡《富貴神仙》、《幸雲曲》、《慈悲曲》、曲阜賈應寵

《賈鳧西鼓詞》、膠州紀聖宣《青衿俠傳奇》等。

刻本較重要的有明臨邑邢侗《來禽館集》崇禎版築居刻本，明臨朐馮琦《宗伯集》萬曆刻本，明萊陽左懋第《蘿石山房文鈔》、《左忠貞公剩藁》乾隆刻本，歷城王苹《二十四泉草堂集》康熙五十六年文登于熙學刻本、諸城王瑋慶《滄浪詩話補注》嘉慶刻本、歷城馬國翰《買春詩話》道光咸豐間刻本等，均一時名家而傳本頗罕。

拓本以諸城劉喜海《清愛堂家藏鐘鼎彝器款識灋帖》道光十八年原石拓本爲稀見精本。排印本以民國十五年排印《日照丁氏家乘》九十三卷爲大宗。而石印大部頭文獻《高密單氏詩文彙存》三十册，雖出於民國十六年，却是鮮爲人知而又富有價值的重要文獻。

本輯所收古籍非但版本珍貴，而且作者大都爲一時之選，除上文已列舉者外，又有明代東阿于慎行、章丘李開先，清代鄒平馬驌、新城王士禛、曲阜孔尚任、桓臺徐夜、濟寧劉淇、滋陽牛運震、棲霞牟庭、益都李文藻、歷城馬國翰、日照許瀚、福山王懿榮、濰縣宋書升、榮城孫葆田、黄縣王守訓，近人膠州柯昌濟等。其中王士禛爲詩壇巨匠，著述等身，其書一版再版。唯康熙舊槧多未影印者，本輯收入《池北偶談》、《居易録》、《香祖筆記》、《古夫于亭雜録》、《分甘餘話》、《唐賢三昧集》、《濤音集》、《帶經堂全集》等，皆康熙乾隆間刻本，對學術研究有不可替代的版本價值。李文藻因撰寫

《琉璃廠書肆記》而蜚聲古籍界，但李氏病死桂林府同知任上，詩文多無刊刻或刊刻而不及傳播。此輯影印其《嶺南詩集》八卷（乾隆家刻本）、《南澗先生文稿》二卷（稿本）、《南澗先生文集手稿》（稿本八册）、《南澗文集》一卷（鈔本），可謂有功於李氏。

馬國翰作爲清代第一輯佚學家，其詩文亦傳世獨罕，此輯影印其《玉函山房文集》五卷、《文選擬題詩》一卷、《五峰山館詩課》二卷、《玉函山房試帖續》一卷、《夏小正詩》十二卷、《買春詩話》一卷，皆其家刻本，又《玉函山房文集》一卷鈔本，同時影印與馬氏有密切關係的歷城王德容《秋橋詩選》四卷《秋橋詩續選》四卷道光刻本，歷城周樂《二南吟草》稿本、《二南詩鈔》二卷、《二南文集》二卷道光刻本等，對全面認識和研究馬國翰的成就當有資料上的拓展。

家族和地區性文獻，也是本輯的特色之一。家族文獻有《濟南朱氏詩文彙編》九種十四卷、《闕里孔氏詩鈔》十四卷、《萊陽董氏遺稿》三種四卷、齊河《郝氏四子詩鈔》六種十卷、《蓬萊葛氏詩文稿》五種七卷（稿本）、《福山王氏傳家集》八種二十三卷（王懿榮輯稿本）、《海豐吴氏詩存》四卷、《王氏一家言》二十八卷、《東武劉氏詩萃》八卷、《曹縣萬氏詩文集》六種七卷（清鈔本）、《高密單氏詩文彙存》三十册等。地區文獻則有《曹南文獻録》八十二卷《附録》六卷、《嶗山藝文志》二十四卷（鈔本）、《海岱會集》十二卷（鈔本）、《濤音集》八卷、《般陽詩鈔》十二種十三卷（淄川孫錫嘏

輯稿本)、《牟平遺香集》十六卷、《東武詩存》十卷、《渠風續集》十卷《補遺》一卷(鈔本)、《曲阜詩鈔》八卷等。對家族和區域性文史研究有着獨特的價值。

專題文獻值得重視的是經濟史料和高密詩派文獻。本輯集中收入山東各地賦役全書四十三種,時間上從清代嘉慶到光緒末年,地域上幾乎涵蓋山東各個地區,是研究清代農業税收情況的珍貴資料。這類古書過去不太受重視,所以收藏保護不善,今天收集極爲不易,配套就更難,因此這次影印的四十三種清代山東各地賦役全書非常重要。還有嘉慶《山東鹽法志》二十二卷附《援證》十卷、同治《山東鹽法續增備考》六卷,也是研究經濟史尤其是鹽業史的重要史料。

『高密詩派』是數十年前汪辟疆先生發表的《論高密詩派》一文提出並系統論述的。汪氏説:『高密詩派,始於清乾隆朝高密李石桐懷民、叔白憲暠、少鶴憲喬兄弟。世所稱爲「高密三李」者是也。』又説:『今按高密詩派,其在齊魯之間者:老輩則有高密單書田楷、單青侅烺、單紹伯三先生。羽翼則有膠州王新亭克紹、王頎叔克純、高密王蜀子夏、王希江萬里、王子和寧誾,是謂「王氏五子」。他如高密單子忌襄棨、單子受、單廉夫鉊、單子山嵇、王東溪令聞、任大文任小昇兄弟諸人,皆與石桐、少鶴爲倡和之友。後輩則有李五星詒經、王熙甫寧焯、王丹桂寧焌、單子固□□,是曰「後四靈」。數十年中蔚爲極盛。』認爲高密詩派『一洗百年以來藻繢甜熟之習』,對詩

壇有『摧陷廓清之功』。給予很高評價。但是高密詩派的有關文獻或僅存稿本、鈔本，或刊印而流布未廣，研究困難極大。本輯影印有關高密詩派文獻二十餘種，其中有稿本《三李詩話》（李懷民《紫荆書屋詩話》、李憲暠《定性齋詩話》、李憲喬《凝寒閣詩話》）、稿本《少鶴先生詩草墨迹》二卷、光緒十二年李楹西安郡齋刻《石桐先生詩鈔》十六卷、《少鶴先生詩鈔》十三卷、李憲暠《定性齋集》一卷《蓮塘遺集》一卷，以及流傳稀少的石印本《高密單氏詩文彙存》三十册等等。在此之前，稿本《三李詩話》很難被人利用自不待言，即使民國十六年石印的《單氏詩文彙存》也稀如星鳳，有關研究論著未見徵引，而其中保存的高密單氏從明末清初到清末民初的著述極爲豐富，多達一百十八家。汪辟疆先生文中『單子固□□』，在這部《詩文彙存》中就赫然在目，名叫單鼎，字子固，詩集名《子固遺詩》。我們不難想象，這批文獻的影印行世，對高密詩派研究走向全面和深入，具有關鍵作用。

歷史學家周一良先生晚年十分關心其家族文獻，曾托杜澤遜到山東省博物館查閱宣統二年濟南排印綫裝本《明湖載酒二集》，從中鈔出周氏家族周學淵、周學煇、周達、周暹的詩詞以及周學淵序、題辭。一良先生没有托查《明湖載酒集》，大概是府上有藏。一良先生也許並不清楚《明湖載酒集》雖然是濟南排印本，在山東省圖書館、山大、山師、濟南市圖書館却没有收藏，山東省博物館也只有《二集》，而在他工作的

北大却有此書。初集刊印於光緒三十四年，有周學淵小引、題辭《金縷曲》，收周學淵詩詞多首。我們這次得到北大圖書館沈乃文先生大力支持，複製了《明湖載酒集》，與《二集》配套影印。對了解『明湖詩社』及清末濟南文壇，有一定的參考價值。涉及文學社團的文獻，本次影印的還有民國初年的《曹南詩社倡和集》、《海濱詩選》(青島海濱詩社編印)，對進一步擴大清末民初文學社團研究的範圍也頗具貢獻。

山東省委黨校收藏有可觀的地方文獻，不乏稀見的稿本、鈔本和刻本。王曉兵同志靠辛勤和學識清理出這些珍貴文獻，徵得館長同意，提供給《山東文獻集成》使用，這家黨校圖書館的古書過去幾乎不爲人知，現在儼然成了山東地方文獻收藏的重鎮。

在編纂過程中，我們對一些懸而未决的問題也有新的認識。例如第二輯影印的《武定詩補鈔》，係山東省圖書館藏稿本，四册，無序跋，無輯者。但書中收有張衍蕙詩二首，小傳云：『先母字畹芳，海豐人，雨農公女。』又收李貽芸詩五題六首，小傳云：『先姊字簡芬，鹽山諸生恩蔭主事官至浙江候補知府孫尚紱室。』因知《補鈔》編者爲張衍蕙之子、李貽芸之弟。又考李佐賢《武定詩續鈔》卷二十四收張衍蕙詩一首，小傳云：『室人字畹芳，海豐人。』又收李貽芸詩三首，小傳云：『女字簡芬，鹽山諸生恩蔭主事現官浙江候補知府孫尚紱室。』因知《補鈔》之輯者爲李佐賢之子。佐賢《續鈔》收有其長子李貽良詩六首，次子李貽雋詩五首。據《補鈔》所收李貽芸詩

《暮春寄懷兩弟》，知貽良、貽雋皆貽芸弟。我們因此判斷編者是李佐賢的兒子李貽良、李貽雋中的一位，或者二人合編。在《山東文獻集成》第二輯中我們僅著録爲『不著輯者』，而在附案中説明推測的結果。本次校輯第三輯，收有青島圖書館藏《齊燕聯唱》稿本八册，題『利津李貽雋偉卿編次』，從封面題簽『齊燕聯唱第幾册』看，與山東圖書館《武定詩補鈔》的書簽『武定詩補鈔第幾册』的字體出於一手，紙捻毛訂形式也完全相同，因而確定《武定詩補鈔》的編者應爲李貽雋。

再如山東省博物館藏《海岱人文》，收曲阜顔氏詩集三十三種，本來上面没有題總名，僅僅鈐有一方『海岱人文』印，老一輩專家即據以定名爲《海岱人文》。這套書的編者，《中國古籍善本書目》著録爲王懿榮，應是由於王氏編有《海岱人文》。從天津圖書館藏王懿榮稿本《海岱人文册目》和王氏自序看，其《海岱人文》規模較大，主要内容爲山東人書札、詩箋、閒帖等文獻，並未提及這套顔氏的詩集。山東省博物館的這套《海岱人文》大都有乾隆間孔廣栻補目，并多有孔氏題跋，我們在《山東文獻集成》第一輯中據以改爲孔廣栻輯。這次編輯第三輯，從《曲阜詩鈔》孔憲彝序中發現了新綫索。孔憲彝在道光間輯《曲阜詩鈔》，曾利用過孔廣栻家藏那套《海岱人文》，凡選入《曲阜詩鈔》者，當時加『孔』字小圓印，其中顔懋僑《蕉園集》首行有批語云：『凡有孔字小印者皆抄，辛丑首夏記。』《江干幼客詩集》卷端也有同樣的批語。《江干

幼客詩集》陳璐序後又有孔憲彝題記：『道光辛丑四月同里後學孔憲彝讀過，選入《曲阜詩鈔》若干首，因識之。』可以肯定孔憲彝對藏於孔廣栻家的那套《海岱人文》很熟悉。孔憲彝在《曲阜詩鈔序》中説：『考功（顏光敏）之曾孫運生明府嘗患先世詩多散佚，欲編總集，未能也。所録者才十二人，存微波榭。』運生，即顏崇槼。微波榭，爲孔廣栻之父孔繼涵的堂號。孔廣栻在《海岱人文》内《江干幼客詩集》卷端有題記：『乾隆癸丑冬十月十四日甲戌顏運生崇規學博所貽。一齋記。』顏懋价（字介子）的《煙草亭詩略》、《尾箕吟》都有『介子』印，《吾有山房稿》有『顏氏介子』印。我們因此可以推測，那套《海岱人文》原是顏崇槼收輯的，存於孔廣栻處，其中有鈔本、刻本，也有稿本如顏懋价各集者。孔廣栻對這套書做了增補工作，補目、加題記，估計數量上又有所增加，所以現存部分有十三家三十三種，比孔憲彝所説的十二人多了一人。王獻唐《雙行精舍書跋輯存》内有《顏氏三家集跋》云：『山東圖書館有微波榭抄本，初在王廉生處，編入《海岱人文》。』根據這些記載我們大體可以弄明，這套書原本没有題目，因王懿榮鈐蓋『海岱人文』印章，才被著録爲《海岱人文》。如果加一個總名，應作《曲阜顏氏詩集三十三種》。其編者應作『曲阜顏崇槼輯，曲阜孔廣栻補輯』。王懿榮藏書散出後，此集歸山東圖書館，又轉山東省博物館，保存至今。《中國古籍善本書目》對該書的編者和書名著録都不準確。以上缺憾因《山東文獻集成》第

一輯、第二輯業已出版而無法彌補，附記於此。我們感到，新材料的發掘整理與利用對推動學術發展有不可忽視的作用，這從以上二例可以窺見一斑。

《山東文獻集成》第三輯的編纂得到山東省圖書館、山東省博物館、山東大學圖書館、山東師範大學圖書館、中共山東省委黨校圖書館、濟南市圖書館、青島市圖書館、山東藝術學院圖書館以及中國國家圖書館、中國科學院圖書館、北京大學圖書館等單位的大力支持，臺灣東吴大學丁原基教授、濰坊電視臺劉洪金先生、齊魯書社周晶先生、山東大學周洪才先生等也給予了無私的幫助，在此致以衷心的感謝。書中的錯誤和不妥之處，仍請讀者批評指正。

山東文獻集成編纂委員會
二〇〇九年九月二十二日

《山東文獻集成》第四輯前言

《山東文獻集成》是一部大型山東地方文獻叢書，共影印山東先賢遺著稿本、鈔本和重要的刻本一千餘種。二〇〇五年由山東大學教授王學典、杜澤遜提出計劃，經山東大學上報山東省政府，獲得特批立項，由韓寓群省長任主編，山東大學承擔編纂任務，山東大學出版社出版，成爲山東省重大文化工程。經過數年艱苦努力，已陸續出版第一輯、第二輯、第三輯共一百五十冊，現第四輯五十冊又編輯出版了。第四輯共影印山左先賢遺著四百二十一種，其中稿本一百零五種，鈔本四十種，刻本二百零一種，石印本十九種，排印本二十九種，鈐印本三種，影印本二十四種，批校題跋本四十四種。至此，《山東文獻集成》編纂出版工作圓滿完成，珍本薈萃，琳琅滿目，美不勝收。

《山東文獻集成》第四輯仍以稿本、鈔本和稀見而重要的刻本爲特色。其中稿本有高密李懷民《李石桐先生註易經》、濰縣宋書升《周易要義》和《尚書要義》、諸城王

縈緒《伊川删定禮記集註》、歷城楊天祿《春秋管見》、安丘王筠《文字蒙求》、日照丁惟汾《方言音釋》和《俚語證古》、淄川張篤慶《厚齋自著年譜》、滋陽牛運震《甲寅年譜》、聊城朱衍寔《世綸堂傳文存稿》、即墨周汝霖撰、即墨周鴻居續《周海鶴先生年譜》、黄縣趙蔚坊《登州雜事續編》、聊城楊紹和《宋存書室宋元秘本書目》、聊城楊保彝《海源閣書目》、黄縣王守訓《晚出書目紀略》、海豐吴重憙《海豐吴氏藏書目》、諸城尹彭壽《石鼓文音訓集證》、安丘王筠《圖書說》、文登于昌遂《辟提精舍詩存》、昌樂閻湘蕙《香亭詩草》、淄川王啟叡《水絃樓詩文底稿》、佚名輯《即墨黄氏詩鈔九種》、長山王煜《三味齋存稿五種》等。其中宋書升的《尚書要義》，第一輯我們據山東省博物館藏稿本影印了他的卷一至八，並不完整，本輯又在山東大學圖書館尋找到了此書稿本的卷九至卷十六的部分，一並印出，至此讀者可以見此書全貌。

值得特別介紹的是日照王獻唐先生的一批手稿，有《炎黄氏族文化考》、《那羅延室稽古文字》、《國史金石志稿》、《中國古代貨幣通考》、《五燈精舍印話》、《汪水雲集校勘記》、《老莊學案初稿》、《讀子識小》、《魏平樂亭侯印考》、《東周名器甄微》、《南遊詩存》、《題襟小唱》等四十三種，另附柳詒徵手稿《汪水雲集校勘記》、顧實手稿《汪水雲集校勘記》、王獻唐之父王廷霖的手稿《泉貨圖釋》，合計四十六種，這批手稿由王獻唐先生後人提供圖像並初步整理，我們進一步整理彙編成《王獻唐先生遺

稿》。作爲我國著名的金石考古學家、歷史學家、古文字學家和圖書館事業家，王獻唐先生在極其艱難的歲月裏，留下了數十部著作，其中多部著作體大思精，爲各領域的權威性名著。收入《遺稿》的著作有的曾以排印形式出版過，但無法代替手稿的原始價值，更有多種手稿未曾刊行，賴一線而孤傳。此次得到王獻唐先生後人的大力支持，能夠把《王獻唐先生遺稿》系統地彙集影印出來，作爲《山東文獻集成》的最後一部分，的確具有『壓軸』的特殊意義。

鈔本則有寧陽曹伯恩《周易淺說》清寧陽王恩澍鈔本（寧陽王恩澍跋）、淄川蒲松齡《日用俗字》清乾隆二十年蒲立悳鈔本、新城王士禛《王考功年譜》清鈔本、益都李文藻撰、益都段松苓增補《堯陵考》清濰縣高氏辨蟫居鈔本、《山東海源閣書籍目錄》民國山東省立圖書館鈔本、日照許瀚《攀古小廬雜著》民國鈔本（日照王獻唐跋）、文登于熙學《鐵槎樵語》清鈔本、高密單可基《在菴筆聞》清鈔本、安丘劉正學《南遊草》清鈔本、歷城黃文淵《柳香亭稿》清鈔本、滕縣閆尚召《東蒙山人詩詞文鈔》清鈔本、鉅野魏自勵《貢樹生香詩稿》舊鈔本、益都邱琮玉《衡藩宮詞》鈔本、《安丘曹氏詩集四種》清安丘曹氏鈔本、曲阜《顏氏三家詩集》清鈔本、掖縣趙士喆《石室談詩》清鈔本等。這些鈔本大都不曾刊行，多數爲孤本。日照許瀚的《許印林遺書》二十一種在第一輯已經影印，這次我們又影印了他的《攀古小廬雜著》。《堯陵考》哈佛大學哈佛燕

京圖書館藏清濰縣高氏辨蟫居鈔本，尤爲難得，今蒙該館慨允影印，對文獻的保護和利用都具有積極的作用。

刻本值得重視的有曲阜孔廣牧《禮記天算釋》清光緒九年歸安姚覲元輯刻《咫進齋叢書》本、曲阜桂馥《繆篆分韻》清同治光緒間歸安姚覲元重刻本、掖縣翟云升《隸篇》清道光十七年至二十四年翟氏五經歲徧齋精刻本、日照丁以此《毛詩正韻》民國十三年日照丁氏留餘堂刻本、東阿于慎行撰、寧陽黄恩彤評注《于文定公讀史漫錄》清道光二十六年寧陽黄恩彤粤東刻本、諸城劉喜海《金石苑》清道光二十六年刻本、海豐吴式芬《金石彙目分編》清光緒海豐吴氏刻民國文祿堂印本、萊陽初尚齡《吉金所見錄》清嘉慶二十四年刻本（民國莒縣莊恩澤跋並錄翁樹培、劉喜海、王懿榮考釋）、利津李佐賢《古泉匯》清同治三年利津李氏石泉書屋刻本等。選擇刻本，我們盡量選擇較早的版本或足本影印。如歷城周永年的著作不多，其《先正讀書訣》成書於乾隆年間，此後似一直以鈔本流行，直至道光二十三年由天津王大淮付梓。同治五年，大淮之子王子梅鳩貲重刊，印行前由閻敬銘大加删節。此後光緒四年周永年玄孫周兆慶四川重刻本和光緒八年江標刻《靈鶼閣叢書》本都沿用閻敬銘删節本。故世間流行本，多爲删減本，而原刻足本反致堙没無聞。這次我們找到道光二十三年天津王大淮所刻足本付諸影印，爲學術研究提供了最全最早的版本。《山東試辦大學堂

暫行章程摺稿》清光緒二十七年刻本，流傳不多，我們在復旦大學圖書館找到了初印善本，蒙該館大力幫助，得以在山東大學一百一十周年校慶前夕影印，這也是值得特別一提的佳話。根據專家的建議，《山東文獻集成》第四輯收入了一批山東名人名著，由於這些書已有通行本，因此本輯影印盡量選擇舊刻珍本。如高密鄭玄箋《毛詩故訓傳》宋刻本、高密鄭玄注《周禮》南宋婺州市門巷唐宅刻本、高密鄭玄注《儀禮》清嘉慶十九年吴縣黄丕烈影刻宋嚴州本、高密鄭玄注《禮記》宋淳熙四年撫州公使庫刻本、魯人左丘明《春秋經傳集解》（杜預集解）宋刻本、魯人公羊高《春秋公羊經傳解詁》（任城何休解詁）宋淳熙撫州公使庫刻紹熙四年重修本、魯人穀梁赤《監本附音春秋穀梁註疏》（順陽范甯集解）宋刻元修本、宋曹州濟陰邢昺《孝經註疏》元泰定三年刻本、邢昺《論語註疏解經》宋刻明修本、邢昺《爾雅疏》宋刻宋元明初遞修公文紙印本、《孟子》（趙岐注）宋蜀刻大字本、宋濟南晁公武《昭德先生郡齋讀書志》宋淳祐袁州刻本、諸城趙明誠《金石錄》南宋刻本、魯人墨翟《墨子》明嘉靖三十二年唐堯臣刻本、宋鉅野晁公遡《新刊嵩山居士文全集》宋乾道四年嘉州刻本、曲阜孔尚任《桃花扇》康熙西園刻本等等。這些山東先賢遺著代表作，採用傳世的古刻珍本影印，在古籍整理方面自有其特殊價值。

本輯所收經學文獻值得重視，特別是其中的小學文獻是本輯的特色之一。如淄

川蒲松齡《日用俗字》、曲阜桂馥《繆篆分韻》、安丘王筠《正字略定本》和《祁刻說文解字通釋斠錄》(日照牟祥農輯錄)、掖縣翟云升《隸篇》、諸城尹彭壽《漢隸辨體》、黄縣丁佛言《說文古籀補補》、高密單可琪《音韻異同辨》、莒州莊瑤《聲韻易知》、蓬萊遲德成《續詩經音律》等。值得一提的還有《說文解字四種》，上有王筠、許瀚、陳介祺等人批校題跋，這幾人或爲文字學家，或爲金石學家，故其批校題跋具有很高的文獻價值，而三家批校多不爲人知，故學者未能利用這些成果。這四種書爲日照王獻唐的舊藏，其中王筠的校語光緒十六年霑化范承旭過錄在清初汲古閣刻《說文解字》上、許瀚校語佚名過錄在光緒十年吴縣朱記榮據平津館覆宋本重刻《說文解字》上、陳介祺的批校題跋由日照王獻唐過錄在乾隆朱筠重刻汲古閣本《說文解字》和光緒二年崇文書局刻《說文通檢》上。這次影印又將各家校語彙集放大，標注所在頁碼，置於書後，便於利用。本輯所收另一專題文獻爲金石學專著。衆所周知，清代山東金石學研究超軼先賢，承諸城趙明誠《金石錄》之餘緒，諸城劉氏、利津李氏、海豐吴氏、濰縣陳氏爲其卓者，專著迭出，可以說研究水平在當時處於全國領先地位。本輯所收，有《金石苑》、《金石彙目分編》、《諸城劉氏金文拓本釋》、《簠齋臧古目》、《濰縣陳氏寶簠齋藏器目》、《簠齋吉金錄》、《陳簠齋先生手題奇篆拓本》、《濰縣陳氏金文拓本釋》、《簠齋藏鏡》、《簠齋訪碑拓碑筆札》、《陶嘉書屋鐘鼎彝器款識目錄》、《攀古小廬

鏡銘》、《日照丁氏藏器目》、《吉金所見録》、《古泉匯》、《山左金石志》、《濟南金石志》等。這些著作多是稿本、鈔本、稀見刻本，這次彙集影印出版的著作，連同前三輯影印的金石學著作，基本反映了山左金石學研究的全貌。

本輯所收明清山左人所著詩文集也是特色之一。中共山東省委黨校圖書館收藏山東地方文獻非常豐富，此次所收明清山左詩文集，多得自山東省委黨校。本輯所收詩文集達一百六十四種之多。如萊陽左懋第《梅花屋詩草》、濟陽張爾岐《蒿菴集》、歷城馬國翰《玉函山房詩鈔》和《玉函山房詩集》皆一時之選，《銅鼓軒詩草》、《東蒙山人詩詞文鈔》、《拙齋集》、《未谷詩集》、《貢樹生香詩稿》等爲海內孤本。本輯所收山左女詩人的詩文集較多，爲本輯特色之一，如高密王氏（膠州高虞恂妻）《郭外樓詩刻》、掖縣李長霞（濰縣郭綏之妻）《錡齋詩選》，掖縣翟柏舟（翟云升後人）《禮佛軒詩鈔》，文登王者政繼室陳寶四《蜀道停繡草》等，有些作品胡文楷《歷代婦女著作考》未著録或著録有誤。稀見本如益都李遠《拙齋集》，是書《四庫全書總目》著録，入存目，而《四庫全書存目叢書》影印時，因没找到此書而付之闕如，是個遺憾，這次我們得到了乾隆益都李氏家刻本，據以影印出版。即墨黄氏爲山左望族，第二輯影印的即墨黄守平纂輯的《黄氏詩鈔》，收即墨黄氏一門三百年間詩人七十餘人，可見即墨黄氏又是典型的文學世家，此書是研究明清家族文學難得的第一手資料，此次在山東省委黨

校發現了即墨黄氏家族的另一部稿本《即墨黄氏詩鈔九種》，所收有明黄嘉善《見山樓詩》、明黄宗庠《鏡巖樓詩》、明黄宗臣《澹心齋詩集》、清黄宗崇《石語齋詩集》、清黄壎《友晉軒詩集》、《友晉軒詩二集》、《友晉軒詩三集》、清黄堣《栗里詩草》、清黄埉《修竹山房詩集》，其中所收這七人的詩篇較《黄氏詩鈔》中爲多，是研究即墨黄氏家族文學的又一部原始資料。

在山東文獻的調查過程中，我們發現，尚有大量的山東重要文獻，未能影印出版。此四輯所收，不過是滄海一粟。我們希望《山東文獻集成》能繼續出版第五輯、第六輯，一輯一輯地出下去，使舊邦文獻不至於淪亡無存，而新知或因此而萌發生長。

《山東文獻集成》開始於二〇〇五年，至今二百册已出齊，據瞭解，學術界利用這批影印文獻作進一步的整理研究工作，已經悄然起步，這正是《集成》編纂出版的目的所在，希望不久的將來，一批新成果在《集成》的基礎上成長起來，同時也希望全國各地的地方文獻叢書應運而生，最終彙成中國典籍的淵海。

《山東文獻集成》第四輯的編纂得到了山東省圖書館、山東省博物館、山東大學圖書館、上海圖書館、美國哈佛大學哈佛燕京圖書館、復旦大學圖書館、山東師範大學圖書館、中共山東省委黨校圖書館、濟南市圖書館、青島市圖書館、煙臺圖書館、泰山學院圖書館等單位的大力支持，藏書愛好者濟南周晶先生、濟南陳明超先生、安丘曹

生成先生、濟南趙曉林先生、菏澤趙晨女士等也給予了無私的幫助，在此致以衷心的感謝。書中錯誤和不妥之處，仍請讀者批評指正。

山東文獻集成編纂委員會
二〇一一年九月十一日

山東文獻集成第一輯目録

第一册

通德遺書所見録十八種七十一卷敘録一卷
〔漢〕高密鄭玄撰 〔清〕曲阜孔廣林輯
山東大學圖書館藏清光緒十六年山東書局刻本 …… 一

周易説略八卷
〔清〕濟陽張爾岐撰
清康熙五十八年泰山徐志定真合齋磁版印本 …… 一七五

讀易便解二卷
〔清〕德州盧見曾撰
山東省圖書館藏清鈔本 …… 四二七

第二册

周易直解二卷首一卷
〔清〕棲霞牟應震撰
山東師範大學圖書館藏清道光八年刻本 …… 一

周易注不分卷
〔清〕棲霞牟庭撰
山東省圖書館藏民國山東省立圖書館鈔本 …… 七三

書經直解四卷　〔清〕濟陽張爾岐撰　山東省博物館藏清緑格鈔本……二三三

第三册

尚書評注六卷附校正尚書評注訛字表一卷尚書評注闕疑一卷　〔清〕滋陽牛運震撰　附〔清〕滋陽牛效伊撰　山東省圖書館藏清牛效伊鈔本……一

尚書考一卷尚書要義七卷　〔清〕濰縣宋書升撰　山東省博物館藏稿本……九〇

詩毛傳補證不分卷　〔清〕黄縣王守訓撰　山東省博物館藏稿本……四三五

夏小正釋義二卷　〔清〕濰縣宋書升撰　復旦大學圖書館藏民國二十九年吴縣王氏學禮齋鈔本……七〇〇

第四册

春秋穀梁傳注十五卷　〔民國〕膠州柯劭忞撰　濟南劉曉東藏民國間排印本……一

春秋地理補考四卷
〔清〕黃縣王守訓撰
山東省博物館藏稿本（清黃縣淳于鴻恩批注）……一二五

方言釋義十三卷
〔清〕歷城王維言撰
山東省圖書館藏稿本……三三四

古今字詁疏證一卷
〔清〕日照許瀚撰
山東省圖書館藏民國二十三年瑞安陳氏裒殷堂排印本……七三八

二千字文一卷附四聲韻母切音一卷
〔明〕歷城殷士儋撰　〔清〕長清周彤桂註並撰附
濟南劉曉東藏清光緒十四年歷城邵書升刻本……七五六

第五册

單縣時氏音學遺著二十三種三十九卷附十五種二十三卷（一）
〔清〕單縣時庸勱撰　附〔清〕單縣時庸勱輯並評
山東省博物館藏稿本暨刻本……一
（1）聲譜二卷　清光緒十八年河南星使行臺刻聽古廬聲學十書本……三
（2）增補說文分部諧聲譜二卷　稿本……七三
（3）聲說二卷　清光緒十八年河南星使行臺刻聽古廬聲學十書本……三四〇
（4）陽類九部聲說藁二卷　稿本……四一一
（5）陽類九部聲說二卷　稿本……五二六
（6）陰類十一部聲說藁三卷　稿本……六五五

第六册

單縣時氏音學遺著二十三種三十九卷附十五種二十三卷（二）

〔清〕單縣時庸勱撰　附〔清〕單縣時庸勱輯並評

山東省博物館藏稿本暨刻本

(7)陰類十一部聲説三卷　清光緒十六年至十七年陽穀徐肇鎔鈔本　時庸勱批校……一
(8)毛詩吟串三卷　稿本……一六〇
(9)毛詩古均貫四卷(存三卷)　稿本……二三五
(10)聲疑一卷　稿本……四六九
(11)同聲相應一卷　稿本……五九五
(12)經韻一卷　稿本……六八九

第七册

單縣時氏音學遺著二十三種三十九卷附十五種二十三卷（三）

〔清〕單縣時庸勱撰　附〔清〕單縣時庸勱輯並評

山東省博物館藏稿本暨刻本

(13)古今均析一卷　稿本……一
(14)聲衷枚數一卷　稿本……一一一
(15)字母一卷　稿本……二四一

(16)增補說文廿一部聲讀襟式一卷　稿本……三五一
(17)說文解字聲切正謬一卷　清光緒十八年陽穀徐肇銘輯鈔本　時庸勱批校……三九八
(18)說文韻孳二卷首一卷　稿本……四四三
(19)古韻二卷　稿本……五三六
(20)丙丁抄一卷　稿本……六一五
(21)己丑雜鈔一卷　稿本……七一九

第八册

單縣時氏音學遺著二十三種三十九卷附十五種二十三卷(四)

〔清〕單縣時庸勱撰　附〔清〕單縣時庸勱輯并評

山東省博物館藏稿本暨刻本

(22)丁亥抄一卷　稿本……一
(23)雜鈔七種一卷　稿本……四六
(24)韓詩故二卷　〔漢〕燕人韓嬰傳　〔清〕單縣時庸勱輯　稿本……一〇〇
(25)說文疏證一卷　〔清〕嘉定錢大昕撰　〔清〕甘泉薛傳均疏證　〔清〕單縣時庸勱摘鈔　稿本……一〇五
(26)苗氏毛詩吻訂摘異一卷苗氏声訂摘異一卷
〔清〕肅寧苗夔撰　〔清〕單縣時庸勱輯並評　稿本……一一一
(27)唐均正摘鈔一卷　〔清〕崑山顧炎武撰　〔清〕單縣時庸勱輯並評　稿本……一二五
(28)江氏均學一卷　〔清〕婺源江永撰　〔清〕單縣時庸勱摘鈔並評　稿本……一五四
(29)戴氏均學二卷　〔清〕休寧戴震撰　〔清〕單縣時庸勱摘鈔並評　稿本……一七五
(30)音均表摘鈔一卷　〔清〕金壇段玉裁　〔清〕高郵王念孫撰〔清〕單縣時庸勱輯並評　稿本……二〇八
(31)十三家古音異同表一卷五家古均陰陽同入異同表一卷　〔清〕單縣時庸勱撰　稿本……二三五

(32)段王合鈔四卷
〔清〕金壇段玉裁 〔清〕高郵王念孫 〔清〕安丘王筠等撰 〔清〕單縣時庸勱輯並評 稿本 …… 二三八
(33)毛詩聲類一卷詩聲分例一卷
〔清〕曲阜孔廣森撰 清光緒十七年陽穀徐肇鎔鈔本 時庸勱批並跋 …… 三三七
(34)苗氏聲讀表一卷 〔清〕肅寧苗夔撰 〔清〕單縣時庸勱摘鈔並評 稿本 …… 六六二
(35)説文答問一卷 〔清〕嘉定錢大昕撰 〔清〕甘泉薛傳均疏證 〔清〕單縣時庸勱摘鈔 稿本 …… 七一一
(36)攀古小廬經均一卷 〔清〕日照許瀚撰 〔清〕單縣時庸勱輯並評 稿本 …… 七三〇
(37)攀古小廬校勘記一卷 〔清〕單縣時庸勱撰 稿本 …… 七九四
(38)積古齋釋文正誤一卷 〔清〕日照許瀚撰 〔清〕單縣時庸勱輯 稿本 …… 七九六
附録：
單縣時氏遺箸審查意見附重編時氏書目一卷 日照王獻唐撰 稿本 …… 八〇八

第九册

海岱史略一百四十卷附録十一卷
〔清〕安丘王馭超撰
山東省圖書館藏清光緒二十三年安丘王氏家刻本 …… 一

第十册

淄博平亂記一卷
〔清〕不題撰人
山東省博物館藏鈔本(蓬萊欒調甫跋) …… 一
東平教案記二卷
〔清〕扶溝柳堂 〔清〕東平傅曉麓纂輯
山東省圖書館藏清光緒三十一年筆諫堂刻本 …… 一八

闕里文獻考一百卷首一卷末一卷 〔清〕曲阜孔繼汾撰
清乾隆二十七年曲阜孔氏刻本……四八

列仙傳校正本二卷列仙傳讚一卷附夢書一卷 〔清〕福山王照圓校正　附〔清〕福山王照圓輯
山東省圖書館藏清道光間雙蓮書屋刻本……五三五

山東武義士興學始末記一卷 〔清〕山東提學司輯
山東省圖書館藏清宣統元年山東提學司石印本……五六四

東阿于文定公年譜二卷 〔明〕臨邑邢侗　〔明〕懷寧阮自華撰
山東省圖書館藏明末鈔本……六〇〇

漁洋山人自撰年譜二卷 〔清〕新城王士禛撰　〔清〕元和惠棟註補
山東省圖書館藏清乾隆惠氏紅豆齋刻本……七六九

第十一册

孔子世家譜一百八卷（一） 曲阜孔德成纂
民國二十六年曲阜孔氏排印本……一

第十二册

孔子世家譜一百八卷（二）
曲阜孔德成纂
民國二十六年曲阜孔氏排印本……一

第十三册

孔子世家譜一百八卷（三）
曲阜孔德成纂
民國二十六年曲阜孔氏排印本……一

第十四册

孔子世家譜一百八卷（四）
曲阜孔德成纂
民國二十六年曲阜孔氏排印本……一

第十五册

孔子世家譜一百八卷（五）
曲阜孔德成纂
民國二十六年曲阜孔氏排印本……一

第十六册

孔子世家譜一百八卷（六）　曲阜孔德成纂　民國二十六年曲阜孔氏排印本……一

幸魯盛典四十卷（一）　〔清〕曲阜孔毓圻　〔清〕長洲金居敬等纂修　山東省圖書館藏清康熙曲阜孔氏刻本……五四六

第十七册

幸魯盛典四十卷（二）　〔清〕曲阜孔毓圻　〔清〕長洲金居敬等纂修　山東省圖書館藏清康熙曲阜孔氏刻本……一

黄氏家乘二十卷（一）　〔清〕即墨黄守平纂　山東省圖書館藏清即墨黄氏鈔本……二一三

第十八册

黄氏家乘二十卷（二）　〔清〕即墨黄守平纂　山東省圖書館藏清即墨黄氏鈔本……一

第十九册

黄氏家乘二十卷（三）〔清〕即墨黄守平纂 山東省圖書館藏清即墨黄氏鈔本…………一

第二十册

楊端勤公奏疏三十六卷（存二十一卷）〔清〕聊城楊以增撰 〔清〕聊城楊紹和輯 山東省圖書館藏紅格清稿本…………一

第二十一册

山東通志二百卷卷首九卷目録一卷卷末一卷附録一卷補遺一卷（一）〔清〕大興張曜 〔清〕泗州楊士驤修 〔清〕滎成孫葆田等纂 民國四年至七年山東通志刊印局排印本…………一

第二十二册

山東通志二百卷卷首九卷目録一卷卷末一卷附録一卷補遺一卷（二）〔清〕大興張曜 〔清〕泗州楊士驤修 〔清〕滎成孫葆田等纂 民國四年至七年山東通志刊印局排印本…………一

第二十三册

山東通志二百卷卷首九卷目錄一卷卷末一卷附錄一卷補遺一卷（三）
〔清〕大興張曜　〔清〕泗州楊士驤修　〔清〕榮成孫葆田等纂
民國四年至七年山東通志刊印局排印本……一

第二十四册

山東通志二百卷卷首九卷目錄一卷卷末一卷附錄一卷補遺一卷（四）
〔清〕大興張曜　〔清〕泗州楊士驤修　〔清〕榮成孫葆田等纂
民國四年至七年山東通志刊印局排印本……一

第二十五册

山東通志二百卷卷首九卷目錄一卷卷末一卷附錄一卷補遺一卷（五）
〔清〕大興張曜　〔清〕泗州楊士驤修　〔清〕榮成孫葆田等纂
民國四年至七年山東通志刊印局排印本……一

第二十六册

山東通志二百卷卷首九卷目錄一卷卷末一卷附錄一卷補遺一卷（六）
〔清〕大興張曜 〔清〕泗州楊士驤修 〔清〕榮成孫葆田等纂
民國四年至七年山東通志刊印局排印本 …… 一

第二十七册

山東通志二百卷卷首九卷目錄一卷卷末一卷附錄一卷補遺一卷（七）
〔清〕大興張曜 〔清〕泗州楊士驤修 〔清〕榮成孫葆田等纂
民國四年至七年山東通志刊印局排印本 …… 一

第二十八册

恩平程記一卷 〔清〕益都李文藻撰
山東省博物館藏稿本 …… 一

長途備忘錄一卷 〔清〕益都李文藻撰
山東省博物館藏稿本 …… 三七

佳山堂書目一卷 〔清〕益都馮溥藏
清道光十二年諸城劉如海鈔本 …… 九五

池北書目一卷碑目一卷 〔清〕新城王士禛藏 清道光十二年東武劉氏味經書屋鈔本 …… 一二五
慎貽堂書目一卷 〔清〕益都畢忠吉藏 清東武劉氏味經書屋鈔本 …… 一四七
借書園書目五卷 〔清〕歷城周永年藏並編 清道光六年東武劉氏味經書屋鈔本 …… 一五九
玉函山房藏書簿錄二十五卷 〔清〕歷城馬國翰撰 山東大學圖書館藏清道光歷城馬氏刻本 …… 二四七

第二十九册

古泉苑一百卷附皇朝錢法一卷（一） 〔清〕諸城劉喜海撰 山東省博物館藏稿本 …… 一

第三十册

古泉苑一百卷附皇朝錢法一卷（二） 〔清〕諸城劉喜海撰 山東省博物館藏稿本 …… 一

古泉彙考八卷（一）　〔清〕大興翁樹培撰　〔清〕諸城劉喜海補注
山東省圖書館藏稿本（清利津李佐賢　福山王懿榮批）……一八七

第三十一册

古泉彙考八卷（二）　〔清〕大興翁樹培撰　〔清〕諸城劉喜海補注
山東省圖書館藏稿本（清利津李佐賢　福山王懿榮批）……一

第三十二册

古泉彙考八卷（三）　〔清〕大興翁樹培撰　〔清〕諸城劉喜海補注
山東省圖書館藏稿本（清利津李佐賢　福山王懿榮批）……一

第三十三册

顔氏家誡四卷　〔清〕曲阜顔光敏撰
清嘉慶三年儀徵阮元浙江節署刻本……一
老子説略二卷　〔清〕濟陽張爾岐撰
山東省圖書館藏清鈔本……三一

旅舍備要方一卷　〔宋〕東平董汲撰　山東省圖書館藏清同治中新建吴氏皖城刻半畝園叢書本……六三
焦氏易林校略十六卷　〔清〕掖縣翟云升撰　清道光間掖縣翟氏刻五經歲徧齋校書本……七三
書畫鑑影二十四卷　〔清〕利津李佐賢撰　清同治十年利津李氏刻本……二七一
澹圃恆言四卷　〔清〕曲阜賈應寵撰　山東省博物館藏清鈔本……四四七
聊齋軒鶴筆札一卷　〔清〕淄川蒲松齡撰　山東省博物館藏清鈔本……六一五
困學紀聞劄記不分卷　〔清〕魚臺馬星翼撰　山東省圖書館藏民國山東省立圖書館鈔本……六五五
蟲弋十八卷　〔清〕德州李國柱撰　山東省博物館藏清鈔本……六八七

第三十四册

耘石詩藁不分卷　〔明〕安丘黄禎撰　山東省博物館藏稿本（佚名跋）……一

郭康介公遺集二卷　〔明〕福山郭宗皋撰　山東省博物館藏清光緒元年日照丁守存刻本……五五
馮用韞先生書牘四卷　〔明〕益都馮琦撰　山東省博物館藏清乾隆三年程崟刻本……一〇九
峼山集十二卷　〔明〕益都趙秉忠撰　山東省圖書館藏明刻本……一七七
流覽堂殘藁六卷附録一卷　〔明〕萊陽姜垓撰　山東省圖書館藏清宣統二年萊陽姜氏石印本……三八一
止止堂集五卷　〔明〕蓬萊戚繼光撰　清光緒十四年山東書局刻本……四二七
海浮山堂詩稿五卷文稿五卷　〔明〕臨朐馮惟敏撰　明嘉靖四十五年刻本……五四五
崇雅堂集十五卷附録一卷　〔明〕益都鍾羽正撰　清順治十五年諸城丁耀亢刻本……六八一

第三十五册

臥象山房集二十九卷艮齋筆記八卷
〔清〕諸城李澄中撰
山東省圖書館藏稿本……一

古歡堂集三十七卷附蒙齋年譜一卷續年譜一卷補年譜一卷蒙齋生志一卷
〔清〕德州田雯撰　補年譜〔清〕德州田肇麗撰
山東省圖書館藏清康熙間德州田氏刻本……四八七

第三十六册

聊齋文集十卷附農經一卷蠶經一卷蠶經補一卷蠶祟書一卷（一）
〔清〕淄川蒲松齡撰
山東省博物館藏稿本（佚名批校）……一

第三十七册

聊齋文集十卷附農經一卷蠶經一卷蠶經補一卷蠶祟書一卷（二）
〔清〕淄川蒲松齡撰
山東省博物館藏稿本（佚名批校）……一

聊齋文集存一卷　〔清〕淄川蒲松齡撰　山東省圖書館藏稿本（存卷七）……一七一

南皋山人詩集類藁四十一卷補遺一卷南皋山人數文存稿十五卷　〔清〕膠州高鳳翰撰

夷白草一卷　〔清〕膠州高鳳舉撰　山東省博物館藏清鈔本（清諸城劉喜海手跋）……二六五

雅雨堂詩集二卷文集四卷雅雨山人出塞集一卷

〔清〕德州盧見曾撰　山東省圖書館藏清道光二十年德州盧氏刻本……六五一

第三十八册

劉文清公應制詩集三卷遺集十七卷　〔清〕諸城劉墉撰　〔清〕諸城劉喜海輯

山東省圖書館藏清道光六年東武劉氏味經書屋仿宋刻本……一

理堂文集十卷外集一卷附録一卷詩集四卷日記八卷

〔清〕濰縣韓夢周撰

山東省圖書館藏清道光三年至四年濰縣韓氏静恒書屋刻本……一四三

白雲山房詩集三卷文集六卷附考工釋車一卷離騷經章句義疏一卷等韻簡明指掌

圖一卷論一卷

〔清〕新城張象津撰

山東省圖書館藏清道光十六年張繩武刻本……四八七

雪泥書屋遺文四卷 〔清〕棲霞牟庭撰 山東省圖書館藏民國十九年秦玉章鈔本 …… 六八七
雪泥書屋雜志四卷雜文一卷 〔清〕棲霞牟庭撰 〔清〕棲霞牟房述 山東省圖書館藏民國山東省立圖書館鈔本 …… 七三五

第三十九册

退思廬文存一卷 〔清〕聊城楊以增撰 山東省圖書館藏民國九年聊城楊氏海源閣刻本 …… 一
儀晉觀堂詩鈔一卷 〔清〕聊城楊紹和撰 山東省圖書館藏民國九年聊城楊氏海源閣刻本 …… 二三
歸瓻齋詩詞鈔一卷 〔清〕聊城楊保彝撰 山東省圖書館藏民國九年聊城楊氏海源閣刻本 …… 四三
文學天性齋詩鈔八卷 〔清〕黄縣王守訓撰 山東省博物館藏稿本 …… 五五
文學天性齋文鈔二卷 〔清〕黄縣王守訓撰 山東省博物館藏稿本 …… 三二一

校經室文集六卷補遺一卷
〔清〕榮成孫葆田撰
民國五年吳興劉承幹求恕齋刻十一年增刻本……四九三

第四十册

桑梓之遺録文十卷
〔清〕濰縣陳介錫編
山東省博物館藏清鈔本……一

山左明詩鈔三十五卷
〔清〕德州宋弼編
山東省圖書館藏清乾隆三十六年益都李文藻廣東刻本……四四一

第四十一册

國朝山左詩鈔六十卷
〔清〕德州盧見曾編
山東省圖書館藏清乾隆二十三年德州盧氏雅雨堂刻本……一

第四十二册

國朝山左詩續鈔三十二卷補鈔四卷
〔清〕上林張鵬展編
山東省圖書館藏清嘉慶十八年四照樓刻本……一

國朝山左詩彙鈔後集三十九卷(一) 〔清〕歷城余正酉編 山東省圖書館藏清道光二十九年海棠書屋刻本……七二一

第四十三册

國朝山左詩彙鈔後集三十九卷(二) 〔清〕歷城余正酉編 山東省圖書館藏清道光二十九年海棠書屋刻本……一
海岱人文三十三種四十五卷 〔清〕曲阜顔崇槼輯 曲阜孔廣栻補輯 山東省博物館藏稿本(清曲阜孔憲彝跋)……五二三
(1)水明樓詩六卷 〔清〕曲阜顔光猷撰……五二六
(2)蕉園集一卷 〔清〕曲阜顔懋僑撰……五七三
(3)石鏡齋集一卷 〔清〕曲阜顔懋僑撰……五九〇
(4)履月軒稿一卷 〔清〕曲阜顔懋僑撰……五九七
(5)玉磬山房集一卷 〔清〕曲阜顔懋僑撰……五九七
(6)蕉園集拾遺一卷 〔清〕曲阜顔懋僑撰……六〇〇
(7)西華行卷一卷 〔清〕曲阜顔懋僑撰……六〇三
(8)江干幼客詩集五卷附一卷 〔清〕曲阜顔懋僑撰……六一一
①十客樓稿一卷……六一五
②半江樓稿一卷……六二四
③半江樓未刻詩一卷……六三三
④十客樓未刻詩一卷……六三四
⑤雪浪山房稿一卷……六三七
附：幼客先生行狀一卷 〔清〕曲阜顔懋仝撰……六四六

（9）褢軒遺稿一卷 〔清〕曲阜顔光斅撰 …… 六五二
（10）嘉穀堂遺草一卷 〔清〕曲阜顔肇亮撰 …… 六五七
（11）木雁齋詩一卷 〔清〕曲阜顔懋齡撰 …… 六五七
（12）秋水閣遺草一卷 〔清〕曲阜顔懋價撰 …… 六五九
（13）小顔家詩一卷 〔清〕曲阜顔崇穀撰 …… 六六〇
（14）秋廬唫草一卷 〔清〕曲阜顔懋倫撰 …… 六六三
（15）舊止草堂集一卷 〔清〕曲阜顔懋倫撰 …… 六六五
（16）夸門遊草一卷 〔清〕曲阜顔懋倫撰 …… 六六六
（17）癸乙編一卷 〔清〕曲阜顔懋倫撰 …… 六六九
（18）什一編一卷 〔清〕曲阜顔懋倫撰 …… 六七六
（19）西郛集一卷 〔清〕曲阜顔懋企撰 …… 六八二
（20）祇芳園集三卷 〔清〕曲阜顔伯珣撰 …… 七〇一
（21）祇芳園續集一卷 〔清〕曲阜顔伯珣撰 …… 七三一
（22）佳木堂稿一卷 〔清〕曲阜顔懋价撰 …… 七三四
（23）烟草亭詩畧一卷 〔清〕曲阜顔懋价撰 …… 七三六
（24）顔居詩畧一卷 〔清〕曲阜顔懋价撰 …… 七三六
（25）吾有山房稿一卷 〔清〕曲阜顔懋价撰 …… 七三七
（26）餘生後草一卷 〔清〕曲阜顔懋价撰 …… 七三八
（27）近日唫詩畧一卷 〔清〕曲阜顔懋价撰 …… 七三九
（28）尾箕吟一卷 〔清〕曲阜顔懋价撰 …… 七四一
（29）易轍吟一卷 〔清〕曲阜顔懋价撰 …… 七四二
（30）鸞臺偶吟一卷 〔清〕曲阜顔懋价撰 …… 七四五
（31）恤緯齋詩一卷 〔清〕曲阜顔小來撰 …… 七四七
（32）舊雨草堂集一卷 〔清〕曲阜顔伯珣撰 …… 七五三
（33）先孝靖公遺詩一卷 〔清〕曲阜顔伯璟撰 …… 七五八

第四十四册

許印林遺書二十種附一種（一）

〔清〕日照許瀚撰　日照王獻唐輯
山東省博物館藏稿本暨鈔本……一
（1）攀古小盧古器物釋文初草不分卷　稿本……二
（2）攀古小盧古器物銘一卷　民國間日照王獻唐　日照牟祥農　魚臺屈萬里鈔本（王獻唐　牟祥農　屈萬里附案）……一五〇
（3）攈古録金文考釋三卷　民國間日照王獻唐雙行精舍鈔本……三二七
（4）許印林先生吉金考識一卷附友朋書札一卷　民國間濰縣丁錫田家鈔本（日照牟祥農校　王獻唐跋）……三七三
（5）李刻金石存校録一卷　民國二十二年日照王獻唐鈔本（王獻唐跋）……四一四
（6）許印林先生題跋一卷　民國間日照王獻唐雙行精舍鈔本……四一七
（7）攀古小盧甎瓦文字一卷　民國二十年日照王獻唐鈔本（王獻唐跋）……四八二
（8）急就篇校正一卷　民國二十年日照王獻唐鈔本（王獻唐跋）……五三四
（9）説文義證定本一卷　民國二十年日照丁德辰鈔本（日照王獻唐跋）……五三九
（10）説文義證校理志事一卷　稿本……六一八
（11）許印林先生遺稿一卷　清光緒十四年敬齋鈔本……六四八
（12）佩文詩韻校錄一卷　民國十九年日照王獻唐鈔本（王獻唐跋）……七〇四
（13）江晉三詩經韻讀校語一卷　民國間日照王獻唐鈔本……七一〇
（14）論語坿錄一卷　民國間日照王獻唐鈔本……七一二
（15）篆書論語校文訂一卷　民國間日照王獻唐鈔本……七一七
（16）攀古小盧遺集一卷　清鈔本（清海豐吴重憙輯）……七二七

(17)楊刻蔡中郎集校勘記十卷外紀一卷外集四卷(一)　民國間山東省立圖書館排印本暨鈔本(日照牟祥農輯)……七五〇

第四十五册

許印林遺書二十種附一種(二)

〔清〕日照許瀚撰　日照王獻唐輯

山東省博物館藏稿本暨鈔本……一

(17)楊刻蔡中郎集校勘記十卷外紀一卷外集四卷(二)　民國間山東省立圖書館排印本暨鈔本(日照牟祥農輯)……一
(18)杜詩提要評校一卷　民國二十年日照王獻唐鈔本(王獻唐跋)……一二六
(19)拜經堂文集校語一卷　民國間日照王獻唐鈔本……一五四
(20)印林文存一卷　民國間鈔本……一五六
附：許印林撰校考略一卷簠齋先生著述目一卷　〔民國〕安丘趙錄綽撰　民國二十年聊城傅斯年家鈔本(日照王獻唐校補並跋)……二三六

王守訓遺稿七種

〔清〕黄縣王守訓撰

山東省博物館藏稿本……二五五

(1)適齋筆記不分卷……二五六
(2)讀禮筆記不分卷……四〇六
(3)形下録一卷……五五三
(4)黄縣方言記畧一卷……六〇九

(5)登州文獻記一卷……六二六
(6)零文鈔存一卷……六五四
(7)適齋隨筆一卷……六九六

第四十六册

玉函山房輯佚書五百九十二種七百十五卷(一)
〔清〕歷城馬國翰輯
山東省圖書館藏清道光咸豐間歷城馬氏刻同治十年濟南皇華館書局補刻本……一

第四十七册

玉函山房輯佚書五百九十二種七百十五卷(二)
〔清〕歷城馬國翰輯
山東省圖書館藏清道光咸豐間歷城馬氏刻同治十年濟南皇華館書局補刻本……一

第四十八册

玉函山房輯佚書五百九十二種七百十五卷(三)
〔清〕歷城馬國翰輯
山東省圖書館藏清道光咸豐間歷城馬氏刻同治十年濟南皇華館書局補刻本……一

第四十九册

玉函山房輯佚書五百九十二種七百十五卷（四）
〔清〕歷城馬國翰輯
山東省圖書館藏清道光咸豐間歷城馬氏刻同治十年濟南皇華館書局補刻本……一

玉函山房目耕帖三十一卷（一）
〔清〕歷城馬國翰撰
山東省圖書館藏清道光咸豐間歷城馬氏刻同治十年濟南皇華館書局補刻本……六七五

第五十册

玉函山房目耕帖三十一卷（二）
〔清〕歷城馬國翰撰
山東省圖書館藏清道光咸豐間歷城馬氏刻同治十年濟南皇華館書局補刻本……一

玉函山房輯佚書續補十一種十四卷目耕帖續補二卷附書後一卷手稿存目一卷
〔清〕歷城馬國翰輯並撰　附〔清〕蔣式瑆撰
山東省圖書館藏清光緒十五年章丘李氏刻本……六八七

山東文獻集成第二輯目録

第一册

孔叢伯説經五藁五種三十六卷附一種一卷
〔清〕曲阜孔廣林撰
山東師範大學圖書館藏清光緒十六年山東書局刻本 …… 一
(1)周官肊測六卷敘錄一卷 …… 二
(2)儀禮肊測十七卷敘錄一卷 …… 五八
(3)吉凶服名用篇八卷敘錄一卷 …… 一四三
(4)禘祫觿解篇一卷 …… 一六九
(5)明堂億一卷 …… 一八二
附：儀禮士冠禮箋一卷 …… 一九四
簡易秘傳十五卷
〔清〕諸城丁耀亢撰 〔清〕湖南李文輝增删
山東省博物館藏清康熙李文輝輯鈔本 …… 二〇五
周易本義析疑不分卷(一)
〔清〕濰縣劉以貴撰
山東省圖書館藏清鈔本(諸城鄭時 日照王獻唐跋) …… 四五九

第二册

周易本義析疑不分卷（二）
〔清〕濰縣劉以貴撰
山東省圖書館藏清鈔本（諸城鄭時　日照王獻唐跋）……一

第三册

周易本義析疑不分卷（三）
〔清〕濰縣劉以貴撰
山東省圖書館藏清鈔本（諸城鄭時　日照王獻唐跋）……一

第四册

周易本義析疑不分卷（四）
〔清〕濰縣劉以貴撰
山東省圖書館藏清鈔本（諸城鄭時　日照王獻唐跋）……一

第五册

周易古本集註十二卷續編二卷首二卷末三卷（一）
〔清〕黄縣姜其垓撰
山東省博物館藏清鈔本……一

第六册

周易古本集註十二卷續編二卷首二卷末三卷（二）　〔清〕黄縣姜其垓撰　山東省博物館藏清鈔本 …… 一

第七册

周易遵翼約編不分卷　〔清〕膠州匡文昱撰　山東省博物館藏清鈔本 …… 一

易象集解十卷　〔清〕即墨黄守平撰　山東省圖書館藏清同治十三年即墨黄氏漱芳園刻本 …… 五四一

序卦圖説三卷　〔清〕安丘王範撰　山東省圖書館藏清道光間稿本 …… 六九九

第八册

周易注解八卷　〔清〕諸城李慎撰　山東省圖書館藏稿本 …… 一

第九册

毛詩質疑六種二十四卷 〔清〕棲霞牟應震撰 山東省博物館藏清嘉慶刻道光二十九年補刻本 …… 一

（1）詩問六卷 …… 二

（2）毛詩物名考七卷 …… 一二三

（3）毛詩古韻雜論一卷 …… 一五五

（4）毛詩古韻五卷 …… 一七〇

（5）毛詩奇句韻攷四卷 …… 二一九

（6）韻譜一卷 …… 二三六

毛詩疏證補陸六卷陸疏廣證七卷毛詩名物狀三卷 〔清〕歷城王維言撰 山東省圖書館藏玉映樓多識録四種稿本 …… 二三九

周禮俗説六卷 〔清〕昌樂閻莘盧撰 山東省圖書館藏稿本（清張春濤跋） …… 三六三

第十册

儀禮鄭註句讀十七卷附儀禮監本正誤一卷儀禮石本誤字一卷 〔清〕濟陽張爾岐撰 山東師範大學圖書館藏清乾隆八年濟陽高廷樞刻本 …… 一

禮記讀存一卷
〔清〕安丘王筠撰
山東省博物館藏稿本（存卷九　日照王獻唐跋）……二〇五
鉏經摭記十四卷
〔清〕鄒平成琅撰
山東省圖書館藏民國山東省立圖書館鈔本……二三三
夏小正箋疏一卷
〔清〕歷城王維言撰
山東省圖書館藏玉映樓多識錄四種稿本……五七一
論語集說四卷
〔清〕魚臺馬星翼撰
山東省博物館藏清嘉慶十六年鈔本……五九三

第十一册

濰言四卷
〔清〕濰縣郭麐撰
山東省博物館藏民國二十年秦玉章鈔本（日照王獻唐批校並跋）……一
說文解字句讀三十卷句讀補正三十卷
〔清〕安丘王筠撰
滕州杜澤遜藏清咸豐二年刻九年補刻本（清歸安沈錫胙批校）……一六七

第十二册

說文釋例二十卷釋例補正二十卷 〔清〕安丘王筠撰 清道光二十八年王氏自刻咸豐二年補刻本……一

說文繫傳校録三十卷 〔清〕安丘王筠撰 山東大學圖書館藏清咸豐七年王彦侗刻本……五〇三

古韻發明不分卷切字肆考不分卷 〔清〕滕縣張耕撰 山東省博物館藏清道光滕縣張氏芸心堂刻本……六〇七

第十三册

校正汲冢周書札記一卷 〔清〕魚臺馬星翼撰 山東省圖書館藏民國山東省立圖書館鈔本……一

國策補遺不分卷 〔清〕魚臺馬星翼撰 山東省圖書館藏舊鈔本（日照王獻唐跋）……一三

圍城日録二卷 〔明〕海鹽徐從治撰 山東省博物館藏清鈔本（濟南王貢忱跋）……二一七

東事紀畧一卷 〔明〕補過居士編 歸園日記一卷 〔明〕掖縣張忻撰 山東省博物館藏清鈔本……二四七

蒙難偶記不分卷
〔清〕濟寧鄭與僑撰
山東省圖書館藏民國山東省立圖書館鈔本（日照王獻唐跋）……二五九
全濰紀畧一卷
〔清〕祥符周亮工撰
山東省圖書館藏清鈔本……二九七
東牟守城紀畧一卷
〔清〕丹徒戴燮元撰
山東省博物館藏清同治八年戴氏羊城刻本……三六九
毅軍紀略一卷
〔清〕蓬萊宋慶撰
山東省圖書館藏清鈔本（佚名跋）……四〇一
黄培文字獄案一卷
〔清〕不著撰者
山東省圖書館藏清鈔本……四二七
山左教案二編一卷
〔清〕元和祝鋆撰
山東省圖書館藏清光緒二十八年排印本……四八一
古懽録八卷
〔清〕新城王士禛撰
山東師範大學圖書館藏清康熙朱從延快宜堂刻本……五一五
兩漢高士贊一卷
〔清〕淄川張篤慶撰
山東省博物館藏清淡志軒鈔本……五八五

歷代畫像傳四卷 〔清〕濰縣丁善長編繪 山東省博物館藏清光緒二十二年至二十三年濰縣丁氏刻本……五九三
畫林雁塔不分卷 〔清〕曲阜孔尚任輯 山東省博物館藏清初鈔本……六六一
鄉賢遺事三卷附岱粹抄存續編一卷泰安趙仁圃相國苔岑録一卷 泰安王亨豫撰並輯 山東省博物館藏稿本……六七七
鄉賢年譜考畧一卷 泰安王亨豫撰 山東省博物館藏稿本……七六三
冉氏譜系一卷 〔清〕崇川馮雲鵷撰 山東省博物館藏稿本……七八五
荀卿年譜一卷 〔清〕嶧縣王壽撰 山東省博物館藏舊鈔本……七九五
顧亭林年譜校錄一卷 〔清〕安丘王筠撰 山東省博物館藏稿本……八〇九

第十四册

新城王氏世譜八卷世系一卷 〔清〕新城王兆弘等纂修 山東省圖書館藏清乾隆二十五年新城王氏家刻本 …… 一

馬氏家譜十五卷首一卷 長山馬篤恒等纂修 淄博市張店區馬以林藏民國二十年馬氏周村石印本 …… 一五九

第十五册

西征記一卷 〔清〕濱州張寅撰 山東省圖書館藏稿本 …… 一

般陽高中謀先生日誌不分卷 〔清〕淄川高中謀撰 山東省圖書館藏稿本 …… 五九

宦遊雜記不分卷 〔清〕安丘馬秀儒撰 山東省圖書館藏稿本 …… 一七三

彭雪嵋先生日記一卷 〔清〕歷城彭以笁撰 山東省博物館藏稿本 …… 七三五

還讀盦丁丑日記一卷 黄縣丁菊甦撰 山東省博物館藏稿本 …… 七六七

第十六册

度支輯要不分卷度支總歌一卷　〔清〕不著撰者　山東省圖書館藏清鈔本……一

山左度支備覽不分卷　〔清〕朱毓桂輯　山東省圖書館藏稿本……二四五

畢伯陽奏稿殘本一卷　〔明〕淄川畢自嚴撰　山東省博物館藏明鈔本……五七九

毛尚書奏稿十六卷首一卷（一）　〔清〕歷城毛鴻賓撰　山東省圖書館藏清宣統元年至二年歷城毛承霖刻本……五九一

第十七册

毛尚書奏稿十六卷首一卷（二）　〔清〕歷城毛鴻賓撰　山東省圖書館藏清宣統元年至二年歷城毛承霖刻本……一

方輿叢錄不分卷（一）　〔清〕濟寧許鴻磐撰　山東省博物館藏稿本……二〇九

第十八册

方輿叢錄不分卷（二）　〔清〕濟寧許鴻磐撰　山東省博物館藏稿本……一

北虜風俗一卷北虜世系記一卷　〔明〕泰安蕭大亨撰　山東省博物館藏民國三十年江安傅氏藏園鈔本（江安傅增湘校並跋　壽光趙愚軒跋）……六八一

顏山雜記四卷　〔清〕益都孫廷銓撰　山東師範大學圖書館藏清康熙五年刻本……七二三

第十九册

山東黄河南岸十三州縣遷民圖説一卷　〔清〕南海黄璣撰　山東師範大學圖書館藏清光緒二十二年點石齋石印本……一

齊乘六卷附釋音一卷考證六卷　〔元〕益都于欽撰　〔元〕益都于潛釋音　〔清〕海寧周嘉猷考證　臨沂徐泳藏清乾隆四十六年胡德琳周嘉猷刻本……二七

掖乘十六卷　〔清〕掖縣侯登岸撰　山東省圖書館藏稿本……一五七

萊陽竹枝詞一卷
〔清〕嘉善浦曰楷撰
山東省博物館藏清鈔本……三七三

滕縣續志稿四卷
〔民國〕滕縣生克中撰
滕州杜澤遜藏民國排印本……三八五

先秦宫殿考一卷
〔清〕棲霞牟庭撰
山東省博物館藏稿本（日照王獻唐題識）……五〇五

岱史十八卷
〔明〕海寧查志隆撰
山東省博物館藏明萬曆十五年戴相堯刻本……五一一

第二十册

岱覽三十二卷首編七卷附録一卷
〔清〕善化唐仲冕撰
山東省圖書館山東師範大學圖書館藏清嘉慶十二年果克山房刻本……一

嶗山紀畧一卷附遊嶗山記一卷
〔清〕即墨紀潤撰
山東省博物館藏民國十八年濰縣丁錫田鈔本（丁錫田校）……六一七

五蓮山志五卷
〔清〕釋海霆撰
山東大學圖書館藏清康熙萬松禪林刻乾隆增刻本……六八五

秉蘭錄一卷　〔清〕壽光安箕撰　山東省博物館藏清光緒三十一年李玉亭鈔本……七三九

第二十一册

海源閣普通本書目不分卷　山東省圖書館編　山東省圖書館藏稿本……一
還讀盦讀書題記一卷　黄縣丁菊甦撰　山東省博物館藏稿本……一六五
擬史籍考校例一卷　〔清〕日照許瀚撰　山東省圖書館藏清道光二十六年手稿本（日照王獻唐跋）……二六九
曲阜清儒著述記二卷　曲阜孔祥霖撰　山東省圖書館藏民國四年排印本……二八五
王氏合集書目考略一卷　〔清〕新城王允灌編　山東省圖書館藏稿本……二九五
雪泥屋遺書目録一卷補遺一卷　〔清〕棲霞牟庭撰　〔清〕棲霞牟房編　山東省博物館藏民國瑞安陳氏裒殷堂排印本（日照王獻唐跋）……三三三

山東省立圖書館善本書目甲編五卷　魚臺屈萬里　諸城隋少亭　萊蕪劉錫增編　山東省圖書館藏民國二十六年稿本……三六一

第二十二册

周虢季子白盤釋文一卷　〔清〕安丘王筠撰　山東省博物館藏民國間濰縣丁錫田鈔本（濰縣陳蜚聲　日照王獻唐跋）……一
寶簠齋集各家彝器釋文不分卷　〔清〕濰縣陳介祺釋文　山東省博物館藏民國黄縣丁菊甦鈔本……七
封泥攷略十卷　〔清〕海豐吴式芬　濰縣陳介祺撰　山東省博物館藏清光緒三十年上海石印本……一六三
天史十二卷問天亭放言一卷　〔清〕諸城丁耀亢撰　山東省博物館藏清康熙四十五年鈔本（桓臺王宷廷跋）……四三一

第二十三册

曆學會通六十五卷首一卷　〔清〕益都薛鳳祚撰　北京大學圖書館藏清康熙刻本……一

第二十四册

桑梓之遺書畫册目録三卷附文鈔一卷 〔清〕濰縣陳介錫撰 山東省博物館藏稿本 …… 一

桑梓之遺書畫册人物考畧十卷 〔清〕濰縣陳介錫撰 山東省博物館藏稿本 …… 二三一

第二十五册

古詩十九首書帖一卷 〔清〕濟寧劉淇書 山東省圖書館藏清劉淇寫本 …… 一

覆瓿社燈謎一卷 〔清〕安丘王筠撰 山東省圖書館藏稿本（清安丘王彦侗跋） …… 二五

清詒堂燈謎一卷 〔清〕安丘王筠撰 山東省圖書館藏稿本 …… 七九

勺亭識小録八卷外集一卷 〔清〕掖縣毛贄撰 山東省圖書館藏民國十三年掖縣王桂堂曝經草堂鈔本 …… 一〇一

古歡堂筆記一卷 〔清〕德州田同之撰 山東省博物館藏稿本 …… 四七三

十二筆舫雜錄十二卷　〔清〕掖縣李兆元撰　山東大學圖書館藏清道光二年桂林朱鳳森開封刻本……五六七

第二十六册

篛園日札十卷　〔清〕鄒平成瓘撰　山東省圖書館藏稿本……一
篛園日札續六卷附一卷篛園餘札一卷　〔清〕鄒平成瓘撰　山東省圖書館藏稿本（清漢陽葉志詵跋）……三四九
藜青室札記一卷　黄縣丁菊甦撰　山東省博物館藏稿本……五六九
寄庵札記一卷　黄縣丁菊甦撰　山東省博物館藏稿本……六一九
悔庵叢纂二卷　黄縣丁菊甦撰　山東省博物館藏稿本……六七九
諺語類鈔四卷附一卷　〔清〕昌樂閻湘蕙輯　山東省圖書館藏民國二十六年山東省立圖書館鈔本……七〇五

山海經箋釋一卷 〔明〕成都楊慎補注 〔明〕日照李蕃箋釋 山東省圖書館藏民國山東省立圖書館鈔本……七六三
拗人傳一卷 〔清〕章丘劉家龍撰 山東省圖書館藏清鈔本……七九三

第二十七册

鄭司農集一卷 〔漢〕高密鄭玄撰 山東大學圖書館藏清乾隆間德州盧氏刻雅雨堂叢書本……一
杜詩七律四卷 〔清〕章丘張篤行註 山東省圖書館藏清鈔本……七
顔魯公文集十五卷補遺一卷附録一卷 〔唐〕臨沂顔真卿撰 山東省圖書館藏清嘉慶七年曲阜顔崇椝刻本……四五
海廟集四卷 〔明〕掖縣毛紀撰 山東省博物館藏清康熙六十年毛霦鈔本(蓬萊欒調甫 日照王獻唐跋)……一五一
南游録三卷 〔明〕威海王悦撰 山東省圖書館藏舊鈔本……二一一

邊華泉集八卷邊華泉集稿六卷 〔明〕歷城邊貢撰 山東省博物館藏清康熙四十四年歷城張逮刻本……二五五
藍侍御集二卷 〔明〕即墨藍田撰 山東省博物館藏稿本（壽光趙愚軒跋）……四四九
交綉閣詩草四卷 〔明〕萊陽張夢鯉撰 山東省圖書館藏清乾隆六十年鈔本……五五三
黄髮翁全集四卷黄髮翁戲筆一卷 〔明〕淄川畢木撰 山東大學圖書館藏清鈔本……六二一
畢自嚴遺稿一卷 〔明〕淄川畢自嚴撰 山東省圖書館藏明末鈔本（清淄川唐夢賚批校）……六七九
白陽畢公自嚴遺蹟一卷 〔明〕淄川畢自嚴撰 山東省圖書館藏稿本……七二九
石隱園詩草一卷附石隱園題詠一卷石隱園襍詠一卷 〔明〕淄川畢自嚴撰 山東省圖書館藏民國十四年畢柱承鈔本……八〇三

第二十八册

燕喜堂集十五卷 〔明〕長山劉一相撰 山東省圖書館藏清初鈔本……一

長馨軒集一卷 〔明〕費縣王雅量撰 山東省圖書館藏舊鈔本（鄒縣唐仰杜跋）……五三一

問山亭詩十八卷 〔明〕新城王象春撰 山東省圖書館藏清康熙樹音堂鈔本（佚名跋）……六三三

問山亭詩拾遺一卷 〔明〕新城王象春撰 〔清〕新城王祖昌輯 山東省圖書館藏清鈔本……七八五

第二十九册

小築邇言八卷附一卷徐公經濟録一卷 〔明〕濟寧徐標撰 山東省博物館藏清鈔本……一

匪石齋詩草二卷 〔清〕定陶李復泰撰 山東省博物館藏清雍正十二年田嵋鈔本（日照王獻唐題識）……二七一

清止閣集九卷 〔清〕益都趙進美撰 山東省圖書館藏清初鈔本……四八九

第三十册

楚村詩集四卷文集六卷 〔清〕諸城丘石常撰 山東大學圖書館藏清康熙五年諸城丘元武刻本……一

琅邪放鶴村詩集一卷續集一卷 〔清〕諸城張侗撰 山東省圖書館藏清鈔本……一二九

濼函十卷 〔清〕歷城葉承宗撰 山東省圖書館藏清友聲堂鈔本（毘陵周菊伍跋）……一七三

伍硯堂集六卷 〔清〕新城傅扆撰 山東省圖書館藏清鈔本……三七一

轅轍吟一卷 〔清〕新城傅扆撰 山東省圖書館藏清鈔本（佚名録清龔玉汀 朱熙芝批）……四二一

話雨山房詩草二卷 〔清〕新城傅扆撰 山東省圖書館藏稿本……四七一

敦好堂詩集四卷詩餘一卷 〔清〕淄川袁藩撰 山東省圖書館藏清三十六硯居鈔本……五六三

夕霏亭詩二卷 〔清〕即墨黄垍撰 山東省圖書館藏清鈔本……六七一

萬行草一卷　〔清〕海豐吴自肅撰　〔清〕德州田雯等選
山東省圖書館藏清澹寧軒鈔本……七一五

第三十一册

聊齋詩集二卷詞集一卷　〔清〕淄川蒲松齡撰
山東省博物館藏清淄川王滄佩鈔本（淄川王滄佩　日照王獻唐跋）……一
聊齋四六文集八卷　〔清〕淄川蒲松齡撰
山東省博物館藏清鈔本（缺卷三至卷五）……六三
崑崙山房郢中集三卷崑崙山房詩集十三卷　〔清〕淄川張篤慶撰
山東省圖書館藏清鈔本……一一七
崐崘山房詩稿一卷　〔清〕淄川張篤慶撰
山東省博物館藏清鈔本……五一三
秋谷先生遺文一卷　〔清〕益都趙執信撰
山東省圖書館藏清乾隆十六年益都趙氏因園刻本……五一七
飴山詩集二十卷　〔清〕益都趙執信撰
山東省圖書館藏清乾隆十七年益都趙氏因園刻本……五七一

飴山文集十二卷附録一卷 〔清〕益都趙執信撰 山東省圖書館藏清乾隆三十九年益都趙氏因園刻本……七〇七

第三十二册

麗則集一卷 〔清〕曲阜孔毓埏撰 山東省博物館藏稿本（佚名批點）……一
澗堂詩草一卷 〔清〕淄川畢海珖撰 山東省博物館藏稿本（清益都趙執信批校 趙文泉跋）……一九
澗堂草不分卷 〔清〕淄川畢海珖撰 山東省圖書館藏清鈔本……八五
雪巖五種八卷 〔清〕鄒平成芸撰 山東省圖書館藏清鈔本……二三一
（1）雪巖翁集一卷……二三一
（2）閒居筆塵三卷……二三八
（3）珠船録二卷……二五九
（4）四六餘話補一卷……二六七
（5）雪巖雜録一卷……二七五
雲月硯軒古體詩稿一卷 〔清〕泰安趙國麟撰 山東省博物館藏清雍正刻本……二八五

調皖紀行草一卷　〔清〕泰安趙國麟撰　山東省博物館藏清雍正刻本……三〇三
拙菴近稿一卷　〔清〕泰安趙國麟撰　山東省博物館藏清乾隆十一年李棟武昌刻本……三一五
塞外吟一卷附錄信稿一卷　〔清〕泰安趙國麟撰　山東省博物館藏民國十四年泰安王价藩鈔本……三三一
泰山吟八卷附一卷　〔清〕泰安趙國麟撰　山東省博物館藏舊鈔本……三四一
鑄雪齋集十四卷練塘年譜一卷　〔清〕歷城張希傑撰　山東省圖書館藏清張氏焯湖鑄雪齋稿本……三六九

第三十三册

東谷文集不分卷　〔清〕淄川蒲立德撰　山東省博物館藏清鈔本……一
蠡勺詩删一卷　〔清〕文登畢霨撰　山東省圖書館藏清鈔本……一九九

自怡集二卷詩餘一卷
〔清〕諸城李文駒撰
山東大學圖書館藏清嘉慶二十五年諸城李氏易安園鈔本……二三七

緑筠軒詩四卷
〔清〕淄川張元撰
山東省圖書館藏清鈔本……二五七

聽雨樓詩二卷
〔清〕淄川張作哲撰
山東省博物館藏稿本……三一七

顔清谷四編詩四卷
〔清〕曲阜顔懋倫撰
山東大學圖書館藏清乾隆間曲阜顔氏稿本（清錢塘袁鑑題識）……四七五

質菴文集五卷
〔清〕安丘李滏撰
山東省圖書館藏清鈔本……四九一

悦軒文稿不分卷
〔清〕海陽鞠濂撰
山東大學圖書館藏清乾隆間海陽鞠氏清稿本……五七九

堯封賸稿一卷
〔清〕莒州陳�撰
山東省圖書館藏清惜陰堂鈔本……七七五

第三十四册

吟風弄月詩稿四卷
〔清〕文登畢宿熹撰
山東省圖書館藏稿本（清文登畢所鐺跋）……一

迂齋學古編四卷 〔清〕膠州法坤宏撰 山東省圖書館藏清乾隆三十九年膠州法氏海上廬刻本 …… 一七一

遂初稿二卷遂初驛程記二卷 〔清〕寧海張啓愚撰 山東省圖書館藏稿本 …… 二四七

松露書屋詩稿八卷水竹居詩集二卷 〔清〕齊河郝允秀撰 山東省博物館藏稿本（清淄川張廷寀等批校） …… 三四一

藤梧館詩草一卷 〔清〕曲阜孔廣栻撰 山東省圖書館藏稿本 …… 六八一

第三十五册

香雪園重訂詩十一卷 〔清〕淄川張廷叙撰 山東省圖書館藏稿本 …… 一

無夢軒詩一卷 〔清〕桓臺于桂秀撰 山東省圖書館藏清淄川王佳賓鈔本 …… 三一三

蒼雪齋藁一卷 〔清〕淄川王佳賓撰 山東省圖書館藏稿本 …… 三二七

述耐堂詩集八卷　〔清〕曲阜孔繼㷆撰　山東省圖書館藏清稿本……三八五
秋水亭詩四卷補一卷　〔清〕新城王祖昌撰　山東省圖書館藏清嘉慶七年丘縣劉大觀刻本……六三九
秋水亭詩續集三卷秋水亭詩補編一卷　〔清〕新城王祖昌撰　山東省圖書館藏清嘉慶十四年丘縣劉大觀刻本……七〇七
秋水亭集拾遺一卷王秋水自撰年譜一卷　〔清〕新城王祖昌撰　山東省博物館藏稿本……七五九

第三十六册

許雲嶠先生手書詩文稿一卷　〔清〕濟寧許鴻磐撰　山東省博物館藏稿本……一
純甫文稿不分卷　〔清〕歷城朱曾喆撰　山東省圖書館藏稿本（清鄒平成瓘　棲霞牟庭等批校）……一九
李湘浦先生詩稿不分卷　〔清〕歷城李廷芳撰　山東省博物館藏稿本（清河間紀昀　長洲王芑孫等評校並跋）……二四七

碧梧紅豆草堂詩不分卷 〔清〕歷城李廷芳撰 山東省圖書館藏稿本（清全椒吴鼒 歷城李經浤等批校並跋）……五〇五
碧梧紅豆草堂詩一卷安蔬草堂五言排律一卷 〔清〕歷城李廷芳撰 山東省圖書館藏稿本（清丹徒張秉鈞跋）……六五五
袁江于役草一卷 〔清〕歷城李廷芳撰 山東省圖書館藏稿本……七三三
紅蕉館詩稿一卷 〔清〕歷城朱畹撰 濟南市圖書館藏稿本……七六五

第三十七册

求是齋文集一卷 〔清〕單縣劉暉撰 山東省圖書館藏清鈔本（淄川路大荒跋）……一
天籟集一卷 〔清〕高密鄧廷法撰 山東省圖書館藏稿本（佚名跋）……三五
冷淘軒詩集七卷附一卷 〔清〕濟寧戴鑑撰 山東省圖書館藏清鈔本（日照王獻唐跋）……八七

潑墨軒詩草三卷潑墨軒詞三卷
〔清〕濟寧戴鑑撰
山東省圖書館藏清道光二十三年刻本……一一三

鏡虹書屋吟草一卷
〔清〕曲阜孔昭虔撰
山東省博物館藏清鈔本……一七五

鏡虹吟室詩集四卷經進稿一卷詞集二卷
〔清〕曲阜孔昭虔撰
山東省圖書館藏清道光十六至十七年曲阜孔憲恭孔慶頤刻本……一九三

意園詩鈔不分卷
〔清〕長清楊潾撰
山東省圖書館藏清鈔本……二九五

次白文稿一卷
〔清〕濰縣劉鴻翱撰
山東省圖書館藏稿本……三一九

静吾齋詩鈔一卷文鈔一卷
〔清〕濰縣陳述經撰
山東省圖書館藏清鈔本……三八七

鼒金山館咏人集不分卷
〔清〕棲霞牟房撰
山東省博物館藏稿本（清張夢蘭跋）……四二九

觀城張湘畹先生遺集一卷
〔清〕觀城張夢蘭撰
山東省博物館藏清鈔本……六〇五

王煒詩稿一卷　〔清〕益都王煒撰　山東省博物館藏稿本……六二九
春鶗集五卷　〔清〕益都王煒撰　山東省博物館藏稿本……六五七

第三十八册

許印林手稿一卷　〔清〕日照許瀚撰　山東省博物館藏稿本……一
餘霞集三卷　〔清〕寧陽黄恩彤撰　山東省圖書館藏清鈔本……七五
梅花奇石之齋詩集三卷　〔清〕黄縣王鎔經撰　山東省博物館藏稿本……一三五
七十二硯齋癸甲集一卷　〔清〕郯城吴步韓撰　山東省圖書館藏稿本……二三五
適我集一卷　〔清〕泗水王紹鑛撰　山東省圖書館藏清鈔本……二七九

杞園吟藁六卷　〔清〕德平孔昭珩撰　山東省圖書館藏清稿本……三二九
醉月窗未定草四卷　〔清〕淄陽鄭毓本撰　山東省圖書館藏清鈔本……三七七
靖侯詩草一卷　〔清〕濰縣郭綏之撰　山東省圖書館藏稿本（清定遠方濬益題識）……四七九
尺牘偶存一卷　〔清〕濰縣郭綏之撰　山東省圖書館藏稿本……四九七
海阜詩稿删本一卷　〔清〕曲阜孔廣栻撰　山東大學圖書館藏稿本……五〇三
東渠詩存一卷附聯語一卷　〔清〕泰安汪寶樹撰　山東省博物館藏民國泰安王价藩鈔本……五八七
賈啟祥詩草一卷　〔清〕泰安賈啟祥撰　山東省博物館藏民國泰安王价藩鈔本……六一五
二琴居士小集一卷　〔清〕濰縣王象瑜撰　山東省博物館藏清末濰縣高氏辨蟫居鈔本……六二一
南扶山房詩鈔二卷　〔清〕歷城張英麟撰　山東省圖書館藏民國十四年濟南新華印字館石印本……六九一

玉映樓縯芳集不分卷 〔清〕歷城王維言撰 山東省圖書館藏稿本 …… 七二九

第三十九册

高熙喆集不分卷 〔清〕滕縣高熙喆撰 山東大學圖書館藏稿本 …… 一

還讀盦詩集一卷 黄縣丁菊甦撰 山東省博物館藏稿本 …… 七二三

還讀盦詩鈔一卷 黄縣丁菊甦撰 山東省博物館藏稿本 …… 七七九

第四十册

古文後選不分卷 〔清〕濟寧許鴻磐輯 山東大學圖書館藏清嘉慶間濟寧許氏稿本 …… 一

宋大家三蘇曾王文抄不分卷 〔清〕益都趙執信輯 山東大學圖書館藏清康熙中益都趙念鈔本 …… 一六五

青州明詩鈔四卷續編一卷　壽光趙愚軒輯
山東省圖書館藏稿本（續編用民國二十九年排印本配補）……四六一

武定明詩鈔二卷　〔清〕惠民李衍孫輯
山東省圖書館藏稿本（無棣張綍　德縣杜惟儉跋）……六五五

國朝武定詩鈔不分卷　〔清〕惠民李衍孫輯
山東省圖書館藏稿本……七一三

武定詩續鈔二十四卷（一）　〔清〕利津李佐賢輯
山東省圖書館藏清同治六年利津李氏刻本……八一七

第四十一册

武定詩續鈔二十四卷（二）　〔清〕利津李佐賢輯
山東省圖書館藏清同治六年利津李氏刻本……一

武定詩補鈔不分卷　〔清〕利津李貽雋輯
山東省圖書館藏稿本……二三九

第四十二册

武定李氏家集不分卷　〔清〕惠民李友驥　李衍孫撰　山東省圖書館藏稿本……一

黄氏詩鈔六卷　〔清〕即墨黄守平輯　中共山東省委黨校圖書館藏稿本……三三三

山東即墨楊氏詩集一卷文集一卷　〔清〕不著輯者　山東省圖書館藏清鈔本……六八九

第四十三册

曹貞吉父子詩稿三種六卷　〔清〕安丘曹貞吉　曹涵　曹溆撰　山東省博物館藏稿本……一

（1）曹貞吉詩稿一卷　〔清〕安丘曹貞吉撰……三

（2）曹涵詩稿一卷　〔清〕安丘曹涵撰……三一

（3）蟲吟草四卷　〔清〕安丘曹溆撰……七四

安丘曹氏家學守待二十三種三十二卷　〔清〕安丘曹貞吉等撰　山東省圖書館藏清刻本暨鈔本……三二五

（1）珂雪詞二卷補遺一卷　〔清〕安丘曹貞吉撰　〔清〕新城王士禛等評　清康熙刻乾隆增刻本……三二七

(2)珂雪集一卷 〔清〕安丘曹貞吉撰 〔清〕新城王士禛評 清康熙刻本……三八〇
(3)珂雪二集一卷 〔清〕安丘曹貞吉撰 清康熙刻本……四〇〇
(4)朝天集一卷 〔清〕安丘曹貞吉撰 清康熙刻本……四三〇
(5)鴻爪集一卷 〔清〕安丘曹貞吉撰 清康熙刻本……四四一
(6)珂雪詩一卷 〔清〕安丘曹貞吉撰 〔清〕新城王士禛選 清康熙刻十子詩略本……四四八
(7)黄山紀遊詩一卷 〔清〕安丘曹貞吉撰 清康熙刻本……四七九
(8)黄山紀遊詞一卷 〔清〕安丘曹霦撰 清康熙刻本……四八八
(9)澹餘詩集四卷 〔清〕安丘曹申吉撰 清康熙刻本……四九五
(10)南行日記一卷 〔清〕安丘曹申吉撰 清康熙刻乾隆嘉慶間修版印本……五六五
(11)珂雪文稿一卷 〔清〕安丘曹貞吉撰 清安丘曹氏鈔本……五九八
(12)珂雪三集二卷 〔清〕安丘曹貞吉撰 清安丘曹氏鈔本……六二九
(13)珂雪三集古近體詩二卷 〔清〕安丘曹貞吉撰 清安丘曹氏鈔本……六八一
(14)珂雪詞補遺一卷 〔清〕安丘曹貞吉撰 清安丘曹氏鈔本……七一三
(15)黔行集古近體詩一卷 〔清〕安丘曹申吉撰 〔清〕泰州鄧漢儀選評 清安丘曹氏鈔本……七一四
(16)黔寄集三卷 〔清〕安丘曹申吉撰 清安丘曹氏鈔本……七二四
(17)黔寄集古近體詩一卷 〔清〕安丘曹申吉撰 清安丘曹氏鈔本……七四八
(18)又何軒古近體詩一卷 〔清〕安丘曹申吉撰 清安丘曹氏鈔本……七六一
(19)澹餘文集一卷 〔清〕安丘曹申吉撰 清安丘曹氏鈔本……七七六
(20)棗花田舍古近體詩一卷 〔清〕安丘曹霦撰 清安丘曹氏鈔本……七八一
(21)冰絲詞一卷 〔清〕安丘曹霦撰 清安丘曹氏鈔本……七八八
(22)蟲吟草古近體詩一卷 〔清〕安丘曹溆撰 清安丘曹氏鈔本……八〇六
(23)蟲吟草詩餘一卷 〔清〕安丘曹溆撰 清安丘曹氏鈔本……八二四

第四十四册

安丘曹氏家集八種九卷　〔清〕安丘曹師彬等撰　山東大學圖書館藏清安丘曹氏鈔本……一

(1)黔行記略一卷　〔清〕安丘曹師彬撰……二

(2)曹貞吉夫婦行狀一卷　〔清〕安丘曹濂撰……九

(3)蘿月山房古文一卷　〔清〕安丘曹元詢撰……一七

(4)蘿月山房古近體詩一卷　〔清〕安丘曹元詢撰……三八

(5)愛思樓古近體詩一卷　〔清〕安丘曹尊彝撰……六八

(6)愛思樓詩餘一卷　〔清〕安丘曹尊彝撰……一〇三

(7)望淮集一卷倚蘭集一卷　〔清〕安丘曹桂馧撰……一〇七

(8)龍津集一卷　〔清〕安丘曹桂馧撰……一三三

還讀盦唱酬集一卷　黄縣丁菊甦輯　山東省博物館藏稿本……一五五

綵衣樓詩話四卷　〔清〕黄縣王守訓撰　山東省博物館藏稿本(清黄縣趙蔚坊跋)……一八三

登州詩話三卷　〔清〕黄縣王守訓撰　山東省博物館藏清光緒二十七年黄縣趙蔚坊鈔本……五六九

第四十五册

登州詩話續編四卷 〔清〕黄縣趙蔚坊撰 山東省博物館藏稿本（黄縣王常師跋） …… 一

吴氏石蓮庵刻山左人詞十七種五十二卷附一種一卷 〔清〕海豐吴重憙輯 山東大學圖書館藏清光緒二十七年海豐吴氏金陵刻本 …… 四〇五

（1）樂章集一卷附樂章集校勘記一卷樂章集校勘記補遺一卷樂章集逸詞一卷 〔宋〕崇安柳永撰 附〔清〕江陰繆荃孫撰 …… 四〇九

（2）姑溪詞三卷 〔宋〕無棣李之儀撰 …… 四五八

（3）琴趣外篇六卷 〔宋〕鉅野晁補之撰 …… 四六九

（4）審齋詞一卷 〔宋〕東平王千秋撰 …… 四九一

（5）嬾窟詞一卷 〔宋〕東武侯寘撰 …… 五〇〇

（6）拙庵詞一卷 〔宋〕東平趙磻老撰 …… 五一一

（7）稼軒詞十二卷 〔宋〕歷城辛棄疾撰 …… 五一四

（8）草窗詞二卷草窗詞補二卷 〔宋〕濟南周密撰 …… 五八四

（9）漱玉詞一卷附録一卷補遺一卷 〔宋〕濟南李清照撰 附録補遺〔清〕臨桂王鵬運輯 …… 六〇七

（10）炊聞詞二卷 〔清〕新城王士禄撰 …… 六二六

（11）衍波詞二卷附一卷 〔清〕新城王士禛撰 附〔清〕海豐吴重憙輯 …… 六四七

（12）二鄉亭詞三卷 〔清〕萊陽宋琬撰 …… 六六六

（13）竹西詞一卷 〔清〕濟寧楊通佺撰 …… 六八五

（14）志壑堂詞一卷 〔清〕淄川唐夢賚撰 …… 六九四

(15)珂雪詞二卷補遺一卷 〔清〕安丘曹貞吉撰……六九八
(16)飴山詩餘一卷 〔清〕益都趙執信撰……七四〇
(17)晚香詞三卷 〔清〕德州田同之撰……七四八
附：西圃詞説一卷 〔清〕德州田同之撰……七六四

第四十六册

郝氏遺書三十四種二百二十九卷(内一種不分卷)(一)

〔清〕棲霞郝懿行 福山王照圓撰
山東省圖書館藏清嘉慶至光緒間刻本……一
(1)爾雅郭注義疏二十卷 〔清〕棲霞郝懿行撰 清同治四年郝聯薇刻本……二
(2)春秋説略十二卷 〔清〕棲霞郝懿行撰 清道光七年海陽趙銘彝刻本……三四五
(3)春秋比二卷 〔清〕棲霞郝懿行撰 清道光七年海陽趙銘彝刻本……四五五
(4)山海經箋疏十八卷圖贊一卷訂譌一卷叙錄一卷 〔清〕棲霞郝懿行撰 清嘉慶十四年儀徵阮元刻本……四八六
(5)列女傳補注八卷叙錄一卷校正一卷 〔清〕福山王照圓撰 〔清〕武進臧庸 高郵王念孫等校正 清嘉慶棲霞郝氏家刻本……六四一
(6)列仙傳校正本二卷列仙傳贊一卷附夢書一卷 〔清〕福山王照圓校正 附〔清〕福山王照圓輯(見《山東文獻集成》第一輯)
(7)詩説二卷 〔清〕棲霞郝懿行撰 清光緒八年郝聯薇東路廳署刻本……七四八
(8)詩經拾遺一卷 〔清〕棲霞郝懿行撰 清光緒八年郝聯薇東路廳署刻本……八〇〇

第四十七册

郝氏遺書三十四種二百二十九卷(内一種不分卷)(二)

〔清〕棲霞郝懿行　福山王照圓撰
山東省圖書館藏清嘉慶至光緒間刻本……一
(9)書説二卷　〔清〕棲霞郝懿行撰　清光緒八年郝聯薇東路廳署刻本……二
(10)汲冢周書輯要一卷逸書一卷　〔清〕棲霞郝懿行輯　清光緒八年郝聯薇東路廳署刻本……五〇
(11)易説十二卷易説便録一卷　〔清〕棲霞郝懿行撰並輯　清光緒八年郝聯薇東路廳署刻本……七一
(12)詩問七卷　〔清〕棲霞郝懿行撰　清光緒八年郝聯薇東路廳署刻本……二〇八
(13)鄭氏禮記箋四十九卷　〔清〕棲霞郝懿行撰　清光緒八年郝聯薇東路廳署刻本……四三三
(14)竹書紀年校正十四卷通考一卷　〔清〕棲霞郝懿行撰　清光緒五年郝聯薇東路廳署刻本……七二七
(15)晉宋書故一卷　〔清〕棲霞郝懿行撰　清嘉慶二十一年郝氏自刻本……七九六
(16)補宋書刑法志一卷　〔清〕棲霞郝懿行撰　清嘉慶郝氏自刻本……八二〇
(17)補宋書食貨志一卷　〔清〕棲霞郝懿行撰　清嘉慶郝氏自刻本……八三五

第四十八册

郝氏遺書三十四種二百二十九卷(内一種不分卷)(三)

〔清〕棲霞郝懿行　福山王照圓撰
山東省圖書館藏清嘉慶至光緒間刻本……一
(18)宋瑣語不分卷　〔清〕棲霞郝懿行撰　清嘉慶郝氏自刻本……二
(19)荀子補注二卷　〔清〕棲霞郝懿行撰　清刻本……九四
(20)寶訓八卷　〔清〕棲霞郝懿行撰　清光緒五年郝聯薇東路廳署刻本……一三一

(21)燕子春秋一卷　〔清〕棲霞郝懿行撰　清光緒五年郝聯薇東路廳署刻本……一九四
(22)蜂衙小記一卷　〔清〕棲霞郝懿行撰　清光緒五年郝聯薇東路廳署刻本……二〇一
(23)記海錯一卷　〔清〕棲霞郝懿行撰　清光緒五年郝聯薇東路廳署刻本……二〇五
(24)證俗文十九卷　〔清〕棲霞郝懿行撰　清光緒十年郝聯薇東路廳署刻本……二一九
(25)曬書堂文集十二卷外集二卷別集一卷　〔清〕棲霞郝懿行撰　清光緒十年郝聯薇東路廳署刻本……四三九
(26)曬書堂閨中文存一卷　〔清〕福山王照圓撰　清光緒十年郝聯薇東路廳署刻本……六四〇
(27)曬書堂筆記二卷　〔清〕棲霞郝懿行撰　清光緒十年郝聯薇東路廳署刻本……六四八
(28)曬書堂時文一卷　〔清〕棲霞郝懿行撰　清光緒十年郝聯薇東路廳署刻本……六九七
(29)曬書堂筆錄六卷　〔清〕棲霞郝懿行撰　清光緒十年郝聯薇東路廳署刻本……七二八

第四十九册

郝氏遺書三十四種二百二十九卷(內一種不分卷)(四)
〔清〕棲霞郝懿行　福山王照圓撰
山東省圖書館藏清嘉慶至光緒間刻本……一
(30)曬書堂詩鈔二卷　〔清〕棲霞郝懿行撰　清光緒十年郝聯薇東路廳署刻本……二
(31)曬書堂試帖一卷　〔清〕棲霞郝懿行撰　清光緒十年郝聯薇東路廳署刻本……五四
(32)曬書堂詩餘一卷　〔清〕棲霞郝懿行撰　清光緒十年郝聯薇東路廳署刻本……六一
(33)和鳴集一卷　〔清〕棲霞郝懿行　福山王照圓撰　清光緒十年郝聯薇東路廳署刻本……六七
(34)梅叟閒評四卷　〔清〕棲霞郝培元撰　〔清〕棲霞郝懿行注　清光緒十年郝聯薇東路廳署刻本……七五

魚臺馬氏叢書三十四種九十八卷(一)

[清]魚臺馬邦玉　馬邦舉　馬星翼撰

山東省圖書館藏民國間山東省立圖書館鈔本(日照王獻唐批校並題識)……一五三
(1)懷續堂文集一卷　[清]魚臺馬邦玉撰……一五六
(2)懷續堂詩集一卷　[清]魚臺馬邦玉撰……一九一
(3)書傳略考一卷　[清]魚臺馬邦舉撰……二〇一
(4)經典釋文尚書略考一卷　[清]魚臺馬邦舉撰……二〇六
(5)書正義略考二卷　[清]魚臺馬邦舉撰……二一二
(6)書序略考二卷　[清]魚臺馬邦舉撰……二二五
(7)湯誓略考一卷　[清]魚臺馬邦舉撰……二四九
(8)泰誓略考一卷　[清]魚臺馬邦舉撰……二五二
(9)帝典麓字略考一卷　[清]魚臺馬邦舉撰……二五七
(10)虞書朋字略考一卷　[清]魚臺馬邦舉撰……二六〇
(11)洪範睿字略考一卷　[清]魚臺馬邦舉撰……二六三
(12)洪範陂字略考一卷　[清]魚臺馬邦舉撰……二六六
(13)書古文略考一卷　[清]魚臺馬邦舉撰……二六七
(14)檀弓母字略考一卷　[清]魚臺馬邦舉撰……二九〇
(15)春秋左傳略考六卷　[清]魚臺馬邦舉撰……二九六
(16)春秋穀梁傳略考三卷　[清]魚臺馬邦舉撰……三五五
(17)楚辭字聲略考一卷　[清]魚臺馬邦舉撰……三七八
(18)漢聲略考四卷　[清]魚臺馬邦舉撰……三九三
(19)晉聲略考一卷　[清]魚臺馬邦舉撰……四五二
(20)古聲略考雜記二卷　[清]魚臺馬邦舉撰……四七〇
(21)古史略考三十卷　[清]魚臺馬邦舉撰(日照王獻唐批校並題識)……五二四
(22)竹書紀年略考六卷　[清]魚臺馬邦舉撰……七七五

(23)陝志陵墓略考一卷 〔清〕魚臺馬邦舉撰 …… 八四六

第五十册

魚臺馬氏叢書三十四種九十八卷(二)

〔清〕魚臺馬邦玉 馬邦舉 馬星翼撰

山東省圖書館藏民國間山東省立圖書館鈔本(日照王獻唐批校並題識) …… 一

(24)子夏易傳遺文一卷 〔清〕魚臺馬星翼輯 …… 二
(25)論語魯詁遺文一卷 〔清〕魚臺馬星翼輯 …… 三
(26)尚書廣義三卷 〔清〕魚臺馬星翼撰 …… 七
(27)羣經注疏中俗語類記一卷 〔清〕魚臺馬星翼輯 …… 一四九
(28)説文俗語類記一卷 〔清〕魚臺馬星翼輯 …… 一八二
(29)漢人著書目録一卷 〔清〕魚臺馬星翼撰 …… 一八六
(30)意林諸子約録一卷 〔清〕魚臺馬星翼輯 …… 一九一
(31)漢碑總目二卷 〔清〕魚臺馬星翼撰 …… 一九三
(32)繹陽隨筆八卷 〔清〕魚臺馬星翼撰 …… 二〇七
(33)東泉文集二卷 〔清〕魚臺馬星翼撰 …… 三三六
(34)東泉詩話續册七卷 〔清〕魚臺馬星翼撰 …… 四二〇

六觀樓雜著四種五卷

〔清〕濟寧許鴻磐撰

山東省博物館藏稿本 …… 五六一

(1)河源述一卷 …… 五六二
(2)泗州考古録一卷 …… 五八二

（3）記吴逆始末一卷……六〇三
（4）年號考二卷……六二三

蒹友雜著四種八卷

〔清〕安丘王筠撰

山東省博物館藏清咸豐至光緒間刻本……六五五
（1）蒹友蛾術編二卷　清咸豐十年宋官疃刻本……六五五
（2）四書説略四卷　清刻本……六九三
（3）教童子法一卷　清刻本……七四五
（4）蒹友肊説一卷　清光緒二十二年王彦佶武陽刻本……七五二

山東文獻集成第三輯目録

第一册

易翼與能十卷 〔清〕安丘劉象升撰 山東省博物館藏清鈔本(雲崔跋) …… 一

碩松堂讀易記十六卷 〔清〕滋陽邱仰文撰 山東省圖書館藏清乾隆三十三年刻本 …… 一八一

周易介五卷 〔清〕高密單維撰 山東省圖書館藏清嘉慶二十一年高密單氏半山亭刻本 …… 五五三

第二册

研經堂周易顯指四卷 〔清〕高密單鐸撰 山東大學圖書館藏清乾隆刻本 …… 一

讀易例言圖解一卷附一卷 〔清〕平度孫廷芝撰 山東省圖書館藏清道光十二年濰縣韓逢恩刻本 …… 一〇九

周易析義六卷 〔清〕濟寧馮繼聰撰 山東省圖書館藏清咸豐八年家刻本……一三七

周易述傳十卷 〔清〕濰縣丁裕彦撰 山東省圖書館藏清道光二十二年家刻本……三一七

洪範宗經三卷 〔清〕濰縣丁裕彦撰 山東省圖書館藏清道光十五年家刻本……六五九

禹貢輯解二卷禹貢書法一卷禹貢地理今釋考二卷 〔清〕文登畢淳昭撰 山東省圖書館藏清文登畢廷昭鈔本（畢廷昭校並跋）……七一九

第三册

尚書淺注不分卷（一） 〔清〕濟陽艾紫東撰 山東省博物館藏誠正堂艾氏叢書稿本……一

第四册

尚書淺注不分卷（二）〔清〕濟陽艾紫東撰　山東省博物館藏誠正堂艾氏叢書稿本……一

詩綱四卷〔清〕曲阜賈應寵撰　山東省博物館藏稿本（佚名批校）……一九一

詩經大題不分卷〔清〕德州田雯撰　山東省圖書館藏稿本……二一九

毛詩説略一卷〔清〕濟陽艾紫東撰　山東省博物館藏誠正堂艾氏叢書稿本……四五一

明堂禮制考四卷〔清〕黄縣王漸鴻撰　山東省博物館藏稿本……四七三

三禮條辨十五卷（一）〔清〕黄縣王漸鴻撰　山東省博物館藏清光緒二十二年黄縣趙蔚坊鈔本……五三九

第五册

三禮條辨十五卷（二）
〔清〕黄縣王漸鴻撰
山東省博物館藏清光緒二十二年黄縣趙蔚坊鈔本……一

左傳事緯十二卷前書八卷（一）
〔清〕鄒平馬驌撰
山東省圖書館山東大學圖書館藏清刻本……五四三

第六册

左傳事緯十二卷前書八卷（二）
〔清〕鄒平馬驌撰
山東省圖書館山東大學圖書館藏清刻本……一

左傳評三卷
〔清〕益都李文淵撰
山東省圖書館藏清乾隆四十年益都李文藻潮陽縣署刻本……二四一

公羊方言疏箋一卷
〔清〕黄縣淳于鴻恩撰
山東省博物館藏清光緒三十四年黄縣淳于氏金泉精舍刻本……二七五

穀梁集解糾謬十二卷
〔清〕福山王崇燕撰
山東省博物館藏福山王氏傳家集稿本（存九卷）……二八九

孝經鄭注坿音一卷　〔漢〕高密鄭玄注　〔唐〕吴縣陸德明音義　〔清〕榮成孫季咸述
濟南市圖書館藏清光緒二十二年榮成孫葆田濰縣賸園刻本……三一三

孝經釋義一卷　〔清〕濰縣宋書升撰
山東省博物館藏稿本……三三三

大學正文約註一卷　〔清〕曲阜孔貞瑄撰
山東省圖書館藏清康熙三十八年曲阜孔氏刻本……三四三

大學集註易解一卷　〔清〕濟陽艾紫東撰
山東省博物館藏誠正堂艾氏叢書稿本……三五九

中庸集註易解一卷　〔清〕濟陽艾紫東撰
山東省博物館藏誠正堂艾氏叢書稿本……四一五

學庸困知録四卷　〔清〕莒州莊詠撰
濟南市圖書館藏清道光二十三年城陽清和堂刻本……五一五

大學集説二卷中庸集説一卷學庸餘論一卷　〔清〕淄川王培荀撰
山東省圖書館藏清淄川安愚堂刻本……六七三

第七册

學庸順講二卷 〔清〕文登叢秉肅撰 山東省圖書館藏清道光九年文登于氏清江浦鎮刻本 …… 一

四書删補約説不分卷 〔清〕莘縣孫肇興撰 山東省圖書館藏清鈔本（佚名朱筆批校） …… 七一

四書字義説略二卷 〔清〕歷城朱曾武撰 山東省圖書館藏清嘉慶十二年綠玉堂刻本 …… 五八一

四書證疑八卷 〔清〕文登李允升撰 山東省圖書館藏清道光四年易簡堂刻本 …… 六四一

第八册

四書會解二十七卷 〔清〕利津綦澧撰 濟南市圖書館藏清嘉慶五年還醇堂刻本 …… 一

四書釋文十九卷（一） 〔清〕諸城王賡言撰 濟南市圖書館藏清道光二年諸城王氏家塾刻本 …… 七三五

第九册

四書釋文十九卷（二）
〔清〕諸城王賡言撰
濟南市圖書館藏清道光二年諸城王氏家塾刻本 …… 一

四書彙解四十卷
〔清〕淄川司天開撰
濟南市圖書館藏清道光二十四年淄川馮繼照修武縣署刻本 …… 一五七

鄂宰四種四卷
〔清〕安丘王筠撰
滕州杜澤遜藏清咸豐二年鄉寧賀蓉賀蕙賀荃刻本（清普定姚大榮批） …… 四八七
（1）夏小正正義一卷 …… 四八七
（2）弟子職正音一卷 …… 五二八
（3）毛詩重言一卷 …… 五三四
（4）毛詩雙聲疊韻説一卷 …… 五五六

屺瞻草堂經説三種七卷
〔清〕費縣李景星撰
山東省圖書館藏民國十六年山東官印刷局排印本 …… 五六九
（1）易經劄記一卷 …… 五七一
（2）書經管窺二卷 …… 五八六
（3）詩經條貫四卷 …… 六〇三

養静齋札記六卷
〔清〕黄縣王澌鴻撰
山東省博物館藏清光緒二十二年黄縣趙蔚坊鈔本 …… 六四七

諸經札記一卷　〔清〕即墨鄭杲撰　山東省圖書館藏稿本……八二一

第十册

爾雅直音二卷　〔清〕孫偘撰　〔清〕福山王祖源校正　山東省圖書館藏清光緒六年福山王氏刻天壤閣叢書本……一
別雅訂五卷　〔清〕山陽吴玉搢撰　〔清〕日照許瀚訂　清光緒三年吴縣潘氏八囍齋刻本……七九
助字辨略五卷　〔清〕濟寧劉淇撰　清康熙五十年海城盧承琰刻本……一〇一
説文解字均隸十二卷　〔清〕日照丁楙五撰　山東省博物館藏稿本（清日照許瀚批）……二三九
釋人疏證一卷　〔清〕陽湖孫星衍撰　〔清〕黄縣淳于鴻恩疏證　山東省圖書館藏民國山東省立圖書館鈔本……三四一
詩本韻考二卷　〔清〕掖縣趙瀚撰　山東省博物館藏稿本……三六一

增訂詩韻便覽五卷　〔清〕濟寧王星奎撰　濟南市圖書館藏清同治十三年濟寧王氏家刻本……四二三

詩古音三卷　〔清〕益都楊峒撰　山東省博物館藏民國間濰縣丁錫田家鈔本（李有經校並跋）……五三七

四書音韻四卷　〔清〕歷城劉柏撰　山東省博物館藏清光緒八年東昌鮑乾元刻本……五六五

五經音韻五卷　〔清〕歷城劉柏撰　齊河周洪才藏民國二十六年泰和堂鈔本……六〇三

第十一册

孟志編略六卷　〔清〕榮成孫葆田撰　齊河周洪才藏清光緒十六年刻本……一

王氏水源錄二卷附錄一卷　〔清〕黄縣王守訓撰　山東省圖書館藏民國四年王常師排印本……四七

日照丁氏家乘九十三卷（一）　日照丁惟鎮纂　日照丁原基藏一九八三年影印民國十五年日照丁氏上海排印本……八三

第十二册

日照丁氏家乘九十三卷（二）　日照丁惟鎮纂　日照丁原基藏一九八三年影印民國十五年日照丁氏上海排印本……一

李石桐先生赴岑溪日記不分卷　〔清〕高密李懷民撰　山東省博物館藏稿本……五三一

李少鶴日記不分卷　〔清〕高密李憲喬撰　山東省博物館藏稿本……七〇一

柲林日記一卷　日照丁麟年撰　山東省博物館藏清光緒三十一年稿本……七八五

第十三册

聖門禮志一卷　〔清〕曲阜孔尚忻撰　濟南市圖書館藏清光緒十三年曲阜孔氏硯寬亭刻本……一

聖門樂志一卷　〔清〕曲阜孔尚忻撰　濟南市圖書館藏清光緒十三年曲阜孔氏硯寬亭刻本……二七

費縣憲綱册一卷　〔清〕保安州李敬修撰　濟南市圖書館藏稿本……六五

山東濟南府章邱縣現行簡明賦役全書(光緒貳拾貳年分)一卷 …… 七五
〔清〕不著撰者
山東省圖書館藏清光緒刻本

山東濟南府淄川縣現行簡明賦役全書(光緒拾貳年分)一卷 …… 九九
〔清〕不著撰者
山東省圖書館藏清光緒刻本

山東濟南府禹城縣現行簡明賦役全書(光緒拾貳年分)一卷 …… 一一九
〔清〕不著撰者
濟南市圖書館藏清光緒刻本

山東濟南府臨邑縣現行簡明賦役全書(光緒叁拾貳年分)一卷 …… 一三九
〔清〕不著撰者
山東省圖書館藏清光緒刻本

山東濟南府長清縣現行簡明賦役全書(光緒貳拾貳年分)一卷 …… 一五三
〔清〕不著撰者
山東省圖書館藏清光緒刻本

山東泰安府東平州現行簡明賦役全書(光緒貳拾貳年分)一卷 …… 一六九
〔清〕不著撰者
山東省圖書館藏清光緒刻本

山東泰安府新泰縣現行簡明賦役全書(光緒貳年分)一卷
〔清〕不著撰者
山東省圖書館藏清光緒刻本……一九三
山東泰安府東阿縣現行簡明賦役全書(光緒貳拾貳年分)一卷
〔清〕不著撰者
山東省圖書館藏清光緒刻本……二〇七
山東泰安府平陰縣現行簡明賦役全書(光緒貳拾貳年分)一卷
〔清〕不著撰者
山東省圖書館藏清光緒刻本……二二七
山東泰安府肥城縣現行簡明賦役全書(光緒貳拾壹年分)一卷
〔清〕不著撰者
山東省圖書館藏清光緒刻本……二四一
山東武定府惠民縣現行簡明賦役全書(光緒貳年分)一卷
〔清〕不著撰者
山東省圖書館藏清光緒刻本……二五七
山東武定府濱州簡明賦役全書(光緒拾貳年分)一卷
〔清〕不著撰者
山東省圖書館藏清光緒刻本……二七九

山東武定府海豐縣現行簡明賦役全書(咸豐陸年分)一卷
〔清〕不著撰者
山東省圖書館藏清咸豐刻本 ……… 二九七
山東武定府利津縣現行簡明賦役全書(光緒拾貳年分)一卷
〔清〕不著撰者
山東省圖書館藏清光緒刻本 ……… 三一七
山東武定府蒲臺縣現行簡明賦役全書(光緒貳拾貳年分)一卷
〔清〕不著撰者
山東省圖書館藏清光緒刻本 ……… 三三七
山東武定府商河縣現行簡明賦役全書(光緒貳拾貳年分)一卷
〔清〕不著撰者
山東省圖書館藏清光緒刻本 ……… 三五五
山東兗州府寧陽縣現行簡明賦役全書(光緒貳拾貳年分)一卷
〔清〕不著撰者
山東省圖書館藏清光緒刻本 ……… 三七五
山東兗州府嶧縣現行簡明賦役全書(光緒拾貳年分)一卷
〔清〕不著撰者
山東省圖書館藏清光緒刻本 ……… 三九五

山東兗州府汶上縣現行簡明賦役全書（光緒貳拾貳年分）一卷
〔清〕不著撰者
山東省圖書館藏清光緒刻本……四一一

山東沂州府蘭山縣賦役全書（光緒拾貳年分）一卷
〔清〕不著撰者
山東省圖書館藏清光緒刻本……四三一

山東沂州府費縣現行簡明賦役全書（光緒拾貳年分）一卷
〔清〕不著撰者
濟南市圖書館藏清光緒刻本……四四七

山東沂州府沂水縣現行簡明賦役全書（光緒貳拾貳年分）一卷
〔清〕不著撰者
山東省圖書館藏清光緒刻本……四五九

山東沂州府蒙陰縣現行簡明賦役全書（光緒貳拾貳年分）一卷
〔清〕不著撰者
山東省圖書館藏清光緒刻本……四七一

山東曹州府鉅野縣現行簡明賦役全書（光緒貳拾貳年分）一卷
〔清〕不著撰者
山東省圖書館藏清光緒刻本……四八一

山東曹州府鄆城縣現行簡明賦役全書一卷
〔清〕不著撰者
山東省圖書館藏清刻本……四九七

山東曹州府單縣現行簡明賦役全書(光緒貳拾貳年分)一卷
〔清〕不著撰者
山東省圖書館藏清光緒刻本……五一五

山東東昌府聊城縣現行簡明賦役全書(道光拾陸年分)一卷
〔清〕不著撰者
山東省圖書館藏清道光刻本……五三三

山東東昌府高唐州賦役全書(光緒叁拾貳年分)一卷
〔清〕不著撰者
山東省圖書館藏清光緒刻本……五五三

山東東昌府堂邑縣現行簡明賦役全書(光緒貳拾貳年分)一卷
〔清〕不著撰者
山東省圖書館藏清光緒刻本……五七一

山東東昌府博平縣現行簡明賦役全書(光緒貳拾貳年分)一卷
〔清〕不著撰者
山東省圖書館藏清光緒刻本……五八九

山東東昌府恩縣現行簡明賦役全書（光緒貳拾貳年分）一卷
〔清〕不著撰者
山東省圖書館藏清光緒刻本……六〇五

山東青州府博山縣現行簡明賦役全書（光緒貳拾貳年分）一卷
〔清〕不著撰者
山東省圖書館藏清光緒刻本……六二三

山東青州府高苑縣賦役全書（光緒貳拾貳年分）一卷
〔清〕不著撰者
山東省圖書館藏清光緒刻本……六四一

山東青州府壽光縣現行簡明賦役全書（嘉慶貳拾壹年分）一卷
〔清〕不著撰者
山東省圖書館藏清嘉慶刻本……六五三

山東青州府昌樂縣現行簡明賦役全書（光緒叁拾貳年分）一卷
〔清〕不著撰者
山東省圖書館藏清光緒刻本……六八三

山東登州府萊陽縣現行簡明賦役全書（光緒叁拾貳年分）一卷
〔清〕不著撰者
山東省圖書館藏清光緒刻本……六九五

山東登州府萊陽縣收併各所現行簡明賦役全書（光緒叁拾貳年分）一卷
〔清〕不著撰者
山東省圖書館藏清光緒刻本 …… 七一九
山東登州府文登縣現行簡明賦役全書一卷
〔清〕不著撰者
山東省圖書館藏清刻本 …… 七二七
山東登州府文登縣收併威成靖三衛現行簡明賦役全書一卷
〔清〕不著撰者
山東省圖書館藏清刻本 …… 七四三
山東萊州府昌邑縣現行簡明賦役全書（同治伍年分）一卷
〔清〕不著撰者
山東省圖書館藏清同治刻本 …… 七四九
山東濟寧直隸州現行賦役全書（光緒拾貳年分）一卷
〔清〕不著撰者
濟南市圖書館藏清光緒刻本 …… 七六五
山東臨清直隸州武城縣現行簡明賦役全書（光緒貳拾貳年分）一卷
〔清〕不著撰者
山東省圖書館藏清光緒刻本 …… 七八五
山東臨清直隸州夏津縣現行簡明賦役全書一卷
〔清〕不著撰者
山東省圖書館藏清刻本 …… 八〇一

第十四册

山東鹽法志二十二卷附援證十卷 〔清〕滿洲吉綸等修 〔清〕嘉應宋湘等纂 山東省圖書館藏清嘉慶十三年刻光緒宣統補刻本 …… 一

山東鹽法續增備考六卷（一） 〔清〕滿洲恩錫等輯 山東省圖書館藏清同治三年劉清泰等刻本 …… 六四三

第十五册

山東鹽法續增備考六卷（二） 〔清〕滿洲恩錫等輯 山東省圖書館藏清同治三年劉清泰等刻本 …… 一

〔山東陵縣〕保甲章程一卷 〔清〕陵縣官定 中共山東省委黨校圖書館藏清光緒十五年山陰陳季華鈔本 …… 一四一

〔山東〕驛站章程一卷 〔清〕佚名輯 中共山東省委黨校圖書館藏清光緒二十八年佐青氏鈔本 …… 一六一

守岐公牘彙存一卷 〔清〕濰縣張兆棟撰 山東省博物館藏清光緒四年刻本 …… 二四七

呂海寰雜抄奏稿不分卷（一） 〔清〕掖縣呂海寰撰輯 北京大學圖書館藏稿本 …… 二八一

第十六册

呂海寰雜抄奏稿不分卷（二）〔清〕掖縣呂海寰撰輯　北京大學圖書館藏稿本……一

第十七册

呂海寰雜抄奏稿不分卷（三）〔清〕掖縣呂海寰撰輯　北京大學圖書館藏稿本……一

宣統二年山東諮議局議覆暨自行提議各案八卷〔清〕不著輯者　山東省博物館藏清宣統二年排印本……四二九

金鄉紀事四卷首一卷〔清〕陽湖吴堦撰　山東省博物館中國科學院圖書館藏清刻本……五二七

曹南文獻錄八十二卷附錄六卷（一）〔清〕曹縣徐繼儒輯　山東省圖書館藏民國六年曹縣徐氏刻本……五七九

第十八册

曹南文獻録八十二卷附録六卷（二）
〔清〕曹縣徐繼儒輯
山東省圖書館藏民國六年曹縣徐氏刻本 …… 一

東原考古録一卷
〔清〕東平蔣作錦撰
中共山東省委黨校圖書館藏清光緒十八年濟寧孫聚奎堂刻本 …… 七七九

第十九册

般上舊聞六卷
〔清〕德平葛周玉撰
山東省博物館藏清嘉慶間稿本 …… 一

嶗山志八卷
〔明〕即墨黄宗昌撰 〔清〕即墨黄坦續
濟南市圖書館藏民國五年排印本 …… 八七

嶗山藝文志二十四卷
〔清〕即墨黄肇顎纂
山東大學圖書館藏民國間國立山東大學圖書館鈔本 …… 一一五

刻鵠軒集古録一卷
〔清〕安丘王筠撰
山東省博物館藏稿本（日照王獻唐題識） …… 四一七

清愛堂家藏鐘鼎彝器款識灋帖一卷 〔清〕諸城劉喜海輯 山東省博物館藏清道光十八年原石拓印本……四二七
青箱古集續編不分卷 〔清〕濰縣陳介祺藏器 〔清〕諸城王蒼編 山東大學圖書館藏拓本……四七一

第二十册

簠齋尺牘不分卷(一) 〔清〕濰縣陳介祺撰 民國八年上海涵芬樓影印本……一

第二十一册

簠齋尺牘不分卷(二) 〔清〕濰縣陳介祺撰 民國八年上海涵芬樓影印本……一
秦漢瓦當文字不分卷 〔清〕濰縣陳介祺輯 山東省圖書館藏拓本……一一一
秦漢印章拾遺一卷 〔清〕濰縣高慶齡藏並輯 山東大學圖書館藏濰縣高氏家藏鈐印本……一六三

齊魯封泥考存不分卷
〔清〕濰縣郭聞庭輯
山東大學圖書館藏原拓本……二二九

殷虛書契補釋一卷
膠州柯昌濟撰
山東省圖書館藏民國鈔本……三一五

文貞子遺書一卷
〔明〕即墨王曦如撰
山東大學圖書館藏清末即墨王氏四勿堂刻本……三二三

五子近思錄隨筆十四卷
〔清〕章丘李元綑撰
諸城劉洪金藏民國十一年章丘孟雒川緑野堂刻本……三五一

菊譜一卷
〔清〕濰縣丁善長繪
山東藝術學院圖書館藏民國十年石印本……七六七

第二十二册

池北偶談二十六卷
〔清〕新城王士禛撰
山東省圖書館藏清康熙三十九年王廷掄汀州府署刻本……一

居易錄三十四卷
〔清〕新城王士禛撰
山東大學圖書館藏清康熙刻雍正印本……二八七

香祖筆記十二卷 〔清〕新城王士禛撰 山東大學圖書館藏清康熙刻本……六四一

古夫于亭雜録六卷 〔清〕新城王士禛撰 中共山東省委黨校圖書館藏清康熙如皋范邃廣陵刻本……七七九

第二十三册

分甘餘話四卷 〔清〕新城王士禛撰 滕州杜澤遜藏清康熙王兆棅寫刻本……一

宋晉之遺稿不分卷 〔清〕濰縣宋書升撰 山東省博物館藏稿本……四七

論説新編二卷 〔清〕濟陽艾紫東撰 山東省博物館藏誠正堂艾氏叢書稿本……一九九

一枝集四卷 〔清〕惠民邵大緯撰 山東省博物館藏稿本……二三九

海上隨筆不分卷 〔清〕諸城劉翼明撰 青島市圖書館藏稿本（膠州張鑑祥跋）……三七一

竹如意二卷 〔清〕歷城馬國翰撰 中國國家圖書館藏清道光咸豐間歷城馬氏自刻光緒十五年章丘李氏印本……四九一
離騷分段約說一卷 〔清〕寧陽黃恩彤撰 齊河周洪才藏清刻本……五二一
東岡小稿五卷 〔明〕高密李昆撰 山東省博物館藏明嘉靖二年杭州刻本……五三五
鼇峯類藁二十六卷 〔明〕掖縣毛紀撰 山東省博物館藏明嘉靖刻本……五九五

第二十四册

秋澄詩集一卷 〔明〕淄川王教撰 山東省博物館藏明鈔本……一
李中麓閒居集十二卷 〔明〕章丘李開先撰 影印明嘉靖至隆慶刻本……三九
賜閑堂集四卷 〔明〕新城王象晉撰 山東省圖書館藏清順治十年王與敕等刻本……六七九

第二十五册

來禽館集二十八卷　〔明〕臨邑邢侗撰　山東大學圖書館藏明崇禎十年版築居刻本……一

穀城山館詩集二十卷　〔明〕東阿于慎行撰　山東省圖書館藏明萬曆三十二年于緯刻本……四二七

穀城山館文集四十二卷（一）　〔明〕東阿于慎行撰　明萬曆于緯刻本……六七七

第二十六册

穀城山館文集四十二卷（二）　〔明〕東阿于慎行撰　明萬曆于緯刻本……一

松濤詩稿四卷　〔明〕安丘周若水撰　山東省圖書館藏稿本（安丘周榦庭跋）……六〇一

左忠貞公剩稿四卷　〔明〕萊陽左懋第撰　中共山東省委黨校圖書館藏清乾隆四十八年左彤九刻本……七七九

第二十七册

蘿石山房文鈔四卷 〔明〕萊陽左懋第撰 中共山東省委黨校圖書館藏清乾隆五年刻本 …… 一

隱君詩集四卷 〔清〕新城徐夜撰 中共山東省委黨校圖書館藏民國二十三年桓臺索鎮徐氏刻本 …… 一一三

帶經堂集九十二卷（一） 〔清〕新城王士禛撰 影印清康熙五十年歙縣程哲七略書堂刻本 …… 一七九

第二十八册

帶經堂集九十二卷（二） 〔清〕新城王士禛撰 影印清康熙五十年歙縣程哲七略書堂刻本 …… 一

尊水園集略十二卷補遺二卷 〔清〕德州盧世㴶撰 山東大學圖書館藏清順治間盧氏見賓堂刻本 …… 二九五

二十四泉草堂集十二卷 〔清〕歷城王苹撰 山東省圖書館藏清康熙五十六年文登于熙學京師刻本 …… 五四三

逍遥游二卷 〔清〕諸城丁耀亢撰 山東省博物館藏舊鈔本 …… 六三一

李漁邨先生稿一卷 〔清〕諸城李澄中撰 山東省博物館藏稿本（壽光趙愚軒校 日照王獻唐跋）…… 六七七

鏡庵詩選五卷 〔清〕諸城劉翼明撰 〔清〕諸城李澄中選 青島市圖書館藏民國二十七年膠州張鑑祥家鈔本（張鑑祥跋）…… 七三七

東武高士劉翼明詩稿一卷 〔清〕諸城劉翼明撰 山東省圖書館藏稿本 …… 七七七

第二十九册

鏡庵詩稿十一卷 〔清〕諸城劉翼明撰 〔清〕四明周斯盛選 山東省圖書館藏民國山東省立圖書館鈔本 …… 一

渠亭山人半部稾四分卷 〔清〕安丘張貞撰 山東大學圖書館藏清康熙安丘張氏家刻雍正印本 …… 二四一

雲高洞遊草一卷 〔清〕淄川張篤慶撰 山東省博物館藏稿本 …… 五六九

知北遊草一卷 〔清〕淄川張篤慶撰 山東省博物館藏稿本 …… 五八七

讀書堂近草一卷 〔清〕新城王啓涑撰 山東省博物館藏清新城王氏遺稿稿本……六四七
約廬詩稿三卷 〔清〕壽光安箕撰 山東省圖書館藏稿本（安丘趙愚軒、益都邱琮玉跋）……六七三
鶴侶齋詩一卷 〔清〕德州孫勷撰 青島市圖書館藏清道光二十三年延綠吟館刻本……七三一
鶴侶齋文稿四卷 〔清〕德州孫勷撰 青島市圖書館藏清咸豐元年延綠吟館刻本……七五三

第三十册

隱厚堂遺詩四卷 〔清〕安丘張在辛撰 山東省圖書館藏清鈔本……一
與點集一卷 〔清〕泰安趙國麟撰 山東省博物館藏清乾隆刻本……九七
西圃近稿一卷 〔清〕德州田同之撰 山東省博物館藏稿本……一〇九

西圃詩册一卷　〔清〕德州田同之撰　山東省圖書館藏稿本 …… 二二一
北歸詩草水程集一卷陸程集一卷　〔清〕高唐朱緯撰　山東省圖書館藏稿本（清淄川唐夢賚批校並跋　周宗炤跋） …… 二四五
爾吉公文鈔不分卷　〔清〕安丘王天相撰　山東省圖書館藏清鈔本（清安丘王筠評並跋） …… 二八七
大崑嵛山人稿四卷　〔清〕高密單烺撰　青島市圖書館藏清嘉慶三年高密單可基揭陽官舍刻本 …… 四三三
紫溟詩集一卷文集一卷　〔清〕高密單作哲撰　青島市圖書館藏民國二十二年石印本 …… 四九九
蛙鳴集一卷　〔清〕文登畢宿庚撰　中共山東省委黨校圖書館藏稿本 …… 五四七
説餅庵文集一卷詩集四卷詞集一卷賦集一卷　〔清〕歷城朱曾傳撰　山東大學圖書館藏清鈔本 …… 五八七
竇東皋應制集不分卷　〔清〕諸城竇光鼐撰　青島市圖書館藏清刻本 …… 七一五

東皋先生詩集三卷 〔清〕諸城竇光鼐撰 青島市圖書館藏清嘉慶三年無錫秦瀛刻本 …… 七八三

第三十一册

嶺南詩集八卷 〔清〕益都李文藻撰 山東省圖書館藏清益都李氏家刻本 …… 一
李南澗先生文稿不分卷 〔清〕益都李文藻撰 山東省博物館藏稿本 …… 六五
南澗文稿不分卷 〔清〕益都李文藻撰 山東省博物館藏稿本（日照王獻唐跋） …… 二四一
南澗文集一卷 〔清〕益都李文藻撰 山東省博物館藏清昌樂閻湘蕙輯鈔本（日照王獻唐跋） …… 五三五
知稼堂集六卷 〔清〕諸城李林撰 青島市圖書館藏清刻本 …… 五七九
午樹堂詩集八卷 〔清〕益都崔振宗撰 青島市圖書館藏清嘉慶二十一年青州德順書鋪刻本 …… 六〇七

春雨園詩録四卷　〔清〕長山石丹文撰　山東省圖書館藏清鈔本……六八五

摩墨亭稿一卷種李園近稿一卷　〔清〕曲阜顔崇槼撰　山東省圖書館藏清道光間天津王氏鈔本（清儀徵阮元序　清天津王鴻跋）……七〇三

擬我法集二卷　〔清〕棲霞牟庭撰　青島市圖書館藏清咸豐四年牟房安吉縣署刻本……七五五

第三十二册

楊書巖先生古文鈔二卷師經堂存詩一卷　〔清〕益都楊峒撰　山東省博物館藏稿本（丁培基、李章甫題跋）……一

卓菴吟草六卷　〔清〕高密李詒經撰　青島市圖書館藏清嘉慶二十五年格盧刻本……四一五

石桐先生詩鈔十六卷　〔清〕高密李懷民撰　山東省圖書館藏清光緒十二年李楹西安郡齋刻本……四五九

少鶴先生詩草墨蹟二卷　〔清〕高密李憲喬撰　山東省博物館藏稿本……五〇七

少鶴先生詩鈔十三卷　〔清〕高密李憲喬撰　山東省圖書館藏清光緒十二年李楹西安郡齋刻本……六四七
定性齋集一卷蓮塘遺集一卷　〔清〕高密李憲暠撰　山東省圖書館藏清光緒十二年李楹西安郡齋刻本……七三五
直菴詩稿二卷　〔清〕高密王寧�撰　青島市圖書館藏清刻本（佚名批注）……七五三

第三十三册

課心齋稿四卷　〔清〕高密單可垂撰　青島市圖書館藏清道光九年高密單氏耐寒軒刻本……一
挹翠堂詩稿二卷　〔清〕文登畢所鐺撰　山東省圖書館藏稿本……四五
六觀樓文存一卷詩存一卷　〔清〕濟寧許鴻磐撰　青島市圖書館藏民國十三年排印本……一三三
六觀樓文集拾遺一卷　〔清〕濟寧許鴻磐撰　〔清〕濟寧李福泰輯　青島市圖書館藏清同治九年李福泰粤東節署刻本……二〇三

六觀樓文集未刻稿一卷 〔清〕濟寧許鴻磐撰 中共山東省委黨校圖書館藏清鈔本……二三九
林於未定稿不分卷(一) 〔清〕歷城彭雲鶴撰 山東省圖書館藏稿本……二五三

第三十四册

林於未定稿不分卷(二) 〔清〕歷城彭雲鶴撰 山東省圖書館藏稿本……一
石菌山齋詩稿二卷 〔清〕滕縣龍嶺撰 山東省博物館藏稿本……三〇五
簣山堂詩鈔二十一卷 〔清〕諸城王賡言撰 山東省圖書館藏清道光刻本……三二五
半山園詩草二十卷後集五卷 〔清〕安丘劉芳曙撰 山東省圖書館藏稿本……六四三

第三十五册

柳園吟草二卷　〔清〕泰安蔣大慶撰　山東省博物館藏民國七年泰安王价藩知退軒鈔本……一

念堂詩草五卷　〔清〕慶雲崔旭撰　中共山東省委黨校圖書館藏清道光九年自刻本……一〇九

聽雪軒古文稿一卷　〔清〕諸城邱錫珖撰　〔清〕諸城張象棐　高密單爲鏓選　中共山東省委黨校圖書館藏清道光諸城邱氏家刻本……一七五

帶經舫詩鈔一卷　〔清〕肥城張岫撰　中共山東省委黨校圖書館藏清光緒十四年江西書局重刻本……二〇五

周文忠公尺牘二卷附雜文一卷　〔清〕東阿周天爵撰　中共山東省委黨校圖書館藏清同治七年蘇松太道署刻本……二一九

蕉窗囈語一卷　〔清〕樂陵汪荊川撰　中共山東省委黨校圖書館藏清道光二十四年汪氏汲古堂刻本……二六三

秋門詩鈔一卷　〔清〕歷城余正酉撰　中共山東省委黨校圖書館藏清道光刻本……二九一

二南吟草不分卷　〔清〕歷城周樂撰　山東省圖書館藏稿本……三〇三

二南詩鈔二卷　〔清〕歷城周樂撰　〔清〕歷城余正酉選　山東省圖書館藏清道光九年紉香齋刻本……三六七
二南文集二卷　〔清〕歷城周樂撰　山東省圖書館藏清道光二十二年枕湖書屋刻本……四二七
柿園詩稿二卷　〔清〕章丘李鄴撰　中共山東省委黨校圖書館藏清道光春草亭刻本……五三五
秋橋詩選四卷　〔清〕歷城王德容撰　山東省圖書館藏清道光二十二年刻本……五五五
秋橋詩續選四卷　〔清〕歷城王德容撰　中國國家圖書館藏清道光三十年刻本……五九一
玉函山房文集五卷　〔清〕歷城馬國翰撰　中國國家圖書館藏清道光咸豐間歷城馬氏刻光緒十五年章丘李氏印本……六三五
玉函山房文集一卷　〔清〕歷城馬國翰撰　中國國家圖書館藏清鈔本……七一七
文選擬題詩一卷　〔清〕歷城馬國翰撰　青島市圖書館藏清道光間歷城馬氏刻光緒十年章丘李氏補刻本……七三九

五峰山館詩課二卷 〔清〕歷城馬國翰撰 青島市圖書館藏清咸豐間歷城馬氏刻光緒十五年章丘李氏印本……七六一

玉函山房試帖續一卷 〔清〕歷城馬國翰撰 青島市圖書館藏清道光間歷城馬氏刻本……八〇一

第三十六册

夏小正詩十二卷 〔清〕歷城馬國翰撰 山東省圖書館藏清道光二十二年歷城馬氏刻本……一

夏小正詩一卷 〔清〕章丘李廷棨撰 濟南市圖書館藏清道光十一年章丘李氏刻本……一〇五

王文直公遺集六卷首一卷 〔清〕滕縣王東槐撰 山東省圖書館藏清光緒七年王宜勖刻本……一二五

静遠堂詩存一卷 〔清〕諸城孟繼垚撰 青島市圖書館藏民國六年諸城孟昭澐石印本……二二九

朐陽唫草一卷 〔清〕諸城李垣撰 青島市圖書館藏鈔本……二五七

鳳翔紀事詩存一卷 〔清〕濰縣張兆棟撰 山東省博物館藏清光緒四年粤東省城學院前翰元樓刻本……二七三
東泉詩鈔二卷詩餘一卷 〔清〕淄川孫錫嘏撰 山東省圖書館藏清鈔本……二九三
就正詩草續刻一卷 〔清〕曲阜鄭曉如撰 山東省博物館藏清光緒十九年南昌刻本……四五五
石蓮闇詩六卷詞一卷樂府一卷 〔清〕海豐吴重憙撰 青島市圖書館藏民國四年至五年刻本……四六三
初篁書盧文稿不分卷 〔清〕濰縣宋書升撰 山東省博物館藏稿本……五三九
旭齋文鈔一卷 〔清〕濰縣宋書升撰 山東省博物館藏民國濰縣和記印刷局排印濰縣文獻叢刊本……七一三
東籬集一卷 〔清〕長山王碧瑩撰 山東省博物館藏清鈔本……七三三
蘭圃詩草一卷 〔清〕臨邑邢順德撰 山東省博物館藏清鈔本……七七七

第三十七册

汪惠毅公詩不分卷 〔清〕泰安汪寶樹撰 泰安汪昭綸輯 中共山東省委黨校圖書館藏民國十五年汪氏輯稿本 …… 一

汪惠毅公文集不分卷 〔清〕泰安汪寶樹撰 泰安汪昭綸輯 山東省博物館藏民國間汪氏輯稿本 …… 三五七

韓二州先生文鈔一卷 〔清〕安丘韓仲荊撰 青島市圖書館藏舊鈔本 …… 五三一

鐵懷詩集一卷 〔清〕安丘韓仲荊撰 青島市圖書館藏清鈔本 …… 六〇七

春風坐餘草不分卷 〔清〕曲阜孔憲彀撰 青島市圖書館藏稿本 …… 六三五

第三十八册

自得齋詩賸一卷 〔清〕掖縣毛式玥撰 山東大學圖書館藏稿本 …… 一

蕉園詩集七卷 〔清〕安丘韓鳳舉撰 山東省博物館藏民國二十五年排印本 …… 四七

雙松書屋詩稿一卷　〔清〕諸城孟廣琛撰　青島市圖書館藏民國六年諸城孟昭澐石印本……六九

夢園詩草一卷　〔清〕黄縣趙應泰撰　山東省博物館藏稿本……九七

龜川吟草一卷　濟寧靳雲鵬撰　青島市圖書館藏民國十五年排印本……一九一

蟄居吟草一卷　諸城孟憲樹撰　青島市圖書館藏民國十二年石印本……二〇一

海岱會集十二卷　〔明〕益都馮琦輯　山東省圖書館藏民國山東省立圖書館鈔本……二一五

唐賢三昧集四卷　〔清〕新城王士禛輯　山東大學圖書館藏清乾隆二十年清妙軒刻巾箱本……二八三

濤音集八卷　〔清〕新城王士禄　王士禛輯　山東大學圖書館藏清乾隆五十七年掖縣儒學募資刻本……四二七

山左明詩選八卷　〔清〕南通州徐宗幹輯　青島市圖書館藏清道光七年徐宗幹泰山官署刻本（膠州張鑑祥跋）……五一一

安德詩搜十二卷　〔清〕德州程先貞輯　山東省圖書館藏稿本（清德州石璨跋）……五七九

第三十九册

般陽詩鈔十一種十三卷　〔清〕淄川孫錫嘏輯　山東省博物館藏淄川孫氏稿本……一
（1）栖雲閣詩二卷　〔清〕淄川高珩撰……十
（2）存吾草一卷　〔清〕淄川畢際有撰……一二九
（3）息軒草一卷　〔清〕淄川王樛撰……一三九
（4）志壑堂詩集一卷　〔清〕淄川唐夢賚撰……一八二
（5）笠山詩選一卷　〔清〕淄川孫蕙撰……二三〇
（6）敦好堂詩集一卷　〔清〕淄川袁藩撰……二八五
（7）聊齋詩集一卷　〔清〕淄川蒲松齡撰……三二九
（8）百四齋詩集一卷　〔清〕淄川李堯臣撰……四〇三
（9）崑崙山房詩集二卷　〔清〕淄川張篤慶撰……四三五
（10）綠筠軒詩一卷　〔清〕淄川張元撰……六三七
（11）悅齋詩草一卷　〔清〕淄川孟詹繹撰……七〇四
曲阜詩鈔八卷　〔清〕曲阜孔憲彝輯　山東師範大學圖書館藏清道光二十三年曲阜孔氏刻本……七二五

第四十册

東武詩存十卷 〔清〕諸城王賡言輯 諸城劉洪金藏清嘉慶二十五年化香閣刻本……一

渠風續集十卷補遺一卷 〔清〕安丘劉芳曙輯 〔清〕安丘張善恒重輯 山東大學圖書館藏鈔本……三九三

牟平遺香集十六卷 〔清〕牟平宫卜萬輯 山東師範大學圖書館藏清道光二十年牟平宫氏四香館刻本……四九五

董氏遺稿三種四卷 〔清〕福山鹿林松輯 青島市圖書館藏清嘉慶十三年福山鹿林松刻本……七四一

(1)遠遊草一卷 〔明〕萊陽董應雷撰……七四三

(2)西山詩存一卷附錄一卷 〔清〕萊陽董樵撰……七四七

(3)道東詩一卷 〔清〕萊陽董道東撰……七六九

第四十一册

蓬萊葛氏詩文稿五種七卷附一卷 〔清〕蓬萊葛忠弼撰輯 山東省圖書館藏稿本……一

(1)蜀程橐記一卷 〔清〕葛忠弼撰……二

(2)愧漏書屋文集一卷 〔清〕葛忠弼撰……四一
(3)秋蟲吟草三卷 〔清〕葛忠弼撰……五二
(4)亦農山人詩稿一卷 〔清〕葛覃楚撰……八四
(5)壽文堂遺詩一卷附贈詩一卷 〔清〕葛鏡海撰……九一

闕里孔氏詩鈔十四卷 〔清〕曲阜孔憲彝輯
山東師範大學圖書館藏清道光二十二年刻本……九五

郝氏四子詩鈔六種十卷 〔清〕齊東李玉清輯
山東省圖書館藏清道光十三年李玉清刻本……二二七
(1)深柳堂遺詩一卷 〔清〕齊河郝允哲撰……二二九
(2)水村詩集二卷 〔清〕齊河郝允秀撰……二五四
(3)碧梧軒吟稿一卷 〔清〕齊河郝篁撰 〔清〕齊河郝箬輯……三五七
(4)蘊香閣詩鈔一卷 〔清〕齊河郝篁撰 〔清〕齊河郝箬輯……三六八
(5)恤緯吟一卷續抄一卷 〔清〕齊河郝篁撰 〔清〕齊河郝箬輯……三八四
(6)愛吾廬初集一卷續集一卷餘集一卷 〔清〕齊河郝箬撰……四〇二

福山王氏傳家集八種二十四卷 〔清〕福山王懿榮輯
山東省博物館藏稿本……四六五
(1)尚書公養素堂詩集一卷 〔清〕福山王騭撰……四六六
(2)嘯巖草一卷 〔清〕福山王積熙撰……四八九
(3)雷波釣叟集二卷 〔清〕福山王積光撰……四九九
(4)壺海生草六卷 〔清〕福山王鍾泰撰……五一六

(5)芹香書屋文集一卷　〔清〕福山王執宜撰……五五三
(6)杜茶村年譜一卷　〔清〕福山王執慎撰……五六三
(7)蹔存文稿一卷　〔清〕福山王厚慶撰……五七二
(8)學半齋集十一卷　〔清〕福山王延慶撰……五九六

第四十二册

濟南朱氏詩文彙編九種十四卷　〔清〕歷城朱緗等撰
濟南市圖書館藏清康熙至道光歷城朱氏刻本……一
(1)楓香集一卷　〔清〕歷城朱緗撰……二
(2)觀稼樓詩二卷　〔清〕歷城朱緗撰……二〇
(3)吴船書屋詩一卷　〔清〕歷城朱緗撰……四〇
(4)雲根清壑山房詩一卷　〔清〕歷城朱緗撰……四六
(5)蒼雪山房稿一卷　〔清〕歷城朱綱撰……五五
(6)桐陰書屋詩二卷　〔清〕歷城朱崇勳撰……六九
(7)湖上草堂詩一卷　〔清〕歷城朱崇道撰……八三
(8)倚華樓詩四卷　〔清〕歷城朱琦撰……八七
(9)養中之塾文集一卷　〔清〕歷城朱曾喆撰……一一四
〔濰縣〕三郭詩草三種三卷　〔清〕濰縣郭濟遠　郭恩煌　郭恩煇撰
青島市圖書館藏石印本……一五一
(1)冷齋詩草一卷　〔清〕濰縣郭濟遠撰……一五二

(2)唫香書屋遺草一卷 〔清〕濰縣郭恩煌撰 …… 一五四
(3)退廬詩鈔一卷 〔清〕濰縣郭恩煇撰 …… 一五六

畢氏兩世遺詩二種二卷 〔清〕淄川畢世持 畢海珖撰
山東省圖書館藏民國十三年淄川畢先斅鈔本 …… 一六七
(1)困傭家草一卷 〔清〕淄川畢世持撰 …… 一六八
(2)澗堂詩草一卷 〔清〕淄川畢海珖撰 …… 一七四

卜氏三世詩草三種三卷 〔清〕日照卜夢人 卜寧一 卜祚光撰
山東省圖書館藏清鈔本 …… 一八七
(1)海屋詩集一卷 〔清〕日照卜夢人撰 …… 一八九
(2)尋樂齋詩一卷 〔清〕日照卜寧一撰 …… 一九三
(3)爾雅書屋詩集一卷 〔清〕日照卜祚光撰 …… 一九八

曹縣萬氏詩文集六種七卷 〔清〕曹縣萬名煒輯
山東省圖書館藏清鈔本 …… 二〇五
(1)朝鮮游稿一卷 〔明〕曹縣萬愛民撰 …… 二〇六
(2)樂園遺稿一卷 〔清〕曹縣萬惟檀撰 …… 二一三
(3)仍園集一卷 〔清〕曹縣萬士煉撰 …… 二一五
(4)寒齋詩集一卷寒齋文集一卷 〔清〕曹縣萬崇謙撰 …… 二一九
(5)重修青山行宫碑文一卷 〔清〕曹縣萬瑜撰 …… 二三〇
(6)續貂錄一卷 〔清〕曹縣萬毓盼撰 …… 二三一

王氏一家言二十八卷　〔清〕淄川王如英　王懷琪等輯
青島市圖書館藏民國七年順和堂石印局石印本……二四一

第四十三册

東武劉氏詩萃八卷　〔清〕諸城劉延圻輯
諸城劉洪金藏民國十二年劉氏愛聞簃石印本……一
海豐吴氏詩存四卷　〔清〕海豐吴重憙輯
青島市圖書館藏清光緒十年海豐吴氏陳州府署刻本……二三三
高密單氏詩文彙存五十七種八十四卷（一）
高密單步青輯
山東省圖書館青島市圖書館藏民國十六年高密單氏上海石印本……三七五
（1）烈愍公遺文一卷　〔明〕高密單崇撰……三八六
（2）半僧居士遺集一卷　〔明〕高密單父琴撰……三九四
（3）單氏世寶一卷　〔明〕高密單若魯撰……四〇八
（4）語石居文一卷　〔明〕高密單若魯撰……四一八
（5）敦本堂奏議一卷　〔清〕高密單疇書撰……四二四
（6）紫溟文集一卷　〔清〕高密單作哲撰……四三三
（7）薖廬遺文一卷　〔清〕高密單鉊撰……四六九
（8）留聲集一卷　〔清〕高密單維撰……四八三
（9）有懷堂文稾一卷　〔清〕高密單爲濂撰……四九九

（10）字學一得一卷 〔清〕高密單爲濂撰……五一四
（11）喪服古今通考一卷 〔清〕高密單爲鏓撰……五一七
（12）奉萱草堂文鈔一卷 〔清〕高密單爲鏓撰……五二八
（13）陰符經考異一卷 高密單步青撰……五四九
（14）道德經考異一卷 高密單步青撰……五六三
（15）參同契攷異一卷 高密單步青撰……五八四
（16）古玉考一卷 高密單步青撰……五九三
（17）季鶴遺文一卷 高密單朋錫撰……六一六
（18）高密單氏文集拾遺一卷 高密單步青撰……六三七
（19）語石居詩集一卷 〔清〕高密單若魯撰……六五六
（20）浣俗齋詩草一卷 〔清〕高密單務爽撰……六七六
（21）敦本堂詩鈔一卷 〔清〕高密單疇書撰……六九一
（22）太平堂詩草一卷 還鄉草一卷 太平堂詩補遺一卷 〔清〕高密單楷撰……七〇三
（23）愚溪集一卷 西窗詩草一卷 〔清〕高密單宗元撰……七二三
（24）漸閩詩鈔一卷 〔清〕高密單德謨撰……七四五
（25）大崑崙山人稾四卷 大崑崙山人稾別集一卷（一） 〔清〕高密單烺撰……七五九

第四十四册

高密單氏詩文彙存五十七種八十四卷（二）

高密單步青輯

山東省圖書館青島市圖書館藏民國十六年高密單氏上海石印本 …… 一

（25）大崑崙山人稾四卷　大崑崙山人稾別集一卷（二）　〔清〕高密單烺撰 …… 四

（26）邁盧遺詩一卷　〔清〕高密單鉊撰 …… 四九

（27）子固遺詩一卷　〔清〕高密單鼏撰 …… 五三

（28）容安齋詩鈔一卷　〔清〕高密單可玉撰 …… 六三

（29）白羊山房詩鈔六卷　〔清〕高密單可惠撰 …… 六八

（30）竹石居稾四卷　〔清〕高密單可基撰 …… 一〇八

（31）課心齋稾四卷　課心齋詩稾補遺一卷　閩中草一卷　浮槎漫艸一卷　遊感集一卷　〔清〕高密單可垂撰 …… 一七一

（32）傖山詩初集一卷　傖山詩補遺一卷　傖山詩續集一卷　〔清〕高密單可慈撰 …… 二二二

（33）夢筑堂詩初集一卷　〔清〕高密單襄桀撰　〔清〕高密李懷民選評 …… 二四三

（34）延綠山房吟草一卷　〔清〕高密單中呂撰 …… 二五五

（35）四不出齋詩草一卷　〔清〕高密單爲濂撰 …… 二六四

（36）懷香草堂詞一卷　〔清〕高密單爲濂撰 …… 二七二

（37）奉萱艸堂詩鈔一卷　〔清〕高密單爲鏓撰 …… 二七九

（38）清厚堂詩鈔一卷　〔清〕高密單華炬撰　〔清〕高密李詒經選評 …… 三一九

（39）女史碧香閣遺稿一卷　〔清〕高密單茝樓撰 …… 三三四

（40）薇軒吟艸一卷　薇軒吟艸補遺一卷　〔清〕高密單紫誥撰 …… 三三九

（41）介石軒初集一卷　〔清〕高密單立簹撰 …… 三五二

(42)蔚村吟草一卷 〔清〕高密單尉然撰……三六四
(43)綠石山房詩鈔一卷 〔清〕高密單廷芭撰……三七四
(44)雪谿詩社偶存一卷 〔清〕高密單稽撰……三九二
(45)芳坪詩草一卷 〔清〕高密單映堺撰……三九五
(46)忍盧吟草一卷 〔清〕高密單映奎撰……四〇二
(47)心湖隨意草一卷 〔清〕高密單仝裕撰……四〇九
(48)春橋遺詩一卷 〔清〕高密單永安撰……四一九
(49)河干吟一卷 〔清〕高密單杴傳撰……四二八
(50)季懷遺詩一卷 〔清〕高密單昭瑾撰……四三三
(51)香谷詩草一卷 〔清〕高密單蔭葛撰……四三七
(52)新甫吟草一卷 〔清〕高密單蔭堂撰……四四五
(53)友仁詩鈔一卷 〔清〕高密單頤壽撰……四五二
(54)秋菊園詩鈔一卷 續秋菊園詩鈔一卷 附宜人高氏墓誌銘 高密單步青撰……四五六
(55)季鶴遺詩一卷 高密單朋錫撰……四七四
(56)嗟來草一卷 〔清〕高密單翥撰……四八四
(57)高密單氏詩集拾遺一卷補一卷 高密單步青輯……四九二
百八倡和集一卷
〔清〕章丘李廷棨 歷城馬國翰撰
山東省圖書館藏清道光咸豐間刻光緒十五年章丘李氏印本……五二七
曹南詩社倡和集十二卷
〔清〕菏澤李經野輯
青島市圖書館藏民國七年排印本……五三九
明湖載酒集一卷補遺一卷
〔清〕祁陽陳琪輯
北京大學圖書館藏清光緒三十四年排印本……七一九

明湖載酒二集一卷補遺一卷 〔清〕祁陽陳琪輯 山東省博物館藏清宣統二年濟南片雲樓排印本……七三七
士鄉烈女詩文略一卷 〔清〕不著輯者 青島市圖書館藏清同治三年刻本……七九九

第四十五册

齊燕聯唱二十四卷 〔清〕利津李貽雋輯 青島市圖書館藏清稿本……一
海濱詩選一卷 海濱詩社輯 山東省博物館藏民國二十年排印本……七一五
落霞琴題詠一卷附歷城張氏世系譜一卷 〔清〕歷城張濤輯 中共山東省委黨校圖書館藏清光緒二十年歷城張氏刻本……七四九

第四十六册

鴻雪留蹤不分卷　〔清〕黄縣王錫榮輯　山東省博物館藏原札本……一

雪泥鴻爪不分卷　〔清〕黄縣王錫榮輯　山東省博物館藏原札本……三一五

第四十七册

詩問二卷　〔清〕遼陽郎廷槐　長山劉大勤問　〔清〕新城王士禛　淄川張篤慶　鄒平張實居答　〔清〕姚江洪楠彙録　山東大學圖書館藏清乾隆四十二年姚江洪熙春暉草堂刻本……一

高密三李詩話三種　〔清〕高密李懷民　李憲暠　李憲喬撰　山東省博物館藏稿本……三七

（1）紫荊書屋詩話不分卷　〔清〕高密李懷民撰……三九

（2）定性齋詩話一卷　〔清〕高密李憲暠撰……一九七

（3）凝寒閣詩話一卷　〔清〕高密李憲喬撰……二二〇

種李園詩話二卷　〔清〕曲阜顔崇椝撰　山東省圖書館藏稿本……二七九

蔄舲詩話一卷
〔清〕諸城王瑋慶撰
青島市圖書館藏精鈔稿本 …… 三二九

滄浪詩話補註一卷
〔宋〕邵武嚴羽撰　〔清〕諸城王瑋慶註
青島市圖書館藏清嘉慶間東武王氏蕉葉山房刻本 …… 三四九

買春詩話一卷
〔清〕歷城馬國翰撰
青島市圖書館藏清道光咸豐間歷城馬氏刻本 …… 三五七

聊齋詞一卷
〔清〕淄川蒲松齡撰
山東大學圖書館藏清宣統二年國學扶輪社排印本 …… 三七七

紅雨齋詞一卷
〔清〕德州田中儀撰
山東省圖書館藏民國安丘趙氏慔卺閣鈔本 …… 三八七

漁父詞一卷附漁家傲月節詞一卷
〔清〕曲阜孔繼涵撰並輯
山東省博物館藏清乾隆二十七年紅櫚書屋清稿本 …… 四二九

來鷗亭詩餘不分卷
〔清〕高密單可玉撰
山東大學圖書館藏稿本 …… 四四三

懷香草堂詞一卷
〔清〕高密單爲濂撰
青島市圖書館藏清道光二十年蜀南鄒光鉞昌樂縣署刻本 …… 五三九

闕里孔氏詞鈔五卷　〔清〕曲阜孔昭薰　孔昭蒸輯　山東省圖書館藏清道光十九年曲阜孔氏玉虹樓刻本……五五一
慈悲曲一卷　〔清〕淄川蒲松齡撰　山東省博物館藏清鈔本……五九三
富貴神仙十四回不分卷　〔清〕淄川蒲松齡撰　山東省博物館藏清酌月書屋鈔本……六四七

第四十八册

幸雲曲二十八回不分卷　〔清〕淄川蒲松齡撰　山東省博物館藏清鈔本……一
蕩婦秋思四折一卷附葬花一卷　〔清〕曲阜孔昭虔撰　山東省博物館藏稿本（清曲阜孔昭薰跋）……二八九
青衿俠傳奇三十二齣一卷　〔清〕膠州紀聖宣撰　山東省博物館藏清道光五年紀聖徵鈔本（清膠州紀聖徵題識　膠州陳曳雲録清膠州李之雍跋）……三三九
適暮稿一卷　〔明〕安丘王克篤撰　山東省圖書館藏清嘉慶二十一年安丘王志超鈔本……五一九

賈鳧西鼓詞一卷　〔清〕曲阜賈應寵撰　山東省博物館藏清鈔本……五九五
歷代史略鼓兒詞一卷　〔清〕曲阜賈應寵撰　山東省博物館藏清同治十年鈔本……六六九

第四十九册

空山堂全集九種九十八卷（一）
〔清〕滋陽牛運震撰
山東省圖書館濟南市圖書館山東師範大學圖書館藏清乾隆嘉慶間空山堂刻本……一
（1）詩志八卷　清嘉慶五年刻本……二
（2）周易解九卷　清李泳李瑩李澍刻本……一六〇
（3）春秋傳十二卷　清嘉慶四年刻本……二五二
（4）論語隨筆十七卷　清嘉慶六年刻本……四一四
（5）孟子論文七卷　清張魯文韓洺孫毓址校刻本……五七八
（6）空山堂史記評註十二卷（一）　清乾隆五十六年刻本……六五〇

第五十册

空山堂全集九種九十八卷（二）

〔清〕滋陽牛運震撰
山東省圖書館濟南市圖書館山東師範大學圖書館藏清乾隆嘉慶間空山堂刻本 …… 一
(6)空山堂史記評註十二卷(二) 清乾隆五十六年刻本 …… 二
(7)讀史糾謬十五卷 清張桂林刻本 …… 一一九
(8)空山堂詩集六卷 清牛鈞刻本 …… 三五五
(9)空山堂文集十二卷 清嘉慶八年牛鈞刻本 …… 三九二

寶樹堂遺書三種七卷

〔清〕濰縣郭夢星撰
青島市圖書館藏清光緒二十一年濰縣郭氏刻本 …… 六三三
(1)尚書小札二卷 …… 六三三
(2)漢書古字類一卷 …… 六六〇
(3)午窗隨筆四卷 …… 六七一

鄭東父遺書五種六卷

〔清〕即墨鄭杲撰
山東省圖書館藏清光緒三十年合肥李國松集虛草堂刻本 …… 七二一
(1)春秋說二卷 …… 七二五
(2)論書序大傳一卷 …… 七六二
(3)書張尚書之洞勸學篇後一卷 …… 七七八
(4)筆記一卷 …… 八〇一
(5)雜箸一卷 …… 八一二

山東文獻集成第四輯目録

第一册

李石桐先生註易經不分卷 〔清〕高密李懷民撰 中共山東省委黨校圖書館藏稿本……一

周易解三卷首一卷 〔清〕樂陵賈聲槐撰 中共山東省委黨校圖書館藏清道光十四年刻本……一一九

周易揭主遵孔錄便解四卷 〔清〕新城張允樸撰 中共山東省委黨校圖書館藏清光緒寶興堂刻本……二〇一

周易卦象六卷占易祕解一卷 〔清〕萊陽張丙嚞撰 山東省圖書館藏清光緒二十二年保陽刻本……三四一

周易要義十卷（一） 〔清〕濰縣宋書升撰 山東省博物館藏稿本……五一九

第二册

周易要義十卷（二）　〔清〕濰縣宋書升撰　山東省博物館藏稿本……一

第三册

周易淺説二卷　〔清〕寧陽曹伯恩撰　山東省圖書館藏清寧陽王恩澍鈔本（清寧陽王恩澍跋）……一
周易翼註六卷　〔清〕章丘辛爾藻撰　山東省圖書館藏民國二十二年章丘辛葆鼎排印本……五一
尚書大傳三卷附序錄一卷辨譌一卷　〔漢〕濟南伏勝撰　〔漢〕高密鄭玄注　〔清〕福州陳壽祺輯校　附〔清〕福州陳壽祺撰　滕州杜澤遜藏清同治十二年粤東書局刻古經解彙函本……一四七
尚書十三卷　題〔漢〕曲阜孔安國傳　影印宋刻本（宋元間人批注）……二一一
禹貢正字一卷　〔清〕安丘王筠撰　山東大學圖書館藏清道光二十九年刻本……四六七

尚書要義存六卷
〔清〕濰縣宋書升撰
山東大學圖書館藏稿本（存卷九卷十二卷十三卷十五卷十六　卷九後附卷一　通計六卷）……四八一

毛詩詁訓傳二十卷
〔漢〕趙人毛萇傳　〔漢〕高密鄭玄箋　〔唐〕吴縣陸德明釋文
影印宋刻本……五六九

周禮十二卷
〔漢〕高密鄭玄注
影印南宋婺州市門巷唐宅刻本（勞健鈔補並跋）……七三五

第四册

儀禮十七卷附校録一卷續校一卷
〔漢〕高密鄭玄注　附〔清〕吴縣黄丕烈撰
山東省圖書館藏清嘉慶十九年吴縣黄丕烈影刻宋嚴州本（士禮居黄氏叢書之一）……一

禮記二十卷
〔漢〕高密鄭玄注　〔唐〕吴縣陸德明釋文
影印宋淳熙四年撫州公使庫刻本（宋人批注　清元和顧廣圻跋）……八一

禮記天算釋一卷
〔清〕曲阜孔廣牧撰
山東省圖書館藏清光緒九年歸安姚覲元輯刻咫進齋叢書本……三〇三

伊川刪定禮記集註二十三卷首一卷
〔清〕諸城王縈緒撰
青島市圖書館藏稿本（佚名跋）……三一七

第五册

山東高等學堂禮經講義不分卷 〔清〕不著撰者 山東大學圖書館藏清光緒三十三年山東高等學堂石印本 …… 一

春秋經傳集解三十卷附春秋二十國年表一卷 〔周〕魯國左丘明撰 〔晉〕京兆杜預集解 〔唐〕吴縣陸德明釋文 影印宋刻本(有鈔配) …… 五一

春秋公羊經傳解詁十二卷釋文一卷 〔周〕齊國公羊高撰 〔漢〕任城何休解詁 〔唐〕吴縣陸德明釋文 影印宋淳熙撫州公使庫刻紹熙四年重修本 …… 三一七

監本附音春秋穀梁註疏二十卷 〔周〕魯國穀梁赤撰 〔晉〕順陽范甯集解 〔唐〕楊士勛疏 〔唐〕吴縣陸德明釋文 影印宋刻元修本(有鈔配) …… 四五七

春秋管見八十五卷(一) 〔清〕歷城楊天祿撰 山東省圖書館藏稿本(民國三十六年趙級三跋) …… 六二一

第六册

春秋管見八十五卷（二）　〔清〕歷城楊天祿撰　山東省圖書館藏稿本（民國三十六年趙級三跋）……一

第七册

春秋管見八十五卷（三）　〔清〕歷城楊天祿撰　山東省圖書館藏稿本（民國三十六年趙級三跋）……一

孝經註疏九卷　〔唐〕唐玄宗李隆基注　〔宋〕曹州邢昺疏　影印元泰定三年刻本……七四九

第八册

大學章句困知錄一卷　〔清〕泰安趙國麟撰　中共山東省委黨校圖書館藏清道光九年瞻岱軒刻本……一

論語註疏解經二十卷　〔魏〕南陽何晏集解　〔宋〕曹州邢昺疏　影印元刻明修本……四三

鄉黨句解四卷
〔清〕平度王宗嶽撰
山東省圖書館藏清道光十五年膠東熔經堂刻本……一五三

孟子十四卷
〔周〕鄒孟軻撰 〔漢〕京兆趙岐注
民國上海商務印書館續古逸叢書影印宋蜀刻大字本……二一七

七篇指略七卷附孟子字學考一卷
〔清〕安丘王訓撰
山東省圖書館藏清康熙十二年自刻本（佚名批注）……三四三

四書摘訓二十卷
〔明〕諸城丘橓撰
山東省圖書館藏明萬曆十年周裔先等刻本（螢雪批注）……四三九

第九册

四書圖考集要五卷
〔清〕益都張雲會輯
中共山東省委黨校圖書館藏清乾隆三十七年益都張氏刻本……一

四書引左彙解十卷
〔清〕福山蕭榕年撰
中共山東省委黨校圖書館藏清乾隆三十九年謙牧堂刻本……一三一

四書遵朱會通一卷
〔清〕蓬萊楊廷芝撰
中共山東省委黨校圖書館藏清道光二十六年清遠堂刻本……二四九

四書求是十六卷
〔清〕福山王餘英撰
山東省圖書館藏清嘉慶十八年福山王氏新康官署刻本 …… 二五九

四書蠹簡六卷
〔清〕高密李詒經撰
山東省圖書館藏清道光十年單偉志慎思堂刻本 …… 五八一

山東高等學堂經學講義一卷
〔清〕不著撰者
山東大學圖書館藏清末山東高等學堂石印本 …… 七五一

第十册

爾雅疏十卷
〔宋〕曹州邢昺疏
影印宋刻宋元明初遞修公文紙印本 …… 一

方言音釋十三卷
日照丁惟汾撰
日照王氏家藏民國二十一年海曲王氏雙行精舍鈔本（日照王獻唐批注並跋） …… 七九

俚語證古六卷
日照丁惟汾撰
日照王氏家藏丁惟汾稿本（日照王獻唐跋） …… 一七九

說文解字四種（一）
日照王獻唐集
日照王氏家藏本 …… 四九九

（1）說文解字十五卷
〔漢〕許慎撰　清初汲古閣刻本（清光緒十六年霑化范承煦過錄清安丘王筠批校
日照王獻唐跋） …… 五〇〇

附：光緒十六年霑化范承煦過錄清安丘王筠《說文解字》校語彙集 …… 七七四

第十一册

說文解字四種（二） 日照王獻唐輯 日照王氏家藏本 …… 一

（2）說文解字十五卷 〔漢〕許慎撰 清光緒十年吳縣朱記榮據平津館覆宋本重刻本（佚名過錄清日照許瀚批校 丁葵原題識） …… 二

附：佚名過錄清日照許翰《說文解字》校語彙集 …… 四九八

（3）說文解字十五卷 〔漢〕許慎撰 清乾隆朱筠重刻汲古閣本（日照王獻唐過錄清濰縣陳介祺等批校 王獻唐跋） …… 一四三

附：日照王獻唐過錄清濰縣陳介祺等《說語解字》校語彙集 …… 五三八

（4）說文通檢十四卷首一卷末一卷 〔清〕番禺黎永椿編 清光緒二年崇文書局刻本（日照王獻唐過錄清濰縣陳介祺批校） …… 四二三

附：日照王獻唐過錄清濰縣陳介祺《說文通檢》校語彙集 …… 五四〇

日用俗字一卷 〔清〕淄川蒲松齡撰 山東省博物館藏清乾隆十二年蒲立悳鈔本 …… 五四一

繆篆分韻五卷補五卷 〔清〕曲阜桂馥撰 山東省圖書館藏清同治光緒間歸安姚覲元重刻本 …… 五六九

文字蒙求四卷　〔清〕安丘王筠撰　山東省圖書館藏稿本（清益都陳山嵋跋）……六六三

第十二册

正字略定本一卷　〔清〕安丘王筠撰　山東大學圖書館藏清道光刻本……一
祁刻説文解字通釋斠録二卷　〔清〕安丘王筠撰　日照牟祥農輯録　日照王福來藏日照牟氏稿本……三三
隸篇十五卷續十五卷再續十五卷　〔清〕掖縣翟云升撰　山東大學圖書館藏清道光十七年至二十四年翟氏五經歲徧齋精刻本……六一
漢隸辨體四卷　〔清〕諸城尹彭壽撰　山東省圖書館藏清光緒二十一年山東尚志堂刻本……四〇五
説文古籀補補十四卷附録一卷　〔清〕黄縣丁佛言撰　山東省圖書館藏民國十三年北京商務印書館石印本……五三一
音韻同異辨八卷　〔清〕高密單可琪撰　濟南市圖書館藏清嘉慶八年高密單氏師古堂刻本……六一五

聲韻易知四卷首一卷 〔清〕莒州莊瑤撰 中共山東省委黨校圖書館藏清道光二十三年留有餘齋刻本 …… 七〇三

續詩經音律八卷(存四卷) 〔清〕蓬萊遲德成撰 山東省圖書館藏清光緒四年濟南尚志堂刻本 …… 七九三

第十三册

毛詩正韻四卷韻例一卷 〔清〕日照丁以此撰 〔民國〕餘杭章炳麟 儀徵劉師培 日照丁惟汾等評 濟南市圖書館藏民國十三年日照丁氏留餘堂刻本(雲渠跋) …… 一

張氏音辨六卷首一卷 〔清〕濟陽張文煒撰 濟南陳明超藏民國六年上海才記書棧石印本(蓬萊欒調甫跋) …… 八九

史記校二卷 〔清〕安丘王筠撰 山東省博物館藏民國二十四年故宮博物院圖書館排印本 …… 二一一

守岐紀事一卷 〔清〕濰縣張兆棟撰 中共山東省委黨校圖書館藏民國八年石印本 …… 二五五

接管膠濟鐵路紀不分卷 〔民國〕平度趙德三撰 山東大學圖書館藏民國間排印本 …… 二七五

山東軍興紀略二十二卷　〔清〕徑北草堂編撰　山東省圖書館藏清光緒十一年山東書局刻本……三五一
總理衙門議訂山東曹州府教案條約一卷山東膠濟鐵路章程一卷　〔清〕不著撰者　山東大學圖書館藏清光緒刻本……六六九
山東大學堂史學課本不分卷　〔清〕不著撰者　山東大學圖書館藏清末活字印本……六七九

第十四册

于文定公讀史漫録二十卷　〔明〕東阿于慎行撰　〔清〕寧陽黄恩彤評注　中共山東省委黨校圖書館藏清道光二十六年寧陽黄恩彤粤東刻本……一
全史四字鑑略二卷　題〔清〕益都趙執信編　中共山東省委黨校圖書館藏鈔本（佚名跋）……二七五
釋惑録一卷　〔清〕慶雲崔鍾善輯　中共山東省委黨校圖書館藏清光緒二十七年濟南荆華館刻本……三〇七
世綸堂傳文存藁一卷　〔清〕聊城朱衍寔輯　中共山東省委黨校圖書館藏清道光二十三年稿本……三三三

王考功年譜一卷　〔清〕新城王士禛撰　山東省圖書館藏清鈔本……三四一
厚齋自著年譜一卷　〔清〕淄川張篤慶撰　山東省圖書館藏稿本……三六五
半圃閒人傳一卷　〔清〕淄川沈曾育輯　〔清〕淄川張元等評贊　中共山東省委黨校圖書館藏清乾隆二十二年量雨樓刻本……四二五
甲寅年譜二卷蘭省東歸紀一卷漢牘抄一卷　〔清〕滋陽牛運震撰　山東省博物館藏稿本……四四三
韓理堂先生年譜一卷　〔民國〕濰縣丁錫田編　山東省圖書館藏民國十三年石印本……五五九
大夢紀年一卷　〔清〕樂陵汪荆川撰　中共山東省委黨校圖書館藏清道光二十四年汲古堂刻本……五七三
吉芳蘭事略一卷　〔清〕濰縣王介福等撰　山東省博物館藏鈔本……六〇五
周海鶴先生年譜一卷　〔清〕即墨周汝霖撰　〔清〕即墨周鴻居續　中共山東省委黨校圖書館藏稿本……六一五
王文敏公家傳一卷　〔清〕宜賓陳代卿撰　中共山東省委黨校圖書館藏清光緒活字印本（佚名跋）……六八一

安邱連池曹氏族譜二十卷（一）
〔民國〕安丘曹源芑纂
安丘曹生成藏民國二十二年安丘曹氏石印本……六八七

第十五册

安邱連池曹氏族譜二十卷（二）
〔民國〕安丘曹源芑纂
安丘曹生成藏民國二十二年安丘曹氏石印本……一

山東試辦大學堂暫行章程摺稿一卷
〔清〕項城袁世凱撰
復旦大學圖書館藏光緒二十七年刻本……五三九

陽信縣初等小學堂試辦章程一卷
〔清〕不著撰者
中共山東省委黨校圖書館藏清末石印本……五五九

爲政忠告三種四卷
〔元〕濟南張養浩撰
中共山東省委黨校圖書館藏清道光十一年歷城尹濟源碧鮮齋刻本……五六七

歷城縣誌一卷
〔清〕不著撰者
中共山東省委黨校圖書館藏稿本（佚名跋）……六〇七

登州雜事續編四卷（一）
〔清〕黃縣趙蔚坊撰
山東省博物館藏稿本（清黃縣淳于鴻恩批注）……六三三

第十六册

登州雜事續編四卷（二）
〔清〕黄縣趙蔚坊撰
山東省博物館藏稿本（清黄縣淳于鴻恩批注）……一

潭西精舍紀年一卷
〔清〕陽城陳秉灼　長洲沈默撰
滕州杜澤遜藏民國九年排印山西圖書館叢書本（滕州杜澤遜跋）……一五九

堯陵考二卷
〔清〕益都李文藻撰　〔清〕益都段松苓續補
美國哈佛大學哈佛燕京圖書館藏清濰縣高氏辨蟫居鈔本……一七三

費邑古蹟考六卷
〔清〕費縣楊佑廷撰
中共山東省委黨校圖書館藏清光緒二十二年刻本……二一五

長河志籍考十卷
〔清〕德州田雯撰
山東省圖書館藏清康熙德州田氏古歡堂刻本……二六一

山東運河備覽十二卷
〔清〕吴江陸燿纂
山東大學圖書館藏清同治十年山東運河道署重刻本……二九七

昭德先生郡齋讀書志四卷附志一卷後志二卷考異一卷
〔宋〕濟南晁公武撰　附志考異〔宋〕袁州趙希弁撰
四部叢刊三編景印宋淳祐袁州刻本……五七一

第十七册

萊郡經籍考四卷附編一卷 〔清〕掖縣侯登岸撰 清北海郭氏松南書廬鈔本……一
宋存書室宋元秘本書目四卷 〔清〕聊城楊紹和編 清聊城楊氏清稿本……三五
海源閣書目不分卷 〔清〕聊城楊保彝編 山東省圖書館藏稿本……五五
楹書隅録五卷 〔清〕聊城楊紹和撰 清光緒二十年聊城楊氏海源閣刻宣統三年董康補刻本……三〇九
楹書隅録續編四卷 〔清〕聊城楊紹和撰 清光緒二十年聊城楊氏海源閣刻宣統三年董康補刻本……四九七
時和園書目十二卷 〔清〕長山袁守僡撰 山東省圖書館藏清清怡書屋石印本……五九三
晚出書目記略四卷（一） 〔清〕黄縣王守訓撰 煙臺圖書館藏稿本……六一三

第十八册

晚出書目記略四卷（二） 〔清〕黄縣王守訓撰 煙臺圖書館藏稿本 …… 一

海豐吴氏藏書目六卷 〔清〕海豐吴重憙編 清海豐吴氏稿本 …… 一五三

諸城王氏金石叢書提要一卷 〔民國〕諸城王維樸撰 山東省圖書館藏民國十九年諸城王氏排印盉盦著書本 …… 二〇五

泰山王氏僅好書齋藏書志摘鈔一卷 〔民國〕泰安王价藩撰 王佛生摘鈔 泰山學院圖書館藏覆印王佛生手鈔本 …… 二一九

山東圖書館辛亥年藏書目錄六卷 〔清〕通州保甃東編 清宣統三年石印本 …… 二三七

山東圖書館書目九卷 〔民國〕南通袁紹昂編 民國六年山東圖書館濟南石印本 …… 三〇五

金石録三十卷 〔宋〕諸城趙明誠撰 影印南宋刻本（海鹽張元濟 金陵周良熙跋） …… 四九九

金石苑不分卷 〔清〕諸城劉喜海撰 山東省博物館藏清道光二十六年刻本 …… 六八一

第十九册

金石彙目分編二十卷補遺十九卷（一）
〔清〕海豐吴式芬撰　〔清〕海豐吴重周　吴重憙補輯
山東省圖書館藏清光緒海豐吴氏刻民國文祿堂印本……一

第二十册

金石彙目分編二十卷補遺十九卷（二）
〔清〕海豐吴式芬撰　〔清〕海豐吴重周　吴重憙補輯
山東省圖書館藏清光緒海豐吴氏刻民國文祿堂印本……一

諸城劉氏金文拓本釋不分卷
〔清〕諸城劉喜海藏
清同治吴重憙鈔本……一四一

簠齋藏古目五種二十三卷
〔清〕濰縣陳介祺藏並編
山東大學圖書館藏民國十四年濰縣陳氏影印本……二二一

（1）十鐘山房藏齊魯三代兩漢瓦當文字目一卷……二二三
（2）簠齋古塈封目一卷……二二七
（3）古朱文官私鉨一卷……二三五
（4）簠齋泉笵目一卷……二四一
（5）簠齋藏古目十八卷補遺一卷……二四三

濰縣陳氏寶簠齋藏器目一卷　〔清〕濰縣陳介祺藏　〔清〕海豐吴重憙輯　清同治十一年海豐吴氏稿本（清濰縣陳介祺跋）……二八七

簠齋吉金錄八卷　〔清〕濰縣陳介祺撰　山東大學圖書館藏民國七年順德鄧實風雨樓影印本……三四一

陳簠齋先生手題奇篆拓本一卷　〔清〕濰縣陳介祺撰　稿本……五〇一

濰縣陳氏金文拓本釋不分卷　〔清〕濰縣陳介祺藏　清同治十年吴重憙鈔本……五〇七

第二十一册

簠齋藏鏡二卷　〔清〕濰縣陳介祺藏並拓　山東大學圖書館藏民國十四年蟫隱廬影印本……一

簠齋訪碑拓碑筆札一卷附青州訪碑目一卷　〔清〕濰縣陳介祺撰　山東省博物館藏民國濰縣和記印刷局排印濰縣文獻叢刊本……四三

日照許氏諸城李氏金文拓本釋一卷　〔清〕日照許瀚　諸城李璋煜藏　清同治吴重憙鈔本……四九

陶嘉書屋鐘鼎彝器款識目録八卷〔清〕日照許瀚撰
稿本……一〇九

攀古小廬鏡銘一卷〔清〕日照許瀚藏並撰
稿本……一九九

移林館吉金圖識一卷〔民國〕日照丁麟年撰
山東大學圖書館藏民國日照丁氏影印本（日照丁履記跋）……二〇九

日照丁氏藏器目一卷〔民國〕日照丁麟年藏　丹徒陳邦福輯補
山東省圖書館藏民國二十年瑞安陳準刻本……二二七

臨淄封泥文字敍目一卷日照王獻唐撰
山東省圖書館藏民國二十五年山東省立圖書館排印本……二三三

吉金所見録十六卷首一卷末一卷〔清〕萊陽初尚齡撰
山東省圖書館藏清嘉慶二十四年古香書屋刻本（民國莒縣莊恩澤跋並録翁樹培　劉喜海　王懿榮考釋）……二五九

古泉匯六十卷首四卷（一）〔清〕利津李佐賢撰
山東大學圖書館藏清同治三年利津李氏石泉書屋刻本……四一五

第二十二册

古泉匯六十卷首四卷(二)　〔清〕利津李佐賢撰　山東大學圖書館藏清同治三年利津李氏石泉書屋刻本……一

續泉匯十四卷首一卷補遺二卷　〔清〕歙縣鮑康　利津李佐賢撰　山東大學圖書館藏清光緒元年刻本……一一七

桂未谷先生藏碑跋語一卷　〔清〕曲阜桂馥撰　清鈔本……二六七

石鼓文音訓集證一卷　〔清〕諸城尹彭壽撰　山東省圖書館藏稿本……三二九

南北朝存石目八卷附南北朝存石目著録起例一卷　〔清〕福山王懿榮撰　清鈔本(清獨山莫棠批校)……三三五

柏根氏舊藏甲骨文字考釋一卷　〔加拿大〕明義士撰　濟南趙曉林藏民國二十四年齊魯大學國學研究所排印本……六三七

山左訪碑録十三卷　〔清〕膠州法偉堂撰　清宣統元年山東提學司羅正鈞石印本……六六一

第二十三册

山左金石志二十四卷 〔清〕鎮洋畢沅　儀徵阮元撰 清嘉慶二年儀徵阮氏小琅嬛僊館刻本 …… 一

山東省古物調查表不分卷 〔民國〕北洋政府内務部編 山東省圖書館藏民國八年印鑄局排印本 …… 四七三

濟南金石志四卷 〔清〕崇川馮雲鵷撰 中共山東省委黨校圖書館藏清道光二十年刻本 …… 五九九

益都金石一卷附游龍池温泉記一卷樂安石刻一卷 〔清〕益都孫文楷撰 日照王福來藏清益都孫氏稿本 …… 七六五

第二十四册

孔叢子七卷釋文一卷 題〔漢〕曲阜孔鮒撰　〔宋〕建陽宋咸注 影印宋刻本 …… 一

日省吾齋日録十五卷 〔清〕福山王德瑛撰 中共山東省委黨校圖書館藏清道光福山王氏刻本 …… 四七

思辨錄十四卷 〔清〕樂陵賈聲槐撰 山東省圖書館藏清道光七年自刻本 …… 一〇五

約我齋偶錄四卷 〔清〕樂陵賈聲槐撰 山東省圖書館藏清道光十四年刻本……二七三

集義編四卷 〔清〕長山李廷槐輯 山東省圖書館藏清道光十四年長山李氏刻本……三一七

先正讀書訣一卷 〔清〕歷城周永年輯 中共山東省委黨校圖書館藏清道光二十三年天津王大淮刻本……四五一

山東高等學堂兵學講義一卷 〔清〕劉志清撰 山東大學圖書館藏清末山東高等學堂石印本……五〇三

墨子十五卷 〔周〕魯國墨翟撰 四部叢刊影印明嘉靖三十二年唐堯臣刻本……六三五

圖書説一卷 〔清〕安丘王筠撰 山東大學圖書館藏稿本……七八五

第二十五册

仲平印存一卷 〔清〕曲阜鄭基太篆輯 山東省博物館藏清道光鈐印本……一

相印軒印存不分卷　〔清〕安丘張貞等篆　〔民國〕渠丘集印社輯　山東省博物館藏民國二十四年渠丘集印社影印本……三九

時和園印存三卷　〔清〕長山袁守僡輯　山東省圖書館藏清乾隆三十二年清怡書屋鈐印本……九三

勉行堂印存不分卷　〔民國〕鄃縣董井撰　山東省圖書館藏民國二十四年鈐印本……一二七

蒿菴閒話二卷　〔清〕濟陽張爾岐撰　山東省圖書館藏清乾隆益都李文藻刻歷城周永年印貸園叢書初集本……一八三

在菴筆聞四卷附硯池十二峯詩一卷　〔清〕高密單可基撰　附題〔清〕癡人子言氏撰　山東省圖書館藏清鈔本……二三七

管見舉隅一卷　〔清〕淄川王培荀撰　山東省圖書館藏清道光二十八年刻本……三〇三

攀古小廬雜著三種三卷　〔清〕日照許瀚撰並輯　日照王福來藏日照牟氏稿本……三四一

（1）許印林先生吉金考識一卷附許印林友朋書札一卷　〔清〕日照許瀚撰並輯……三四三

（2）釋布一卷　〔清〕魚臺馬星壁撰　〔清〕日照許瀚附記……三八四

（3）跋東魏劉懿墓誌附記一卷　〔清〕平定張穆撰　〔清〕日照許瀚附記……三九二

攀古小廬雜著不分卷　〔清〕日照許瀚撰　山東省博物館藏民國間鈔本（日照王獻唐跋）……三九九

秋燈叢話六卷
〔清〕福山王椷撰
中共山東省委黨校圖書館藏清鈔本（碎珮叢鈴之一）……五七七

第二十六册

造化究源二卷
〔清〕日照丁守存撰
中共山東省委黨校圖書館藏清同治間日照丁氏曠視山房刻本……一

文昌孝經註一卷附孝經一卷
〔清〕福山王德瑛撰　附〔唐〕唐玄宗李隆基注　〔宋〕夏縣司馬光指解　〔宋〕華陽范祖禹説
山東省圖書館藏清光緒十四年黃邑丁以約堂刻本……三九

新雕徂徠石先生文集二十卷末一卷
〔宋〕兗州石介撰
滕州杜澤遜藏清光緒九年尚志堂據濰縣張氏藏明影宋鈔本刻本……八七

新刊嵩山居士文全集五十四卷
〔宋〕鉅野晁公遡撰
影印宋乾道四年嘉州刻本（殘存四十二卷）……二一三

張文忠公文集二十八卷首一卷
〔元〕濟南張養浩撰
影印元至正刻本（有鈔配）……三八七

閒居集詩選四卷附虎門遺詩一卷

〔明〕章丘李開先撰 〔清〕德州宋弼選 附〔明〕章丘李衡撰 〔清〕德州宋弼選
中共山東省委黨校圖書館藏清乾隆二十四年章丘李氏書帶草堂刻本 …… 六〇一

梅花屋詩草一卷
〔明〕萊陽左懋第撰
中共山東省委黨校圖書館藏清乾隆十八年家刻本 …… 六三九

光碧堂稿不分卷
〔清〕泰安趙宏文撰
中共山東省委黨校圖書館藏清道光三十年家刻本 …… 六六一

南遊草一卷
〔清〕安丘劉正學撰
中共山東省委黨校圖書館藏清鈔本 …… 七〇一

水絃樓詩文底稿一卷
〔清〕淄川王啓叡撰
山東省博物館藏稿本 …… 七一五

息軒草一卷
〔清〕淄川王樛撰
山東省博物館藏清鈔本 …… 七四九

第二十七册

蒿菴集三卷附録一卷
〔清〕濟陽張爾岐撰 〔清〕桂林胡德琳編
中共山東省委黨校圖書館藏清乾隆三十八年桂林胡德琳聽泉齋刻本 …… 一

栩野詩存八卷附栩野遺詩補輯一卷投贈一卷

〔清〕諸城徐田撰　附〔民國〕諸城王鑑先等輯
中共山東省委黨校圖書館 山東省圖書館藏民國二十一年至二十三年諸城王鑑先排印鑑盧叢刊本……六九

退食槐聲留餘集一卷
〔清〕濟陽艾元徵撰　〔清〕濟陽艾紹洵等編
中共山東省委黨校圖書館藏清光緒三年濟陽艾氏都門刻本……一一五

退食槐聲留餘集制義一卷
〔清〕濟陽艾元徵撰
中共山東省委黨校圖書館藏清刻本……一四七

退食槐聲留餘集續刊二卷
〔清〕濟陽艾元徵撰　〔清〕濟陽艾紹棨等編
中共山東省委黨校圖書館藏清光緒十三年刻本……一八一

種德堂文集三卷種德堂疏稿一卷
〔清〕諸城孫必振撰
中共山東省委黨校圖書館藏清刻本……二〇五

膽餘軒集八卷
〔清〕濟南孫光祀撰
山東省圖書館藏清康熙刻本……二八九

孔尚任詩一卷
〔清〕曲阜孔尚任撰　〔清〕雲間倪匡世輯
山東省圖書館藏清鈔振雅堂彙編詩最本……六六九

�齋詩選二卷補遺一卷
〔清〕膠州張謙宜撰
中共山東省委黨校圖書館藏清乾隆二十四年膠州法輝祖刻本……六七五

子言先生詩集二卷
〔清〕高密王颺昌撰
中共山東省委黨校圖書館藏民國八年高密王氏石印本……七三一

柳香亭稿一卷
〔清〕歷城黄文淵撰
山東省博物館藏清鈔本（佚名跋）……七七九

王太史宦稿不分卷
〔清〕諸城王斂福撰 〔清〕長洲張朱霖等評
青島市圖書館藏清乾隆十七年清潁書院刻本……七八九

第二十八册

有懷堂文集一卷有懷堂詩集一卷
〔清〕德州田肇麗撰
中共山東省委黨校圖書館藏清乾隆七年刻本（德州田氏叢書之一）……一

二學亭文涘四卷
〔清〕德州田同之撰
中共山東省委黨校圖書館藏清乾隆間刻本（德州田氏叢書之一）……二七

鐵槎樵語十卷
〔清〕文登于熙學撰
山東省圖書館藏清鈔本……七一

郭廣文遺篇四卷
〔清〕費縣郭翹楚撰
中共山東省委黨校圖書館藏清宣統三年費縣知縣吴士釗石印本……一九一

海右堂遺詩一卷
〔清〕歷城劉伍寬撰
中共山東省委黨校圖書館藏清道光九年劉登桂刻本……二五五

省吾齋詩賦集十二卷 〔清〕諸城竇光鼐撰 諸城劉洪金藏清嘉慶六年家刻本 …… 二八一

一松齋集八卷 〔清〕濟寧孫擴圖撰 〔清〕濟寧孫毓漢編 中共山東省委黨校圖書館藏清同治十年至十一年濟寧孫毓漢刻本 …… 三九九

四松齋詩集二卷四松齋文一卷 〔清〕益都謝子超撰 中共山東省委黨校圖書館藏清乾隆三十七年刻同治十一年補刻本 …… 五六三

拙齋集一卷 〔清〕益都李遠撰 滕州杜澤遜藏清乾隆益都李氏刻本 …… 五八九

李靜叔遺文一卷 〔清〕益都李文淵撰 滕州杜澤遜藏清乾隆益都李氏刻本 …… 五九五

銅鼓軒詩草一卷 〔清〕益都朱沅撰 中共山東省委黨校圖書館藏清道光九年刻本 …… 六二一

東蒙山人詩詞文鈔一卷 〔清〕滕縣閆尚召撰 滕州杜澤遜藏清鈔本 …… 六三一

松月廬詩稿一卷 〔清〕昌樂劉樹撰 山東省圖書館藏清乾隆五十一年宣恩縣署刻本 …… 七二三

第二十九册

未谷詩集二卷 〔清〕曲阜桂馥撰 山東省博物館藏稿本 …… 一

妙香齋詩集四卷 〔清〕蘭山趙德懋撰 中共山東省委黨校圖書館藏清光緒十一年蘭山趙嘉肇三原縣署重刻本 …… 八五

東皋書屋遺稿一卷 〔清〕歷城楊德昭撰 中共山東省委黨校圖書館藏清曲阜孔憲逵刻本 …… 一五一

清愛堂詩鈔七卷 〔清〕歷城李廷芳撰 中共山東省委黨校圖書館藏清道光五年文寶齋刻本 …… 一五九

湘浦詩鈔二卷 〔清〕歷城李廷芳撰 中共山東省委黨校圖書館藏清道光七年廣州刻本 …… 二〇一

碻�APPING

藤花軒詩鈔初集一卷 〔清〕昌樂陳汝庚撰 中共山東省委黨校圖書館藏清道光刻本 …… 三一一

卻掃齋詩鈔一卷卻掃齋學詩草一卷 〔清〕歷城楊濰撰 中共山東省委黨校圖書館藏清同治四年楊若棨刻本 …… 三二九

綠雲堂稿二卷 〔清〕歷城謝焜撰 中共山東省委黨校圖書館藏清嘉慶二十五年刻本（吴吝白跋）……三五九

嵛麓草堂吟草一卷 〔清〕歷城季倖常撰 中共山東省委黨校圖書館藏民國九年歷城季景祺九芝堂刻本……三八三

震菴内集一卷補編一卷 〔清〕濰縣郭去咎撰 中共山東省委黨校圖書館藏清道光二十一至二十二年刻本……三九七

鑄亭山人詩續抄不分卷 〔清〕平陰朱道衍撰 中共山東省委黨校圖書館藏清道光十七年平陰朱浚慶刻本（吴吝白跋）……四二五

九水山房文存二卷 〔清〕文登畢亨撰 中共山東省委黨校圖書館藏清咸豐二年聊城楊氏海源閣刻本……四四九

綠墅詩草一卷綠墅詞草一卷 〔清〕臨淄于雲升撰 中共山東省委黨校圖書館藏清刻本……四九九

蕅唐詩集十二卷 〔清〕諸城王瑋慶撰 山東省圖書館藏清嘉慶二十五年蕉葉山房刻本……五二五

郭外樓詩刻一卷 〔清〕高密王氏撰 中共山東省委黨校圖書館藏清道光四年膠州高氏承裕堂刻同治元年補刻本……六二七

酉園抱甕集四卷
〔清〕登州宫卜萬撰
中共山東省委黨校圖書館藏清道光二十一年刻本……六四七

燕遊詩草一卷附南遊詩草一卷
〔清〕歷城王嘉猷撰
中共山東省委黨校圖書館藏清道光十二年林於山房刻本……六八九

躄顛吟一卷
〔清〕高密任星煒撰
中共山東省委黨校圖書館藏清道光十六年高密任氏刻本……七〇三

第三十册

知止堂集十三卷外集六卷續集六卷飛鴻集四卷飛鴻餘集一卷秋聲辭一卷飛鴻集文一卷
〔清〕寧陽黄恩彤撰
山東省圖書館藏清光緒六年刻本……一

憩亭賦稾一卷使粵詩草二卷忘餘詩草一卷
〔清〕寧陽黄恩彤撰
中共山東省委黨校圖書館藏清道光二十八年寧陽黄氏粵東刻本……二一三

制義續存不分卷
〔清〕寧陽黄恩彤撰
中共山東省委黨校圖書館藏清咸豐二年家刻本（佚名跋）……二八一

紉香艸堂詩集四卷
〔清〕章丘李廷棨撰
山東省圖書館藏清道光十五年章丘李氏刻咸豐增刻本……三一五

種玉山房詩草一卷
〔清〕章丘李廷棨撰
中共山東省委黨校圖書館藏光緒十五年章丘李氏刻本……三八一
玉函山房詩鈔八卷
〔清〕歷城馬國翰撰
上海圖書館藏清道光咸豐間歷城馬氏刻光緒十年繡江李氏補刻本……三八七
玉函山房詩集九卷
〔清〕歷城馬國翰撰
山東省圖書館上海圖書館藏清道光歷城馬氏刻本……五一三
天暢軒憶得偶存詩稿四卷詩餘一卷論書卮言一卷
〔清〕歷城楊恩祺撰 〔清〕歷城周樂選
中共山東省委黨校圖書館藏清同治五年濟南楊氏謙益堂刻本（佚名撰）……六三三
贈雲山館遺詩三卷紅藕花榭詩餘一卷
〔清〕章丘孟傳璿撰
中共山東省委黨校圖書館藏清道光二十四年安素堂刻本……六七七
西征集一卷
〔清〕章丘孟傳鑄撰
中共山東省委黨校圖書館藏清道光三十年刻本……七三九
睡餘軒詩稿一卷馥巖詩鈔一卷
〔清〕聊城李培撰 〔清〕聊城李梅山撰
中共山東省委黨校圖書館藏民國四年聊城李氏石印本……七五七

第三十一册

石泉書屋詩鈔八卷

〔清〕利津李佐賢撰

山東省圖書館藏清同治四年利津李氏刻本（石泉書屋全集之一）……一

石泉書屋類稿八卷

〔清〕利津李佐賢撰

中共山東省委黨校圖書館藏清同治十年刻本（石泉書屋全集之一）……七七

石泉書屋尺牘二卷

〔清〕利津李佐賢撰

中共山東省委黨校圖書館藏清同治十年刻本（石泉書屋全集之一）……一七七

見山書屋詩鈔一卷

〔清〕新泰王青藜撰

中共山東省委黨校圖書館藏清咸豐十年家刻本……二〇五

澹慮齋詩集一卷

〔清〕歷城毛鴻賓撰

中共山東省委黨校圖書館藏稿本……二二三

漱石山房文集一卷漱石山房時文一卷附道光乙未恩科鄉試硃卷一卷

〔清〕滕縣孔廣珪撰

中共山東省委黨校圖書館藏清光緒十四年刻本（吴吝白跋）……二八三

省香齋詩集六卷

〔清〕曲阜孔慶鎙撰

中共山東省委黨校圖書館藏清光緒十七年曲阜孔繁準陜西刻本……三二一

出山草十二卷出山草雜文五卷出山草制藝二卷
〔清〕即墨周銘旂撰
中共山東省委黨校圖書館藏清光緒十七年即墨周氏乾州官署刻本 …… 三八三

訟過書屋文鈔一卷
〔清〕掖縣侯相芝撰
中共山東省委黨校圖書館藏清光緒刻本 …… 六一七

見山樓詩稾四卷
〔清〕平度戴恩溥撰
中共山東省委黨校圖書館藏民國十五年即墨戴氏葆恒堂刻本 …… 六四一

香亭詩草一卷
〔清〕昌樂閻湘蕙撰
山東省圖書館藏稿本（張星海跋） …… 六八七

玉山詩鈔二卷補遺一卷附劉梓堂詩一卷
〔清〕益都鍾世楷撰　附〔清〕劉材撰
中共山東省委黨校圖書館藏民國益都鍾氏排印本 …… 七三七

禮佛軒詩鈔一卷
〔清〕掖縣翟柏舟撰
濟南周晶藏光緒十八年刻本 …… 七七五

第三十二册

無爲齋文集十二卷
〔清〕濰縣張昭潛撰
中共山東省委黨校圖書館藏清光緒四年徐繼孺 郭恩孚刻本 …… 一

無爲齋續集六卷
〔清〕濰縣張昭潛撰
中共山東省委黨校圖書館藏清光緒二十六年郭恩孚刻本……一一九

無爲齋遺集二卷
〔清〕濰縣張昭潛撰
中共山東省委黨校圖書館藏清光緒三十四年孫適瑤　郭恩孚等刻本……一六九

餐霞集四卷
〔清〕濰縣郭綏之撰　〔清〕膠州柯蘅選
中共山東省委黨校圖書館藏清同治四年刻本……一九五

春雨堂詩選一卷附錡齋詩選一卷
〔清〕膠州柯蘅撰　〔清〕濰縣郭綏之選　附〔清〕掖縣李長霞撰
中共山東省委黨校圖書館藏清同治二年刻本……二一九

羼提精舍詩存一卷
〔清〕文登于昌遂撰
中共山東省委黨校圖書館藏稿本（李文田跋　佚名跋）……二五三

貢樹生香詩稿一卷
〔清〕鉅野魏自勵撰
菏澤趙晨藏舊鈔本……二七七

光緒庚辰科會試硃卷一卷附覆試卷朝考卷殿試卷一卷
光緒己卯科順天鄉試硃卷一卷附覆試卷一卷同治癸酉科順天鄉試硃卷一卷
〔清〕福山王懿榮撰
山東省博物館藏清刻本……三九七

大風樓詩鈔一卷 〔清〕歷城郭翊撰 山東省圖書館藏清刻本……四八三
秋蝴蝶齋文稿一卷 〔清〕黄縣王景辭撰 山東省博物館藏稿本……四九五
鹿樵詩存一卷 〔清〕平陰翟化鵬撰 中共山東省委黨校圖書館藏民國元年宣元閣印刷部排印本……五二五
清籟吟詩鈔一卷詩餘一卷附文鈔一卷 〔清〕定陶朱躍龍撰 中共山東省委黨校圖書館藏民國十一年石印本……五四九
六愼齋文存三卷六愼齋詩存一卷補遺一卷 〔清〕歷城徐金銘撰 中共山東省委黨校圖書館藏民國十四年柳堂等刻本……五八五
衡藩宫詞一卷 〔清〕益都邱琮玉撰 中共山東省委黨校圖書館藏鈔本……七〇七
憶雨堂詩存一卷 〔清〕平陰張裕淦撰 中共山東省委黨校圖書館藏清宣統三年金陵排印本……七一三
蓼園詩鈔五卷附校勘記一卷 〔民國〕膠州柯劭忞撰 附〔民國〕無錫廉泉撰 中共山東省委黨校圖書館藏民國十三年上海中華書局排印本……七二七

第三十三册

嶺南吟一卷附嶺上榕枝一卷梅嶺詩債一卷雜詠一卷

〔民國〕諸城劉大同撰

中共山東省委黨校圖書館藏民國九年菏澤趙文選　諸城許起世廣州排印本 …… 一

凹硯齋詩草一卷

〔清〕無棣楊宜東撰

中共山東省委黨校圖書館藏民國間排印本 …… 二九

明清山左七家詩文鈔九種九卷

〔清〕不著輯者

山東省博物館藏清鈔本（清萊陽張心鈐批校並跋） …… 五七

（1）梅花屋詩草一卷　〔明〕萊陽左懋第撰 …… 六三

（2）張允掄詩文一卷　〔明〕萊陽張允掄撰 …… 一一二

（3）縣志茘裳詩一卷茘裳詩鈔一卷　〔清〕萊陽宋琬撰 …… 一三二

（4）姜給諫詩一卷　〔明〕萊陽姜埰撰 …… 一四二

（5）黃錦衣詩一卷　〔明〕即墨黃培撰 …… 一四八

（6）高西園詩一卷　〔清〕膠州高鳳翰撰 …… 一五五

（7）南游日記一卷山帶館集一卷　〔清〕萊陽楊䄉撰 …… 一六六

高密詩存二卷續編一卷

〔清〕高密單作哲輯

中共山東省委黨校圖書館藏民國十年高密綦震祥等重刻本 …… 一八三

掖詩採錄六卷

〔清〕烏程張彤輯

中共山東省委黨校圖書館藏清嘉慶烏程張彤刻光緒南昌魏起鵬補刻本（佚名批） …… 二三七

即墨黄氏詩鈔九種九卷　〔清〕不著輯者　中共山東省委黨校圖書館藏稿本……三二三
(1)見山樓詩一卷　〔明〕黄嘉善撰……三二四
(2)鏡巖樓詩一卷　〔明〕黄宗庠撰……三三九
(3)澹心齋詩集一卷　〔明〕黄宗臣撰……三七三
(4)石語齋詩集一卷　〔清〕黄宗崇撰……四〇一
(5)友晉軒詩集一卷　〔清〕黄壎撰……四一六
(6)友晉軒詩二集一卷　〔清〕黄壎撰……四七六
(7)友晉軒詩三集一卷　〔清〕黄壎撰……五三七
(8)栗里詩草一卷　〔清〕黄堣撰……五七二
(9)[修竹山房詩集]一卷　〔清〕黄埉撰……五八一
安丘曹氏詩集四種四卷附一種一卷　〔清〕不著輯者　山東省博物館藏清道光間安丘曹氏鈔本……五九九
(1)棗花田舍詩一卷　〔清〕安丘曹霦撰　清道光十九年安丘曹文振鈔本……六〇〇
(2)美人全體詩一卷　〔清〕安丘曹澣撰　清道光二十年安丘曹文振鈔本……六〇五
(3)樹蕙堂詩一卷　〔清〕安丘曹涵撰　清道光安丘曹氏鈔本……六〇九
(4)樹蕙堂詞一卷　〔清〕安丘曹涵撰　清道光十九年安丘曹文振鈔本……六一九
附：椹溪送别贈答詩一卷　〔清〕安丘曹湛輯　清道光十九年安丘曹環鈔本……六二四
顔氏三家詩集三種六卷　〔清〕不著輯者　山東省博物館藏稿本(日照王獻唐跋)……六二九

(1)樂圃集一卷　〔清〕曲阜顏光敏撰……六三一
(2)秪芳園集三卷續集一卷　〔清〕曲阜顏伯珣撰……六九八
(3)蕉園集一卷　〔清〕曲阜顏懋僑撰……七四五

第三十四册

二客吟二卷　〔清〕高密李懷民　李憲喬撰　〔清〕丘縣劉大觀輯
中共山東省委黨校圖書館藏清乾隆嘉慶間丘縣劉大觀蘇州刻本……一

郰平成氏詩鈔三種三卷　〔清〕郰平成啟洸輯
中共山東省委黨校圖書館藏清嘉慶十年家刻本……一三
(1)紀年詩草一卷　〔清〕郰平成厚發撰……一四
(2)雪岩詩草一卷　〔清〕郰平成芸撰　〔清〕郰平成芸輯……一九
(3)竹齋詩草一卷　〔清〕郰平成兆豐撰……二五

合刻詩文稿三種六卷　〔清〕高苑張訥輯
中共山東省委黨校圖書館藏清同治五年高苑張氏孝友堂刻本(吴客白跋)……三三
(1)孝友堂鐵峰詩稿一卷文稿一卷　〔清〕高苑張德基撰　〔清〕高苑張調　張訥編……三七
(2)孝友堂畫船詩稿一卷文稿一卷　〔清〕高苑張調撰　〔清〕高苑張訥編……四五
(3)孝友堂滇生詩稿一卷文稿一卷　〔清〕高苑張訥撰……五七

潘氏三君集三種三卷
〔民國〕濟寧潘守廉輯
中共山東省委黨校圖書館藏民國十八年濟寧潘氏排印本……七三
（1）秣陵詩草一卷　〔清〕濟寧潘呈雅撰……七六
（2）鐵庵詩草一卷　〔清〕濟寧潘遵鼎撰……八三
（3）亢父詩草一卷　〔清〕濟寧潘矩健撰……一〇一
蜀道聯轡集一卷附蜀道停繡草一卷
〔清〕淄川王培荀　文登王者政撰　附〔清〕奉天陳寶四撰
中共山東省委黨校圖書館藏清道光刻本……一一七
明湖顧曲集一卷
題〔民國〕挹爽軒主輯
濟南陳明超藏民國二十五年文安邢氏後思適齋濟南排印本……一四五
文心雕龍十卷
〔南朝梁〕莒縣劉勰撰　〔清〕北平黄叔琳輯注
濟南周晶藏清乾隆刻本……一五五
石室談詩三卷
〔明〕掖縣趙士喆撰
山東省博物館藏清鈔本……二五七
王文簡公七古平仄論一卷
〔清〕新城王士禛撰
中共山東省委黨校圖書館藏清乾隆五十七年山東新城刻本……二九三
談龍錄一卷
〔清〕益都趙執信撰
山東省圖書館藏清乾隆益都李文藻刻歷城周永年印貸園叢書初集本……三二一

聲調前譜一卷後譜一卷續譜一卷附通轉韻式一卷
〔清〕益都趙執信撰　〔清〕益都趙執端　趙愻輯
中共山東省委黨校圖書館藏清乾隆趙氏因園刻本……三二七

規齋詩談八卷規齋論文六卷
〔清〕膠州張謙宜撰
中共山東省委黨校圖書館藏清乾隆二十三年膠州法輝祖刻家學堂遺書二種本……三四五

拗法譜一卷附通轉韻攷一卷
〔清〕高密李憲喬撰
中共山東省委黨校圖書館藏清光緒二十四年刻本……四五五

東泉詩話八卷
〔清〕魚臺馬星翼撰
山東省圖書館藏清道光二十一年鄒縣董長樞　孟廣均等刻本……四七一

雕蟲要語一卷
〔清〕歷城柳文洙撰
中共山東省委黨校圖書館藏清光緒十二年柳文洙開縣刻本……六三五

桃花扇傳奇二卷
〔清〕曲阜孔尚任撰
中共山東省委黨校圖書館藏清康熙西園刻本……六四九

第三十五册

微波榭遺書六種二十三卷

〔清〕曲阜孔繼涵撰
山東省圖書館藏清乾隆曲阜孔氏刻本 …… 一

(1)紅櫚書屋詩集四卷 …… 一
(2)斲冰詞三卷 …… 二八
(3)雜體文稾七卷(存六卷) …… 五一
(4)同度記一卷 …… 八一
(5)長行經一卷 …… 八五
(6)水經釋地八卷 …… 八八

顨軒孔氏所著書七種六十卷

〔清〕曲阜孔廣森撰
山東省圖書館藏清乾隆嘉慶間曲阜孔氏刻本 …… 一四九

(1)春秋公羊經傳通義十一卷敘一卷 嘉慶十七年曲阜孔廣廉刻本 …… 一五〇
(2)大戴禮記補注十三卷序錄一卷 乾隆五十九年曲阜孔廣廉刻本 …… 三三八
(3)詩聲類十二卷詩聲類分例一卷 乾隆五十七年曲阜孔廣廉謙益堂刻本 …… 四四八
(4)禮學卮言六卷 嘉慶十八年曲阜孔昭虔儀鄭堂刻本 …… 五一二
(5)經學卮言六卷 嘉慶十八年曲阜孔昭虔儀鄭堂刻本 …… 五六六
(6)少廣正負術內篇三卷外篇三卷 嘉慶十九年曲阜孔昭虔儀鄭堂刻本 …… 六三〇
(7)駢儷文三卷 嘉慶十七年孔昭虔儀鄭堂刻本 …… 七〇五

第三十六册

單徵君全集（一名單氏全書）十三種十八卷附一種一卷

〔清〕高密單爲鏓撰

山東省圖書館藏清道光至同治間刻本 …… 一

（1）大學述義一卷　清同治七年周濤　嚴家正刻本 …… 三

（2）中庸述義一卷　清同治七年周濤　嚴家正刻本 …… 七

（3）論語述義一卷　清同治七年周濤　嚴家正刻本 …… 二二

（4）孟子述義二卷　清同治七年周濤　嚴家正刻本 …… 三七

（5）論語述義續一卷　清同治七年周濤　嚴家正刻本 …… 七〇

（6）大學述義續一卷　清同治七年周濤　嚴家正刻本 …… 八二

（7）中庸述義續一卷　清同治七年周濤　嚴家正刻本 …… 八七

（8）孟子述義續一卷　清同治七年周濤　嚴家正刻本 …… 九〇

（9）四書鄉音辨譌一卷　清道光二十四年刻本 …… 一〇二

（10）讀經劄記四卷　清同治七年周濤　嚴家正刻本 …… 一一四

（11）奉萱草堂文鈔一卷　附刻廉泉先生字學一得一卷　〔清〕單爲濂撰　清同治七年周濤　嚴家正刻本 …… 二六四

（12）奉萱草堂文續集一卷　清同治十一年龔易圖刻本 …… 二九六

（13）奉萱草堂詩鈔二卷　清同治四年阮烜輝刻本（佚名跋） …… 三三七

三味齋存稿七種八卷

〔清〕長山王煜撰

山東省博物館藏稿本（清李復基跋） …… 三八七

（1）年號備考二卷 …… 三八八

（2）國朝滿漢大臣謚法考一卷 …… 四三四

(3)國朝忠義傳謚法考一卷……四六四
(4)國朝貳臣謚法考一卷……四六五
(5)三味齋隨錄一卷……四六七
(6)三味齋文存一卷……四八六
(7)三味齋詩錄一卷……五〇一

佛山講學録不分卷

〔民國〕沂水武漢階撰
濟南周晶藏稿本……五二七
(1)尚書詁義不分卷……五二八
(2)荀子哲學不分卷……六七〇
(3)墨子大取篇〔釋義〕不分卷　鄧州張之銳撰……七四四
(4)墨子小取篇釋義不分卷……七九九

第三十七册

王獻唐先生遺稿四十三種附錄三種(一)

日照王獻唐撰　日照安可行　王福來　王書林　王墨林輯
日照王氏稿本……一
(1)周易段借胜錄一卷　日照王獻唐撰　稿本……二
(2)易音隔類考一卷　日照王獻唐撰　稿本……一二
(3)漢魏石經殘字敘一卷　日照王獻唐撰　稿本……一六
(4)那羅延室稽古文字不分卷　日照王獻唐撰　稿本……四五

(5)文字學講義大綱一卷　日照王獻唐撰　稿本……三三八
(6)方言籀記一卷　日照王獻唐撰　稿本……三六七
(7)名故初藁一卷　日照王獻唐撰　稿本……三八二
(8)宵幽古音攷一卷　日照王獻唐撰　稿本……三九六
(9)炎黄氏族文化考不分卷(一)　日照王獻唐撰　稿本……四一五

第三十八册

王獻唐先生遺稿四十三種附錄三種(二)
日照王獻唐撰　日照安可行　王福來　王書林　王墨林輯
日照王氏稿本……一
(9)炎黄氏族文化考不分卷(二)　日照王獻唐撰　稿本……一

第三十九册

王獻唐先生遺稿四十三種附錄三種(三)
日照王獻唐撰　日照安可行　王福來　王書林　王墨林輯
日照王氏稿本……一
(9)炎黄氏族文化考不分卷(三)　日照王獻唐撰　稿本……一
(10)國史金石志稿二十卷(一)　日照王獻唐撰　稿本……一九六

第四十册

王獻唐先生遺稿四十三種附錄三種（四） 日照王獻唐撰 日照安可行 王福來 王書林 王墨林輯 日照王氏稿本……一
（10）國史金石志稿二十卷（二） 日照王獻唐撰 稿本……一

第四十一册

王獻唐先生遺稿四十三種附錄三種（五） 日照王獻唐撰 日照安可行 王福來 王書林 王墨林輯 日照王氏稿本……一
（10）國史金石志稿二十卷（三） 日照王獻唐撰 稿本……一

第四十二册

王獻唐先生遺稿四十三種附錄三種（六） 日照王獻唐撰 日照安可行 王福來 王書林 王墨林輯 日照王氏稿本……一

(11)兩周金石文吻讀補一卷　日照王獻唐撰　稿本……二
(12)殷周名制甄微一卷　日照王獻唐撰　稿本……二四
(13)東周銅貝文制考一卷　日照王獻唐撰　稿本……二三九
(14)寒金冷石文字補編一卷　日照王獻唐撰　稿本……四一五
(15)兩漢印帚增補不分卷　日照王獻唐撰　王福來輯　稿本……四七一
(16)魏平樂亭侯印考一卷　日照王獻唐撰　稿本……五四〇

第四十三册

王獻唐先生遺稿四十三種附錄三種(七)
日照王獻唐撰　日照安可行　王福來　王書林　王墨林輯……一
日照王氏稿本
(17)五燈精舍印話八卷(一)　日照王獻唐撰　稿本……一

第四十四册

王獻唐先生遺稿四十三種附錄三種(八)
日照王獻唐撰日照安可行　王福來　王書林　王墨林輯……一
日照王氏稿本
(17)五燈精舍印話八卷(二)　日照王獻唐撰　稿本……一

第四十五册

王獻唐先生遺稿四十三種附錄三種（九）

日照王獻唐撰 日照安可行　王福來　王書林　王墨林輯
日照王氏稿本……一
（18）周蟻鼻錢考記一卷　日照王獻唐撰　稿本……二
（19）中國古代貨幣通考不分卷（一）　日照王獻唐撰　稿本……二七三

第四十六册

王獻唐先生遺稿四十三種附錄三種（十）

日照王獻唐撰　日照安可行　王福來　王書林　王墨林輯
日照王氏稿本……一
（19）中國古代貨幣通考不分卷（二）　日照王獻唐撰　稿本……一

第四十七册

王獻唐先生遺稿四十三種附錄三種(十一)
日照王獻唐撰　日照安可行　王福來　王書林　王墨林輯 …………… 一
日照王氏稿本
(19)中國古代貨幣通考不分卷(三)　日照王獻唐撰　稿本 …………… 一

第四十八册

王獻唐先生遺稿四十三種附錄三種(十二)
日照王獻唐撰日照安可行　王福來　王書林　王墨林輯 …………… 一
日照王氏稿本
(19)中國古代貨幣通考不分卷(四)　日照王獻唐撰　稿本 …………… 一

第四十九册

王獻唐先生遺稿四十三種附錄三種(十三)
日照王獻唐撰　日照安可行　王福來　王書林　王墨林輯 …………… 一
日照王氏稿本

(20)漢鏡韻釋一卷　日照王獻唐撰　稿本……三
(21)古鏡文錄一卷　日照王獻唐輯　稿本……一三
(22)岫雲書窠磚瓦拓本不分卷　日照王獻唐輯　拓本……三九
(23)沁水晚周石墨釋記一卷　日照王獻唐撰　稿本……一一五
(24)目錄學講義綱要一卷　日照王獻唐撰　稿本……一三七
(25)目錄學一卷　日照王獻唐撰　稿本……一七八
(26)山左先喆遺書提要一卷　日照王獻唐　蓬萊欒調甫　日照丁伯弢撰　民國瑞安陳氏排印本（王獻唐跋）……二八九
(27)海源閣現存善本書目一卷　日照王獻唐撰　稿本……二九九
(28)老莊學案初稿一卷　日照王獻唐撰　稿本……三五〇
(29)鬼谷子札記一卷　日照王獻唐撰　稿本……三六三
(30)公孫龍子選譯四卷　日照王獻唐譯　稿本……三七三
(31)讀子識小一卷　日照王獻唐撰　稿本……三八九
(32)讀餘隨札一卷　日照王獻唐輯　稿本……四〇九
(33)王子敬十三跋校勘記一卷　日照王獻唐撰　稿本……四七一
(34)楚辭新注八卷末一卷　日照王獻唐批注　稿本（王獻唐跋）……四七五
(35)汪水雲詩一卷　〔宋〕錢塘汪元量撰　日照王獻唐批校　民國二十年秦玉章鈔本（日照王獻唐跋）……五七六
(36)汪水雲集餘錄一卷　不著輯者　民國海曲王氏雙行精舍鈔本……六六五
(37)汪水雲事輯一卷　日照王獻唐撰　稿本……六七五
(38)汪水雲集版本考一卷　日照王獻唐撰　稿本……七〇五

第五十册

王獻唐先生遺稿四十三種附錄三種(十四)

日照王獻唐撰 日照安可行 王福來 王書林 王墨林輯 日照王氏稿本 …… 一

(39)汪水雲集校勘記一卷 日照王獻唐撰

附:湖山類藁校勘記一卷 武進顧實撰 稿本

柳翼謀校汪水雲集一卷 鎮江柳詒徵撰 稿本 …… 五

(40)南遊詩存一卷 日照王獻唐撰 稿本 …… 一六八

(41)雙行精舍文稿不分卷 日照王獻唐撰 稿本 …… 一八六

篇目:①周秦書冊名物說略 …… 一八六

②山東滕縣發現之石棺 …… 二〇二

③含貝的史料 …… 二〇九

④濰縣陳簠齋舊藏的簋和簠 …… 二一三

⑤關於『黑陶分佈區域圖』(初稿) …… 二一四

⑥青銅器 …… 二二六

⑦調查齊長城遺址報告 …… 二四七

⑧山東周代的齊國長城 …… 二六六

⑨山東古文化遺址古墓葬等簡圖附冊 …… 二八五

⑩調查、保護和地下文物的清理 …… 二九一

⑪曲阜孔林內應請禁止孔姓埋葬案 …… 二九二

⑫山東圖書館新建樓房預算書 …… 二九四

⑬致山東省教育廳報告書 …… 二九八

⑭山東古代文物管理委員會一九五一年一二兩月工作報告 …… 三〇七

⑮元破臨安所得故宋書畫目題記 …… 三一七

⑯館藏惠氏漢書補注攷證……三四三
⑰『釋舍』書後……三五五
⑱青州紀遊敘……三六一
⑲郳滕古陶文字敘……三六六
⑳上陶室甎瓦文攈序……三七三
㉑說文解字韻隸敘……三七七
㉒子中畫集敘……三七九
㉓代張繼作『《圖書月刊·史學專刊》引言』……三八三
㉔古今字詁疏證敘……三八七
㉕南澗先生易簀記序……三九七
㉖羅泉樓記……四〇一
㉗漢畫石刻憶錄……四一二
㉘岐山近出康季鼒銘讀記……四二五
㉙長山縣烈士陵園碑記……四三八
㉚山東之鈔書家盧德水先生……四四二
㉛吴大洲傳……四七三
㉜賀對廷傳……四七八
㉝丁綍宸先生傳略……四八一
㉞李佐賢先生略歷及著述……四八四
㉟黃縣丁佛言先生遺著目錄……五〇〇
㊱四川運回善本書陳列種類單……五〇七
㊲捐獻室陳列書畫文物目錄……五〇九
㊳致戴兆平等函……五一一
㊴雜記……五一四
(42)題襟小唱一卷　日照王獻唐撰　稿本……五四九
(43)雙行精舍雜存一卷　日照王獻唐輯　稿本……六二七

篇目：

①古今尺步田畝道里考　〔清〕益都楊峒撰……六二七
②明拓王知敬書金剛經校跋　〔清〕日照許瀚撰……六三六
③清奉直大夫鴻臚寺寺丞賓王安公七十三歲榮壽序　〔清〕膠州法若真撰……六三八
④陳簠齋遺文七則　〔清〕濰縣陳介祺撰……六四二
⑤濰陽陳簠齋年丈近新獲器族鼎蒙惠拓本兼以釋文相示歌以誌之（原釋埘）〔清〕益都孫文楷撰……六五一
⑥欒調甫函一通……六六〇
⑦蘭皋先生未刊書目……六六二
⑧海豐吳氏所藏鈔本目錄……六六四
⑨西鋪訪書記　霸縣邢藍田撰……六七六

附：

泉貨圖釋一卷　〔清〕日照王廷霖撰　稿本（鄒縣董井等跋）……六八五

山東文獻集成書名著者索引

説明:本索引包括《山東文獻集成》第一至四輯全部書名、著者,依漢語拼音排列,條目後的數碼爲輯數、册數、頁數,如4/27/181指第四輯第二十七册第一百八十一頁。

A

艾紹棨 4/27/181
艾紹洵 4/27/115
艾元徵 4/27/115
4/27/147
4/27/181
艾紫東 3/03/001
3/04/451
3/06/359
3/06/415
3/23/199
愛思樓古近體詩 2/44/068
愛思樓詩餘 2/44/103
愛吾廬初集、續集、餘集 3/41/402
安德詩搜 3/38/579
安可行 4/37/001
安丘曹氏家集八種 2/44/001
安丘曹氏家學守待 2/43/325
安丘曹氏詩集四種附一種 4/33/599
安邱連池曹氏族譜 4/14/687
安蔬草堂五言排律 2/36/655
安天論 1/49/534
安簣 2/20/739
3/29/673
凹硯齋詩草 4/33/029
鼇峯類藁 3/23/595
拗法譜 4/34/455
拗人傳 2/26/793

B

跋東魏劉懿墓誌附記 4/25/392
白羊山房詩鈔 3/44/068
白陽畢公自嚴遺蹟 2/27/729
白雲山房詩集、文集 1/38/487
白澤圖 1/49/561
百八倡和集 3/44/527
百四齋詩集 3/39/403
柏根氏舊藏甲骨文字考釋 4/22/637
拜經堂文集校語 1/44/154
半江樓稿 1/43/624
半江樓未刻詩 1/43/633
半圃閒人傳 4/14/425
半僧居士遺集 3/43/394
半山園詩草、後集 3/34/643
包咸 1/48/070
保甲章程[山東陵縣] 3/15/141
保鼇東 4/18/237
寶簠齋集各家彝器釋文 2/22/007
寶樹堂遺書三種 3/50/633
寶訓 2/48/131
鮑康 4/22/117
北歸詩草水程集、陸程集 3/30/245
北虜風俗、北虜世系記 2/18/681
北洋政府内務部 4/23/473

筆記[鄭杲] 3/50/801
畢霸 2/33/199
畢伯陽奏稿 2/16/579
畢淳昭 3/02/719
畢海珖 2/32/019
2/32/085
3/42/174
畢亨 4/29/449
畢際有 3/39/129
畢木 2/27/621
畢氏兩世遺詩二種 3/42/167
畢世持 3/42/168
畢宿燾 2/34/001
畢宿庚 3/30/547
畢所鐳 3/33/045
畢沅 4/23/001
畢忠吉 1/28/147
畢自嚴 2/16/579
2/27/679
2/27/729
2/27/803
畢自嚴遺稿 2/27/679
碧梧紅豆草堂詩 2/36/505
2/36/655
碧梧軒吟稿 3/41/357
躄顛吟 4/29/703
邊貢 2/27/255
邊華泉集、邊華泉集稿 2/27/255
辨釋名 1/49/008
別雅訂 3/10/079
冰絲詞 2/43/788
丙丁抄 1/07/615
秉蘭錄 2/20/739
博物記 1/49/415
薄叔元問穀梁義 1/47/620
卜夢人 3/42/189
卜寧一 3/42/193
卜商 1/46/030
卜氏三世詩草三種 3/42/187
卜式 1/49/293
卜祚光 3/42/198
補過居士 2/13/247
補宋書食貨志 2/47/835
補宋書刑法志 2/47/820

C

綵衣樓詩話 2/44/183
蔡癸 1/49/292
蔡癸書 1/49/292
蔡洪 1/49/229
蔡景君 1/46/038
蔡謨 1/47/077
1/48/204
蔡氏喪服譜 1/47/077
蔡氏易說 1/46/038
蔡邕 1/47/125
1/47/141
1/48/722
參同契攷異 3/43/584
餐霞集 4/32/195
蠶經、蠶經補 1/36/001
蠶祟書 1/36/001
傖山詩初集、傖山詩補遺、傖山詩續集 3/44/222
滄浪詩話補註 3/47/349
蒼頡篇 1/48/664
蒼頡訓詁 1/48/698
蒼雪山房稿 3/42/055
蒼雪齋藁 2/35/327
曹伯恩 4/03/001
曹桂馧 2/44/107
2/44/133
曹涵 2/43/031
4/33/609
4/33/619
曹涵詩稿 2/43/031
曹澣 4/33/605
曹濂 2/44/009

曹霂 2/43/488
2/43/781
2/43/788
4/33/600
曹南詩社倡和集 3/44/539
曹南文獻錄 3/17/579
曹申吉 2/43/495
2/43/565
2/43/714
2/43/724
2/43/748
2/43/761
2/43/776
曹師彬 2/44/002
曹憲 1/49/054
曹縣萬氏詩文集六種 3/42/205
曹溦 2/43/074
2/43/806
2/43/824
曹元詢 2/44/017
2/44/038
曹源芑 4/14/687
曹貞吉 2/43/001
2/43/325
2/43/380
2/43/400
2/43/430
2/43/441
2/43/448
2/43/479
2/43/598
2/43/629
2/43/681
2/43/713
2/45/698
曹貞吉夫婦行狀 2/44/009
曹貞吉父子詩稿三種 2/43/001
曹貞吉詩稿 2/43/003
曹尊彝 2/44/068
2/44/103
草窗詞、草窗詞補 2/45/584
草書狀 1/49/014
纏子 1/49/381
羼提精舍詩存 4/32/253
長河志籍考 4/16/261
長孫□□ 1/47/736
長途備忘錄 1/28/037
長馨軒集 2/28/531
長行經 4/35/085
常景 1/49/093
常爽 1/48/444
晁補之 2/45/469
晁公遡 4/26/213
晁公武 4/16/571
朝天集 2/43/430
朝鮮游稿 3/42/206
鼂錯 1/49/348
鼂氏新書 1/49/348
陳邦福 4/21/227
陳寶四 4/34/117
陳秉灼 4/16/159
陳代卿 4/14/681
陳簠齋先生手題奇篆拓本一卷 4/20/501
陳介祺 2/22/007
2/22/163
3/19/471
3/20/001
3/21/111
4/11/143
4/11/423
4/20/221
4/20/287
4/20/341
4/20/501
4/20/507
4/21/001
4/21/043
陳介錫 1/40/001
2/24/001
2/24/231

陳岠	2/33/775
陳琪	3/44/719
	3/44/737
陳銓	1/47/069
陳羣	1/48/129
陳融	1/49/365
陳汝庚	4/29/311
陳邵	1/49/602
陳壽祺	4/03/147
陳述經	2/37/387
陳統	1/46/587
陳岳	1/47/718
陳子要言	1/49/365
成伯璵	1/47/285
成瓘	2/26/001
	2/26/349
成厚發	4/34/014
成琅	2/10/233
成啟洸	4/34/013
成芸	2/32/231
	4/34/014
	4/34/019
成兆豐	4/34/025
程先貞	3/38/579
程曾	1/48/247
癡人子言氏	4/25/227
池北偶談	3/22/001
池北書目、碑目	1/28/125
遲德成	4/12/793
尺牘偶存	2/38/497
崇雅堂集	1/34/681
蟲弋	1/33/687
蟲吟草	2/43/074
蟲吟草古近體詩	2/43/806
蟲吟草詩餘	2/43/824
出山草、出山草雜文、出山草制藝	4/31/383
初篁書廬文稿	3/36/539
初尚齡	4/21/259
鉏經摭記	2/10/233
楚辭新注	4/49/475
楚辭字聲略考	2/49/378
楚村詩集、文集	2/30/001
褚仲都	1/46/240
	1/48/218
炊聞詞	2/45/626
春風坐餘草	3/37/635
春鶊集	2/37/657
春季緯說題辭	1/48/564
春橋遺詩	3/44/419
春秋比	2/46/455
春秋闡微纂類義統	1/47/708
春秋成長說	1/47/554
春秋傳	3/49/252
春秋傳駁	1/47/638
	1/47/638
	1/47/638
春秋大傳	1/47/410
春秋地理補考	1/04/125
春秋牒例章句	1/47/426
春秋二十國年表	4/05/051
春秋公羊穀梁傳解詁	1/47/575
春秋公羊穀梁二傳評	1/47/579
春秋公羊經傳解詁、釋文	4/05/317
春秋公羊經傳通義、敘	4/35/150
春秋公羊顏氏記	1/47/416
春秋攻昧	1/47/696
春秋穀梁傳略考	2/49/355
春秋穀梁傳糜氏注	1/47/570
春秋穀梁傳說	1/47/420
春秋穀梁傳徐氏注	1/47/583
春秋穀梁傳章句	1/47/418
春秋穀梁傳鄭氏說	1/47/623
春秋穀梁傳注	1/04/001
春秋穀梁傳注義	1/47/595
春秋管見	4/05/621
春秋規過	1/47/673
春秋集傳	1/47/701
春秋經傳集解	4/05/051
春秋井田記	1/47/699

春秋決事 1/47/412
春秋例統 1/49/620
春秋命歷序 1/48/608
春秋內事 1/48/611
春秋三傳異同說 1/47/471
春秋釋例 1/47/555
春秋說 3/50/725
春秋說略 2/46/345
春秋通例 1/47/717
春秋土地名 1/47/585
春秋外傳國語孔氏注 1/49/650
春秋外傳國語唐氏注 1/49/643
春秋外傳國語虞氏注 1/49/640
春秋緯保乾圖 1/48/546
春秋緯感精符 1/48/527
春秋緯漢含孳 1/48/548
春秋緯合誠圖 1/48/537
春秋緯考異郵 1/48/538
春秋緯潛潭巴 1/48/556
春秋緯文耀鉤 1/48/508
春秋緯握誠圖 1/48/554
春秋緯演孔圖 1/48/571
春秋緯元命苞 1/48/577
春秋緯運斗樞 1/48/518
春秋緯佐助期 1/48/551
春秋文謚例 1/47/475
春秋徐氏音 1/47/607
春秋折衷論 1/47/718
春秋左傳略考 2/49/296
春秋左傳王氏注 1/47/563
春秋左傳許氏注 1/47/560
春秋左傳義疏 1/47/642
春秋左氏長經章句 1/47/468
春秋左氏傳嵇氏音 1/47/569
春秋左氏傳解詁 1/47/431
春秋左氏傳解誼 1/47/477
春秋左氏傳述義 1/47/647
春秋左氏傳義注 1/47/577
春秋左氏傳章句 1/47/423
春秋左氏膏肓釋痾 1/47/554
春秋左氏函傳義 1/47/619
春秋左氏經傳義略 1/47/627
春秋左氏經傳章句 1/47/562
春雨堂詩選 4/32/219
春雨園詩錄 3/31/685
純甫文稿 2/36/019
淳于鴻恩 3/06/275
3/10/341
慈悲曲 3/47/593
次白文稿 2/37/319
賜閒堂集 3/24/679
叢秉肅 3/07/001
崔覲 1/46/258
崔憬 1/46/284
崔凱 1/47/101
崔靈恩 1/46/613
1/47/349
崔實 1/49/356
崔氏政論 1/49/356
崔旭 3/35/109
崔振宗 3/31/607
崔鍾善 4/14/307
存吾草 3/39/129

D

大戴禮記補注、序錄 4/35/338
大戴喪服變除 1/47/032
大風樓詩鈔 4/32/483
大崑崙山人稿 3/30/433
大崑崙山人稾、大崑崙山人稾別集 3/43/759
大夢紀年 4/14/573
大學集說 3/06/673
大學集註易解 3/06/359
大學述義 4/36/003
大學述義續 4/36/082
大學章句困知錄 4/08/001
大學正文約註 3/06/343

岱覽	2/20/001
岱史	2/19/511
岱粹抄存續編	2/13/677
帶經舫詩鈔	3/35/205
帶經堂集	3/27/179
戴德	1/47/032
戴恩溥	4/31/641
戴宏	1/47/474
戴鑑	2/37/087
	2/37/113
戴逵	1/48/443
戴聖	1/47/290
戴氏均學	1/08/175
戴燮元	2/13/369
戴震	1/08/175
膽餘軒集	4/27/289
啖助	1/47/701
	1/49/620
澹慮齋詩集	4/31/223
澹圃恒言	1/33/447
澹心齋詩集	4/33/373
澹餘詩集	2/43/495
澹餘文集	2/43/776
蕩婦秋思	3/48/289
道德經考異	3/43/563
道東詩	3/40/769
道光乙未恩科鄉試硃卷	4/31/283
登州詩話	2/44/569
登州詩話續編	2/45/001
登州文獻記	1/45/626
登州雜事續編	4/15/633
等韻簡明指掌圖、論	1/38/487
鄧漢儀	2/43/714
鄧廷法	2/37/035
地境	1/49/571
地境圖	1/49/579
弟子職正音	3/09/528
帝典麓字畧考	2/49/257
帝王要略	1/49/078
禘祫觿解篇	2/01/169
典語	1/49/208
雕蟲要語	4/34/635
調皖紀行草	2/32/303
丁伯弢	4/49/289
丁佛言	4/12/531
丁公著	1/48/272
丁亥抄	1/08/001
丁菊甦	2/15/767
	2/21/165
	2/26/569
	2/26/619
	2/26/679
	2/39/723
	2/39/779
	2/44/155
丁寬	1/46/039
丁麟年	3/12/785
	4/21/209
	4/21/227
丁楙五	3/10/239
丁善長	2/13/593
	3/21/767
丁守存	4/26/001
丁惟汾	4/10/079
	4/10/179
	4/13/001
丁惟鎮	3/11/083
丁錫田	4/14/559
丁耀亢	2/01/205
	2/22/431
	3/28/631
丁以此	4/13/001
丁裕彥	3/02/317
	3/02/659
定性齋集	3/32/735
定性齋詩話	3/47/197
東周銅貝文制考	4/42/239
東阿于文定公年譜	1/10/600
東岡小稿	3/23/535
東皋先生詩集	3/30/783

東皐書屋遺稿 4/29/151
東谷文集 2/33/001
東籬集 3/36/733
東蒙山人詩詞文鈔 4/28/631
東牟守城紀略 2/13/369
東平教案記 1/10/028
東渠詩存、聯語 2/38/587
東泉詩鈔、詩餘 3/36/293
東泉詩話 4/34/471
東泉詩話續冊 2/50/420
東泉文集 2/50/336
東事紀略 2/13/247
東武高士劉翼明詩稿 3/28/777
東武劉氏詩萃 3/43/001
東武詩存 3/40/001
東陽無疑 1/49/516
東原考古錄 3/18/779
董道東 3/40/769
董汲 1/33/063
董井 4/25/127
董樵 3/40/747
董氏遺稿三種 3/40/741
董無心 1/49/139
董勛 1/47/312
董應雷 3/40/743
董遇 1/46/175
1/47/562
董仲舒 1/47/412
董子 1/49/139
洞極真經 1/49/316
竇東皋應制集 3/30/715
竇光鼐 3/30/715
3/30/783
4/28/281
讀經劄記 4/36/114
讀禮筆記 1/45/406
讀史糾謬 3/50/119
讀書記 1/49/257
讀書堂近草 3/29/647
讀易便解 1/01/427
讀易例言圖解 3/02/109
讀餘隨札 4/49/409
讀子識小 4/49/389
篤論 1/49/430
杜寶 1/49/520
杜茶村年譜 3/41/563
杜林 1/48/698
杜詩七律 2/27/007
杜詩提要評校 1/45/126
杜氏體論 1/49/197
杜氏幽求新書 1/49/324
杜恕 1/49/197
1/49/430
杜夷 1/49/324
杜預 1/47/063
4/05/051
杜子春 1/46/717
度支輯要、度支總歌 2/16/001
段松苓 4/16/173
段王合鈔 1/08/238
段玉裁 1/08/208
1/08/238
敦本堂詩鈔 3/43/691
敦本堂奏議 3/43/424
敦好堂詩集 3/39/285
敦好堂詩集、詩餘 2/30/563

E

鄂宰四種 3/09/487
恩平程記 1/28/001
恩錫 3/14/643
兒寬 1/49/165
兒寬書 1/49/165
爾吉公文鈔 3/30/287
爾雅樊氏注 1/48/306
爾雅顧氏音 1/48/399
爾雅郭注義疏 2/46/002
爾雅犍爲文學注 1/48/288

爾雅李氏注 1/48/314
爾雅劉氏注 1/48/304
爾雅裴氏注 1/48/402
爾雅施氏音 1/48/391
爾雅書屋詩集 3/42/198
爾雅疏 4/10/001
爾雅孫氏音 1/48/365
爾雅孫氏注 1/48/337
爾雅圖讚 1/48/381
爾雅謝氏音 1/48/395
爾雅音義 1/48/369
爾雅直音 3/10/001
二客吟 4/34/001
二南詩鈔 3/35/367
二南文集 3/35/427
二南吟草 3/35/303
二千字文 1/04/756
二琴居士小集 2/38/621
二十四泉草堂集 3/28/543
二鄉亭詞 2/45/666
二學亭文湙 4/28/027

F

發蒙記 1/49/016
法坤宏 2/34/171
法偉堂 4/22/661
凡將篇 1/48/695
樊恭 1/49/007
樊光 1/48/306
樊深 1/48/446
范長生 1/46/215
范蠡 1/49/267
1/49/279
范甯 1/46/429
1/47/321
1/47/620
1/48/174
4/05/457
范泰 1/49/469
范汪 1/47/315
范宣 1/47/164
1/49/606
范子計然 1/49/267
范祖禹 4/26/039
方言釋義 1/04/334
方言音釋 4/10/079
方言籀記 4/37/367
方輿叢錄 2/17/209
芳坪詩草 3/44/395
飛鴻集、飛鴻餘集、飛鴻集文 4/30/001
匪石齋詩草 2/29/271
柿園詩稿 3/35/535
費氏易 1/46/087
費氏易林 1/46/094
費縣憲綱冊 3/13/065
費邑古蹟考 4/16/215
費直 1/46/087
1/46/094
1/46/097
分甘餘話 3/23/001
分毫字樣 1/49/057
封泥攷略 2/22/163
楓香集 3/42/002
蜂衙小記 2/48/201
馮繼聰 3/02/137
馮溥 1/28/095
馮琦 1/34/109
3/38/215
馮惟敏 1/34/545
馮用韞先生書牘 1/34/109
馮雲鵷 2/13/785
4/23/599
奉萱艸堂詩鈔 3/44/279
奉萱草堂詩鈔 4/36/337
奉萱草堂文鈔 3/43/528
4/36/264
奉萱草堂文續集 4/36/296
鳳翔記事詩存 3/36/273

佛山講學錄 4/36/527
伏侯古今注 1/49/418
伏曼容 1/46/239
伏勝 4/03/147
伏無忌 1/49/418
服虔 1/47/477
1/47/554
1/47/554
1/48/723
苻朗 1/49/329
苻子 1/49/329
浮槎漫艸 3/44/171
福山王氏傳家集八種 3/41/465
鬴金山館咏人集 2/37/429
簠齋藏鏡 4/21/001
簠齋尺牘 3/20/001
簠齋訪碑拓碑筆札 4/21/043
簠齋古塈封目 4/20/227
簠齋吉金錄 4/20/341
簠齋泉笵目 4/20/241
簠齋先生著述目 1/44/236
簠齋臧古目、補遺 4/20/243
簠齋臧古目五種 4/20/221
傅□ 1/46/259
傅曉麓 1/10/028
傅宸 2/30/371
2/30/421
2/30/471
富貴神仙 3/47/647
覆瓿社燈謎 2/25/025
馥巖詩鈔 4/30/757

G

干寶 1/46/195
1/46/745
1/47/317
1/47/619
1/49/253
干子 1/49/253
高鳳翰 1/37/265
4/33/155
高鳳擧 1/37/265
高珩 3/39/010
高密單氏詩集拾遺、補 3/44/492
高密單氏詩文彙存 3/43/375
高密單氏文集拾遺 3/43/637
高密三李詩話三種 3/47/037
高密詩存、續編 4/33/183
高慶齡 3/21/163
高西園詩 4/33/155
高熙喆 2/39/001
高熙喆集 2/39/001
高誘 1/48/249
高中謀 2/15/059
葛洪 1/47/090
1/49/029
葛鏡海 3/41/091
葛氏喪服變除 1/47/090
葛覃楚 3/41/084
葛忠弼 3/41/001
3/41/041
3/41/052
葛周玉 3/19/001
艮齋筆記 1/35/001
公孫弘 1/49/166
公孫弘書 1/49/166
公孫龍子選譯 4/49/373
公孫尼 1/49/124
公孫尼子 1/49/124
公羊方言疏箋 3/06/275
公羊高 4/05/317
公羊嚴氏春秋 1/47/414
公子牟子 1/49/304
宮卜萬 3/40/495
4/29/647
貢樹生香詩稿 4/32/277
姑溪詞 2/45/458
古夫于亭雜錄 3/22/779

古懽錄 2/13/515
古歡堂筆記 2/25/473
古歡堂集 1/35/487
古今善言 1/49/469
古今通論 1/49/228
古今文字表 1/49/048
古今訓 1/49/449
古今均析 1/07/001
古今樂錄 1/47/392
古今字詁 1/48/748
古今字詁疏證 1/04/738
古鏡文錄 4/49/013
古論語六卷 1/48/006
古泉匯 4/21/415
古泉彙考 1/30/187
古泉苑 1/29/001
古聲略考雜記 2/49/470
古詩十九首書帖 2/25/001
古史略考 2/49/524
古文官書 1/48/709
古文後選 2/40/001
古文尚書 1/46/329
古文尚書舜典注 1/46/429
古文尚書音 1/46/420
古文瑣語 1/49/075
古文孝經述義 1/47/757
古玉考 3/43/593
古韻 1/07/536
古韻發明 2/12/607
古朱文官私鉢 4/20/235
詁幼 1/49/671
穀城山館詩集 3/25/427
穀城山館文集 3/25/677
穀梁赤 4/05/457
穀梁集解糾謬 3/06/289
顧彪 1/46/434
顧歡 1/48/213
1/49/342
顧愷之 1/49/018
顧實 4/50/005
顧譚 1/49/206
顧亭林年譜校錄 2/13/809
顧炎武 1/08/125
顧野王 1/48/399
顧夷 1/49/255
顧子新言 1/49/206
顧子義訓 1/49/255
冠禮約制 1/47/035
關朗 1/49/316
觀城張湘畹先生遺集 2/37/605
觀稼樓詩 3/42/020
管見舉隅 4/25/303
管仲 1/49/126
光碧堂稿 4/26/661
光緒庚辰科會試硃卷、覆試卷、
朝考卷、殿試卷 4/32/397
光緒己卯科順天鄉試硃卷、
覆試卷 4/32/397
廣蒼 1/49/007
廣林 1/49/246
廣志 1/49/452
龜川吟草 3/38/191
歸藏、諸家論說 1/46/017
歸瓻齋詩詞鈔 1/39/043
歸園日記 2/13/247
癸乙編 1/43/669
鬼谷子札記 4/49/363
桂馥 4/11/569
4/22/267
4/29/001
桂未谷先生藏碑跋語 4/22/267
桂苑珠叢 1/49/052
郭□ 1/49/511
郭澄之 1/49/502
郭恩煌 3/42/154
郭恩煇 3/42/156
郭廣文遺篇 4/28/191
郭濟遠 3/42/152
郭康介公遺集 1/34/055
郭麐 2/11/001

郭夢星 3/50/633
郭璞 1/46/597
1/48/369
1/48/381
1/48/664
1/48/700
1/49/589
郭翹楚 4/28/191
郭去咎 4/29/397
郭舍人 1/48/288
郭綏之 2/38/479
2/38/497
4/32/195
4/32/219
郭外樓詩刻 4/29/627
郭聞庭 3/21/229
郭顯卿 1/48/721
郭象 1/48/156
郭翊 4/32/483
郭義恭 1/49/452
郭子 1/49/502
郭宗皋 1/34/055
國策補遺 2/13/013
國朝貳臣諡法考 4/36/465
國朝滿漢大臣諡法考 4/36/434
國朝山左詩鈔 1/41/001
國朝山左詩彙鈔後集 1/42/721
國朝山左詩續鈔、補鈔 1/42/001
國朝武定詩鈔 2/40/713
國朝忠義傳謚法考 4/36/464
國史金石志稿 4/39/196
國語解詁 1/49/622
國語音 1/49/653
國語章句 1/49/621

H

海濱詩社 3/45/715
海濱詩選 3/45/715
海岱會集 3/38/215
海岱人文 1/43/523
海岱史略、附錄 1/09/001
海豐吳氏藏書目 4/18/153
海豐吳氏詩存 3/43/233
海浮山堂詩稿、文稿 1/34/545
海阜詩稿刪本 2/38/503
海廟集 2/27/151
海上隨筆 3/23/371
海屋詩集 3/42/189
海右堂遺詩 4/28/255
海源閣普通本書目 2/21/001
海源閣書目 4/17/055
海源閣現存善本書目 4/49/299
邯鄲淳 1/49/498
1/49/597
寒金冷石文字補編 4/42/415
寒齋詩集、寒齋文集 3/42/219
韓二州先生文鈔 3/37/531
韓鳳舉 3/38/047
韓理堂先生年譜 4/14/559
韓夢周 1/38/143
韓詩故 1/08/100
1/46/491
韓詩內傳 1/46/509
韓詩說 1/46/511
韓詩翼要 1/46/523
韓嬰 1/08/100
1/46/046
1/46/491
1/46/509
1/46/511
韓仲荆 3/37/531
3/37/607
漢碑總目 2/50/193
漢牘抄 4/14/443
漢鏡韻釋 4/49/003
漢隸辨體 4/12/405
漢人著書目錄 2/50/186
漢聲略考 2/49/393

漢書古字類 3/50/660
漢魏石經殘字敘 4/37/016
蒿菴集 4/27/001
蒿菴閒話 4/25/183
郝簻 3/41/357
3/41/368
3/41/384
郝答 3/41/357
3/41/368
3/41/384
3/41/402
郝培元 2/49/075
郝氏四子詩鈔六種 3/41/227
郝氏遺書 2/46/001
郝懿行 2/46/002
2/46/345
2/46/455
2/46/486
2/46/748
2/46/800
2/47/002
2/47/050
2/47/071
2/47/208
2/47/433
2/47/727
2/47/796
2/47/820
2/47/835
2/48/002
2/48/094
2/48/131
2/48/194
2/48/201
2/48/205
2/48/219
2/48/439
2/48/648
2/48/697
2/48/728
2/49/002
2/49/054
2/49/061
2/49/067
2/49/075
郝允秀 2/34/341
3/41/254
郝允哲 3/41/229
合刻詩文稿三種 4/34/033
何承天 1/47/330
1/49/034
何妥 1/46/251
何休 1/47/035
1/47/475
4/05/317
何晏 1/46/173
4/08/043
何胤 1/46/611
1/47/195
和鳴集 2/49/067
河干吟 3/44/428
河間獻王書 1/49/162
河源述 2/50/562
賀瑒 1/47/202
賀氏喪服譜 1/47/081
賀氏喪服要記 1/47/085
賀述 1/47/344
賀循 1/47/081
1/47/083
1/47/085
鶴侶齋詩 3/29/731
鶴侶齋文稿 3/29/753
衡藩宮詞 4/32/707
洪範陂字略考 2/49/266
洪範睿字略考 2/49/263
洪範宗經 3/02/659
洪楠 3/47/001
紅蕉館詩稿 2/36/765
紅櫚書屋詩集 4/35/001
紅藕花榭詩餘 4/30/677

紅雨齋詞 3/47/387
鴻雪留蹤 3/46/001
鴻爪集 2/43/441
侯苞 1/46/523
侯登岸 2/19/157
4/17/001
侯果 1/46/270
侯相芝 4/31/617
侯寘 2/45/500
后蒼 1/46/476
1/47/733
厚齋自著年譜 4/14/365
後養議 1/47/317
胡德琳 4/27/001
胡非子 1/49/379
壺海生草 3/41/516
湖山類藁校勘記 4/50/005
湖上草堂詩 3/42/083
虎門遺詩 4/26/601
華氏新論 1/49/237
華譚 1/49/237
化清經 1/49/229
畫林雁塔 2/13/661
話雨山房詩草 2/30/471
褱軒遺稿 1/43/652
懷香草堂詞 3/44/272
3/47/539
懷繢堂詩集 2/49/191
懷繢堂文集 2/49/156
桓範 1/49/361
桓玄 1/46/229
還讀盦唱酬集 2/44/155
還讀盦丁丑日記 2/15/767
還讀盦讀書題記 2/21/165
還讀盦詩鈔 2/39/779
還讀盦詩集 2/39/723
還鄉草 3/43/703
環濟 1/49/078
宦遊雜記 2/15/173
浣俗齋詩草 3/43/676
皇朝錢法 1/29/001
皇甫謐 1/49/082
皇侃 1/47/207
1/47/753
黄帝 1/49/525
黄恩彤 2/38/075
3/23/521
4/14/001
4/30/001
4/30/223
4/30/281
黄髮翁全集、黄髮翁戲筆 2/27/621
黄璣 2/19/001
黄垍 2/30/671
黄嘉善 4/33/324
黄錦衣詩 4/33/148
黄培 4/33/148
黄培文字獄案 2/13/427
黄山紀遊詞 2/43/488
黄山紀遊詩 2/43/479
黄氏家乘 1/17/213
黄氏詩鈔 2/42/333
黄守平 1/17/213
2/07/541
2/42/333
黄叔琳 4/34/155
黄埉 4/33/581
黄坦 3/19/087
黄文淵 4/27/779
黄縣方言記畧 1/45/609
黄壎 4/33/416
4/33/476
4/33/537
黄穎 1/46/220
黄堣 4/33/572
黄肇顎 3/19/115
黄禎 1/34/001
黄宗昌 3/19/087
黄宗臣 4/33/373
黄宗崇 4/33/401

黃宗庠	4/33/339
悔庵叢纂	2/26/679
惠棟	1/10/769
惠施	1/49/367
惠子	1/49/367
渾儀	1/49/531

J

姬斯	1/49/113
嵇康	1/47/569
	1/49/086
積古齋釋文正誤	1/08/796
吉芳蘭事略	4/14/605
吉金所見錄	4/21/259
吉綸	3/14/001
吉凶服名用篇、敘錄	2/01/143
汲冢書鈔	1/49/083
汲冢周書輯要、逸書	2/47/050
即墨黃氏詩鈔九種	4/33/323
急就篇校正	1/44/534
集解孝經	1/47/745
集義編	4/24/317
集注爾雅	1/48/387
集注毛詩	1/46/613
集注喪服經傳	1/47/068
	1/47/094
己丑雜鈔	1/07/719
季倖常	4/29/383
季鶴遺詩	3/44/474
季鶴遺文	3/43/616
季懷遺詩	3/44/433
紀年詩草	4/34/014
紀潤	2/20/617
紀聖宣	3/48/339
記海錯	2/48/205
記吳逆始末	2/50/603
寄庵札記	2/26/619
祭典	1/47/315
濟南金石志	4/23/599
濟南朱氏詩文彙編九種	3/42/001
佳木堂稿	1/43/734
佳山堂書目	1/28/095
家政法	1/49/295
嘉穀堂遺草	1/43/657
甲寅年譜	4/14/443
賈鳧西鼓詞	3/48/595
賈逵	1/46/734
	1/47/431
	1/47/468
	1/49/622
賈啟祥	2/38/615
賈啟祥詩草	2/38/615
賈山	1/49/158
賈聲槐	4/01/119
	4/24/105
	4/24/273
賈思同	1/47/638
賈應寵	1/33/447
	3/04/191
	3/48/595
	3/48/669
稼軒詞	2/45/514
監本附音春秋穀梁註疏	4/05/457
絸齋詩談、絸齋論文	4/34/345
絸齋詩選、補遺	4/27/675
簡易秘傳	2/01/205
見山樓詩	4/33/324
見山樓詩稾	4/31/641
見山書屋詩鈔	4/31/205
閒居筆塵	2/32/238
閒居集詩選	4/26/601
澗堂草	2/32/085
澗堂詩草	2/32/019
	3/42/174
鑒戒象讚	1/49/093
江干幼客詩集	1/43/611
江晉三詩經韻讀校語	1/44/710
江氏均學	1/08/154

江式 1/49/048
江邃 1/49/469
江熙 1/47/579
1/48/188
江永 1/08/154
姜埰 4/33/142
姜垓 1/34/381
姜給諫詩 4/33/142
姜其垓 2/05/001
蔣大慶 3/35/001
蔣濟 1/49/427
蔣式瑆 1/50/756
蔣子萬機論 1/49/427
蔣作錦 3/18/779
交繡閣詩草 2/27/553
焦氏易林校略 1/33/073
蕉窗囈語 3/35/263
蕉園集 1/43/573
4/33/745
蕉園集拾遺 1/43/600
蕉園詩集 3/38/047
教童子法 2/50/745
接管膠濟鐵路紀 4/13/275
嗟來草 3/44/484
解疑論 1/47/474
介石軒初集 3/44/352
借書園書目 1/28/159
今文尚書 1/46/311
金居敬 1/16/546
金石彙目分編、補遺 4/19/001
金石錄 4/18/499
金石苑 4/18/681
金鄉紀事 3/17/527
近日唫詩畧 1/43/739
晉聲略考 2/49/452
晉宋書故 2/47/796
靳雲鵬 3/38/191
京房 1/46/078
京相璠 1/47/585
荆州記 1/50/718
經典釋文尚書略考 2/49/206
經學卮言 4/35/566
經韻 1/06/689
景□ 1/49/110
景子 1/49/110
徑北草堂 4/13/351
靖侯詩草 2/38/479
靜吾齋詩鈔、文鈔 2/37/387
靜遠堂詩存 3/36/229
鏡庵詩稿 3/29/001
3/29/001
鏡庵詩選 3/28/737
鏡虹書屋吟草 2/37/175
鏡虹吟室詩集、經進稿、詞集 2/37/193
鏡巖樓詩 4/33/339
九水山房文存 4/29/449
就正詩草續刻 3/36/455
舊雨草堂集 1/43/753
舊止草堂集 1/43/665
居易錄 3/22/287
鞠濂 2/33/579
菊譜 3/21/767

K

亢父詩草 4/34/101
考工釋車 1/38/487
柯昌濟 3/21/315
柯蘅 4/32/195
4/32/219
柯劭忞 1/04/001
4/32/727
珂雪詞、補遺 2/43/327
2/45/698
珂雪詞補遺 2/43/713
珂雪二集 2/43/400
珂雪集 2/43/380
珂雪三集 2/43/629
珂雪三集古近體詩 2/43/681

珂雪詩 2/43/448
珂雪文稿 2/43/598
邁廬遺詩 3/44/049
邁廬遺文 3/43/469
刻鵠軒集古錄 3/19/417
刻廉泉先生字學一得 4/36/264
課心齋稾、課心齋詩稾補遺 3/44/171
課心齋稿 3/33/001
空山堂全集九種 3/49/001
空山堂詩集 3/50/355
空山堂史記評註 3/49/650
空山堂文集 3/50/392
孔安國 1/48/031
4/03/211
孔晁 1/48/420
1/49/650
孔穿 1/49/129
孔叢伯說經五稾 2/01/001
孔叢子、釋文 4/24/001
孔德成 1/11/001
孔鮒 4/24/001
孔廣珪 4/31/283
孔廣栻 2/38/503
孔廣林 1/01/001
2/01/001
孔廣牧 4/04/303
孔廣森 1/08/337
4/35/149
孔廣栻 1/43/523
2/34/681
孔繼汾 1/10/048
孔繼涵 3/47/429
4/35/001
孔繼熥 2/35/385
孔倫 1/47/068
孔慶鎔 4/31/321
孔尚任 2/13/661
4/27/669
4/34/649
孔尚任詩 4/27/669
孔尚忻 3/13/001
3/13/027
孔憲穀 3/37/635
孔憲彝 3/39/725
3/41/095
孔祥霖 2/21/285
孔衍 1/47/092
孔毓圻 1/16/546
2/32/001
孔昭珩 2/38/329
孔昭虔 2/37/175
2/37/193
3/48/289
孔昭薰 3/47/551
孔昭蒸 3/47/551
孔貞瑄 3/06/343
孔子三朝記 1/49/661
孔子世家譜 1/11/001
蒯通 1/49/400
蒯子 1/49/400
匡文昱 2/07/001
愧漏書屋文集 3/41/041
簣山堂詩鈔 3/34/325
崐崘山房詩稿 2/31/513
崑崙山房詩集 3/39/436
崑崙山房郢中集、崑崙山房詩集 2/31/117
困學紀聞劄記 1/33/655
困傭家草 3/42/168

L

來鷗亭詩餘 3/47/443
來禽館集 3/25/001
萊郡經籍考、附編 4/17/001
萊陽竹枝詞 2/19/373
藍侍御集 2/27/449
藍田 2/27/449
蘭圃詩草 3/36/777
蘭省東歸紀 4/14/443

瀾言 1/49/129
孏窟詞 2/45/500
郎廷槐 3/47/001
琅邪放鶴村詩集、續集 2/30/129
嶗山紀略 2/20/617
嶗山藝文志 3/19/115
嶗山志 3/19/087
老萊子 1/49/308
老莊學案初稿 4/49/350
老子說略 1/33/031
樂安石刻 4/23/765
樂圃集 4/33/631
樂園遺稿 3/42/213
雷□ 1/48/410
雷波釣叟集 3/41/499
雷次宗 1/47/095
冷淘軒詩集 2/37/087
冷齋詩草 3/42/152
黎永椿 4/11/423
藜青室札記 2/26/569
離騷分段約說 3/23/521
離騷經章句義疏 1/38/487
蠡勺詩刪 2/33/199
李長霞 4/32/219
李澄中 1/35/001
3/28/677
3/28/737
李充 1/48/165
李淳風 1/46/304
李登 1/48/754
李蕃 2/26/763
李福泰 3/33/203
李復泰 2/29/271
李軌 1/46/227
1/46/758
李衡 4/26/601
李懷民 3/12/531
3/32/459
3/44/243
3/47/039
4/01/001
4/34/001
李經野 3/44/539
李景星 3/09/569
李敬修 3/13/065
李靜叔遺文 4/28/595
李開先 3/24/039
4/26/601
李克 1/49/120
李克書 1/49/120
李刻金石存校錄 1/44/414
李昆 3/23/535
李林 3/31/579
李隆基 4/07/749
4/26/039
李瀧 2/33/491
李梅山 4/30/757
李謐 1/49/613
李南澗先生文稿 3/31/065
李培 4/30/757
李清照 2/45/607
李少鶴日記 3/12/701
李慎 2/08/001
李石桐先生赴岑溪日記 3/12/531
李石桐先生註易經 4/01/001
李氏春秋 1/49/138
李廷芳 2/36/247
2/36/505
2/36/655
2/36/733
4/29/159
4/29/201
李廷槐 4/24/317
李廷棨 3/36/105
3/44/527
4/30/315
4/30/381
李彤 1/49/022
李文輝 2/01/205
李文駒 2/33/227

李文淵 3/06/241
4/28/595
李文藻 1/28/001
1/28/037
3/31/001
3/31/065
3/31/241
3/31/535
4/16/173
李憲暠 3/32/735
3/47/197
3/12/701
3/32/507
3/32/647
3/47/220
4/34/001
4/34/455
4/34/455
李湘浦詩稿 2/36/247
李巡 1/48/314
2/40/655
2/40/713
李衎孫 2/42/001
李堯臣 3/39/403
李鄴 3/35/535
3/32/415
3/44/319
李詒經 4/09/581
李貽儁 3/45/001
2/41/239
李友驥 2/42/001
李漁邨先生稿 3/28/677
李玉清 3/41/227
李元緗 3/21/351
李垣 3/36/257
李遠 4/28/589
李允升 3/07/641
李璋煜 4/21/049
李兆元 2/25/567
李之儀 2/45/458
李中麓閒居集 3/24/039
李佐賢 1/33/271
2/40/817
4/21/415
4/22/117
4/31/001
4/31/077
4/31/177
俚語證古 4/10/179
理堂文集、外集、詩集、日記 1/38/143
禮傳 1/47/123
禮佛軒詩鈔 4/31/775
禮記 4/04/081
禮記讀 2/10/205
禮記范氏音 1/47/164
禮記皇氏義疏 1/47/207
禮記劉氏音 1/47/182
禮記盧氏注 1/47/114
禮記略解 1/47/184
禮記馬氏注 1/47/112
禮記沈氏義疏 1/47/245
禮記孫氏注 1/47/159
禮記天算釋 4/04/303
禮記外傳 1/47/285
禮記王氏注 1/47/145
禮記新義疏 1/47/202
禮記熊氏義疏 1/47/250
禮記徐氏音 1/47/165
禮記義證 1/47/249
禮記音義隱 1/47/162
禮記隱義 1/47/195
禮論 1/47/330
禮論鈔略 1/47/337
禮論答問 1/47/327
禮論難 1/49/606
禮論條牒 1/47/335
禮統 1/47/344
禮緯斗威儀 1/48/493
禮緯含文嘉 1/48/483
禮緯稽命徵 1/48/489

禮學卮言	4/35/512
禮疑義	1/47/346
禮義答問	1/47/338
禮雜問	1/47/321
荔裳詩鈔	4/33/132
栗里詩草	4/33/572
笠山詩選	3/39/230
厲學	1/49/673
曆學會通	2/23/001
歷城縣志	4/15/607
歷城張氏世系譜	3/45/749
歷代畫像傳	2/13/593
歷代史略鼓兒詞	3/48/669
隸篇、續、再續	4/12/061
麗則集	2/32/001
連山、諸家論說	1/46/009
廉泉	4/32/727
蓮塘遺集	3/32/735
練塘年譜	2/32/369
梁覬	1/48/185
梁丘賀	1/46/075
梁氏三禮圖	1/49/616
梁正	1/49/616
兩漢高士贊	2/13/585
兩漢印帚增補	4/42/471
兩周金文昀讀補	4/42/002
聊齋詞	3/47/377
聊齋詩集	3/39/329
聊齋詩集、詞集	2/31/001
聊齋四六文集	2/31/063
聊齋文集	1/36/001
	1/37/171
聊齋軒鶴筆札	1/33/615
蓼園詩鈔、校勘記	4/32/727
列女傳補注、敘錄、校正	2/46/641
列仙傳校正本、列仙傳讚	1/10/535
烈愍公遺文	3/43/386
林於未定稿	3/33/253
臨淄封泥文字敘目	4/21/233
陵縣官定	3/15/141
零文鈔存	1/45/654
靈憲	1/49/528
嶺南詩集	3/31/001
嶺南吟	4/33/001
嶺上榕枝	4/33/001
流覽堂殘稾	1/34/381
留聲集	3/43/483
劉安	1/46/055
劉柏	3/10/565
	3/10/603
劉表	1/46/110
	1/47/052
劉昞	1/49/601
劉材	4/31/737
劉昌宗	1/47/005
	1/47/182
劉焯	1/46/431
劉大觀	4/34/001
劉大勤	3/47/001
劉大同	4/33/001
	4/33/001
	4/33/001
劉德	1/47/384
	1/49/162
劉芳	1/46/635
	1/47/249
劉芳曙	3/34/643
	3/40/393
劉鴻翱	2/37/319
劉瓛	1/46/235
	1/46/608
	1/47/748
劉暉	2/37/001
劉家龍	2/26/793
劉敬	1/49/156
劉敬書	1/49/156
劉淇	2/25/001
	3/10/101
劉師培	4/13/001
劉氏政論	1/49/358

劉樹	4/28/723
劉文清公應制詩集、遺集	1/38/001
劉伍寬	4/28/255
劉熙	1/48/252
劉錫增	2/21/361
劉喜海	1/29/001
	1/30/187
	1/38/001
	3/19/427
	4/18/681
	4/20/141
劉向	1/47/382
	1/47/420
	1/48/404
	1/49/095
劉象升	3/01/001
劉勰	4/34/155
劉歆	1/47/423
	1/48/304
劉歒	1/49/446
劉炫	1/46/433
	1/46/637
	1/47/647
	1/47/673
	1/47/696
	1/47/757
劉延圻	3/43/001
劉杳	1/49/470
劉一相	2/28/001
劉以貴	2/01/459
劉廙	1/49/358
劉翼明	3/23/371
	3/28/737
	3/28/777
	3/29/001
劉墉	1/38/001
劉兆	1/47/575
劉楨	1/46/526
劉正學	4/26/701
劉志清	4/24/503
劉智	1/47/073
劉梓堂詩	4/31/737
柳燦	1/49/581
柳堂	1/10/028
柳文洙	4/34/635
柳香亭稿	4/27/779
柳詒徵	4/50/005
柳翼謀校汪水雲集	4/50/005
柳永	2/45/409
柳園吟草	3/35/001
六觀樓文存、詩存	3/33/133
六觀樓文集拾遺	3/33/203
六觀樓文集未刻稿	3/33/239
六觀樓雜著四種	2/50/561
六經略注序	1/48/444
六愼齋文存、六愼齋詩存、補遺	4/32/585
六藝論	1/48/413
龍津集	2/44/133
龍嶺	3/34/305
盧□	1/46/260
盧諶	1/47/314
盧見曾	1/01/427
	1/37/651
	1/41/001
盧世漼	3/28/295
盧植	1/47/114
魯禮禘祫志	1/47/295
魯連子	1/49/141
魯詩故	1/46/442
魯仲連	1/49/141
陸德明	3/06/323
	4/03/569
	4/04/081
	4/05/051
	4/05/317
	4/05/457
陸機	1/49/467
陸績	1/46/149
陸景	1/49/208
陸善經	1/48/263

陸氏要覽 1/49/467
陸疏廣證 2/09/239
陸希聲 1/47/717
陸燿 4/16/297
陸雲 1/49/322
陸子 1/49/322
菉友蛾術編 2/50/655
菉友肊說 2/50/752
菉友雜著四種 2/50/655
鹿林松 3/40/741
鹿樵詩存 4/32/525
呂才 1/49/543
呂海寰 3/15/281
呂海寰雜抄奏稿 3/15/281
呂靜 1/49/019
旅舍備要方 1/33/063
履月軒稿 1/43/597
綠�軒詩 2/33/257
綠筠軒詩 3/39/637
綠石山房詩鈔 3/44/374
綠墅詩草、綠墅詞草 4/29/499
綠雲堂稿 4/29/359
欒調甫 4/49/289
欒肇 1/48/159
鸞臺偶吟 1/43/745
略注喪服經傳 1/47/095
論書序大傳 3/50/762
論書巵言 4/30/633
論說新編 3/23/199
論語包氏章句 1/48/070
論語比考讖 1/48/645
論語蔡氏注 1/48/204
論語陳氏義說 1/48/129
論語讖 1/48/645
論語崇爵讖 1/48/654
論語褚氏義疏 1/48/218
論語范氏注 1/48/174
論語坿錄 1/44/712
論語顧氏注 1/48/213
論語集說 2/10/593
論語江氏集解 1/48/188
論語糾滑讖 1/48/654
論語孔氏訓解 1/48/031
論語孔子弟子目錄 1/48/127
論語李氏集注 1/48/165
論語梁氏注釋 1/48/185
論語梁武帝注 1/48/215
論語琳公說 1/48/210
論語魯詁遺文 2/50/003
論語欒氏釋疑 1/48/159
論語馬氏訓說 1/48/088
論語繆氏說 1/48/152
論語譙氏注 1/48/145
論語沈氏說 1/48/219
論語沈氏訓注 1/48/211
論語釋疑 1/48/139
論語述義 4/36/022
論語述義續 4/36/070
論語素王受命讖 1/48/653
論語隨筆 3/49/414
論語孫氏集解 1/48/180
論語太史氏集解 1/48/216
論語體略 1/48/156
論語王氏說 1/48/131
論語王氏義說 1/48/132
論語衛氏集注 1/48/146
論語熊氏說 1/48/220
論語顏氏說 1/48/207
論語燕傳說 1/50/707
論語殷氏解 1/48/199
論語陰嬉讖 1/48/652
論語隱義注 1/48/221
論語虞氏讚注 1/48/162
論語庾氏釋 1/48/164
論語袁氏注 1/48/186
論語摘輔象 1/48/648
論語摘衰聖承進讖 1/48/651
論語張氏注 1/48/201
論語鄭氏注 1/48/101
論語旨序 1/48/149

論語周生氏義說 1/48/137
論語周氏章句 1/48/086
論語註疏解經 4/08/043
論語撰考讖 1/48/647
蘿石山房文鈔 3/27/001
蘿月山房古近體詩 2/44/038
蘿月山房古文 2/44/017
落霞琴題詠 3/45/749
濼函 2/30/173

M

馬邦舉 2/49/201
2/49/206
2/49/212
2/49/225
2/49/249
2/49/252
2/49/257
2/49/260
2/49/263
2/49/266
2/49/267
2/49/290
2/49/296
2/49/355
2/49/378
2/49/393
2/49/452
2/49/470
2/49/524
2/49/775
2/49/846
馬邦玉 2/49/156
2/49/191
馬篤恒 2/14/159
馬國翰 1/28/247
1/46/001
1/49/675
1/50/687
1/50/744
3/23/491
3/35/635
3/35/717
3/35/739
3/35/761
3/35/801
3/36/001
3/44/527
3/47/357
4/30/387
4/30/513
馬融 1/46/098
1/46/375
1/46/524
1/46/737
1/47/039
1/47/112
1/47/471
1/48/088
馬氏家譜 2/14/159
馬驌 3/05/543
馬星壁 4/25/384
馬星翼 1/33/655
2/10/593
2/13/001
2/13/013
2/50/002
2/50/003
2/50/007
2/50/149
2/50/182
2/50/186
2/50/191
2/50/193
2/50/207
2/50/336
2/50/420
4/34/471

馬秀儒 2/15/173
馬昭 1/48/420
買春詩話 3/47/357
毛萇 4/03/569
毛鴻賓 2/16/591
4/31/223
毛紀 2/27/151
3/23/595
毛尚書奏稿 2/16/591
毛詩駁 1/46/560
毛詩草蟲經 1/46/639
毛詩重言 3/09/534
毛詩答雜問 1/46/565
毛詩古均貫 1/06/235
毛詩古韻 2/09/170
毛詩古韻雜論 2/09/155
毛詩詁訓傳 4/03/569
毛詩箋音義證 1/46/635
毛詩馬氏注 1/46/524
毛詩名物狀 2/09/239
毛詩譜暢 1/46/567
毛詩奇句韻攷 2/09/219
毛詩沈氏義疏 1/46/623
毛詩聲類 1/08/337
毛詩十五國風義 1/46/610
毛詩拾遺 1/46/597
毛詩疏證補陸 2/09/239
毛詩舒氏義疏 1/46/621
毛詩述義 1/46/637
毛詩雙聲疊韻說 3/09/556
毛詩說略 3/04/451
毛詩題綱 1/46/640
毛詩王氏注 1/46/528
毛詩問難 1/46/558
毛詩物名考 2/09/123
毛詩徐氏音 1/46/598
毛詩序義疏 1/46/608
毛詩異同評 1/46/567
毛詩義駁 1/46/554
毛詩義問 1/46/526
毛詩隱義 1/46/611
毛詩昀串 1/06/160
毛詩正韻、韻例 4/13/001
毛詩質疑六種 2/09/001
毛詩周氏注 1/46/609
毛詩奏事 1/46/556
毛式玥 3/38/001
毛贄 2/25/101
繆篆分韻、補 4/11/569
梅□ 1/49/240
梅花奇石之齋詩集 2/38/135
梅花屋詩草 4/26/639
4/33/063
梅嶺詩債、雜詠 4/33/001
梅叟閒評 2/49/075
梅子新論 1/49/240
攈古錄金文考釋 1/44/327
美人全體詩 4/33/605
夢雋 1/49/581
夢書 1/10/535
夢園詩草 3/38/097
夢築堂詩初集 3/44/243
蒙難偶記 2/13/259
蒙齋年譜、續年譜、補年譜 1/35/487
蒙齋生志 1/35/487
孟傳璿 4/30/677
孟傳鑄 4/30/739
孟廣琛 3/38/069
孟繼垚 3/36/229
孟軻 4/08/217
孟喜 1/46/060
孟憲樹 3/38/201
孟詹繹 3/39/704
孟志編略 3/11/001
孟仲子 1/50/700
孟仲子詩論 1/50/700
孟子 4/08/217
孟子程氏章句 1/48/247
孟子丁氏手音 1/48/272
孟子高氏章句 1/48/249

孟子劉氏注 1/48/252
孟子陸氏注 1/48/263
孟子論文 3/49/578
孟子綦毋氏注 1/48/261
孟子述義 4/36/037
孟子述義續 4/36/090
孟子張氏音義 1/48/265
孟子章指、篇敘 1/48/223
孟子鄭氏注 1/48/257
孟子字學考 4/08/343
糜信 1/47/570
宓不齊 1/49/106
宓子 1/49/106
勉行堂印存 4/25/127
苗夔 1/08/111
1/08/662
苗氏毛詩呁訂摘異 1/08/111
苗氏聲訂摘異 1/08/111
苗氏聲讀表 1/08/662
妙香齋詩集 4/29/085
閩中草 3/44/171
名故初藁 4/37/382
明湖顧曲集 4/34/145
明湖載酒二集、補遺 3/44/737
明湖載酒集、補遺 3/44/719
明清山左七家詩文鈔九種 4/33/057
明僧紹 1/46/231
明堂禮制考 3/04/473
明堂億 2/01/182
明堂制度論 1/49/613
明義士 4/22/637
繆播 1/48/149
繆荃孫 2/45/409
繆協 1/48/152
摩墨亭稿 3/31/703
秣陵詩草 4/34/076
墨翟 4/24/635
墨子 4/24/635
墨子大取篇[釋義] 4/36/744
墨子小取篇釋義 4/36/799
默記 1/49/441
牟房 1/38/735
2/21/333
2/37/429
牟平遺香集 3/40/495
牟庭 1/02/073
1/38/687
1/38/735
2/19/505
2/21/333
3/31/755
牟祥農 1/44/150
4/12/033
牟應震 1/02/001
2/09/001
木雁齋詩 1/43/657
目耕帖續刻 1/50/744
目錄學 4/49/178
目錄學講義綱要 4/49/137

N

那羅延室稽古文字 4/37/045
南北朝存石目、著錄起例 4/22/335
南扶山房詩鈔 2/38/691
南皐山人詩集類藁、補遺 1/37/265
南皐山人敦文存稿 1/37/265
南澗文稿 3/31/241
南澗文集 3/31/535
南行日記 2/43/565
南游錄 2/27/221
南游日記 4/33/166
南游詩存 4/50/168
南遊草 4/26/701
南遊詩草 4/29/689
難孫氏毛詩評 1/46/587
內業 1/49/126
倪匡世 4/27/669
擬史籍考校例 2/21/269

擬我法集 3/31/755
逆降義 1/49/611
年號備考 4/36/388
年號考 2/50/623
年曆 1/49/082
念堂詩草 3/35/109
聶□ 1/46/764
凝寒閣詩話 3/47/220
甯越 1/49/135
甯子 1/49/135
牛效伊 1/03/001
牛運震 1/03/001
3/49/001
4/14/443
農經 1/36/001
女史碧香閣遺稿 3/44/334

O

歐陽生 1/46/364
蒍唐詩集 4/29/525
藕舲詩話 3/47/329

P

潘呈雅 4/34/076
潘矩健 4/34/101
潘氏三君集三種 4/34/073
潘守廉 4/34/073
潘遵鼎 4/34/083
攀古小廬古器物銘 1/44/150
1/44/150
1/44/150
1/44/150
攀古小廬古器物釋文初草 1/44/002
攀古小廬經均 1/08/730
攀古小廬鏡銘 4/21/199
攀古小廬校勘記 1/08/794
攀古小廬遺集 1/44/727
攀古小廬雜著 4/25/399
攀古小廬雜著三種 4/25/341
攀古小廬甎瓦文字 1/44/482
般上舊聞 3/19/001
般陽高中謀先生日誌 2/15/059
般陽詩鈔十一種 3/39/001
裴啓 1/49/481
裴氏新言 1/49/444
裴松之 1/47/094
裴玄 1/49/444
裴瑜 1/48/402
裴子語林 1/49/481
佩文詩韻校錄 1/44/704
彭汪 1/47/559
彭雪嵋先生日記 2/15/735
彭以竺 2/15/735
彭雲鶴 3/33/253
蓬萊葛氏詩文稿五種 3/41/001
埤蒼 1/48/737
駢儷文 4/35/705
平原君書 1/49/155
潑墨軒詩草、潑墨軒詞 2/37/113
蒲立德 2/33/001
蒲松齡 1/33/615
1/36/001
1/37/171
2/31/001
2/31/063
3/39/329
3/47/377
3/47/593
3/47/647
3/48/001
4/11/541
浦曰楷 2/19/373

Q

七經義綱 1/48/446

七略別錄 1/49/095
七篇指略 4/08/343
七十二硯齋癸甲集 2/38/235
栖雲閣詩 3/39/010
戚袞 1/47/027
戚繼光 1/34/427
漆雕□ 1/49/104
漆雕子 1/49/104
祁刻說文解字通釋斠錄 4/12/033
�山集 1/34/177
綦灃 3/08/001
綦毋邃 1/48/261
齊乘、釋音、考證 2/19/027
齊魯封泥考存 3/21/229
齊論語 1/48/026
齊詩傳 1/46/476
齊諧記 1/49/516
齊燕聯唱 3/45/001
齊永明諸王孝經講義 1/47/746
錡齋詩選 4/32/219
屺瞻草堂經說三種 3/09/569
杞園吟稾 2/38/329
啓蒙記 1/49/018
憩亭賦稾 4/30/223
錢大昕 1/08/105
1/08/711
黔寄集 2/43/724
黔寄集古近體詩 2/43/748
黔婁先生 1/49/310
黔婁子 1/49/310
黔行集古近體詩 2/43/714
黔行記略 2/44/002
碻磨詩鈔 4/29/237
譙周 1/48/145
1/48/416
1/49/212
譙子法訓 1/49/212
切字肆考 2/12/607
芹香書屋文集 3/41/553
秦道靜 1/47/638
秦漢瓦當文字 3/21/111
秦漢印章拾遺 3/21/163
秦菁 1/49/447
秦子 1/49/447
琴歷 1/47/401
琴清英 1/47/385
琴趣外篇 2/45/469
琴書 1/47/408
沁水晚周石墨釋記 4/49/115
青衿俠傳奇 3/48/339
青史子 1/49/477
青箱古集續編 3/19/471
青州訪碑目 4/21/043
青州明詩鈔、續編 2/40/461
清愛堂家藏鐘鼎彝器款識灋帖 3/19/427
清愛堂詩鈔 4/29/159
清厚堂詩鈔 3/44/319
清籟吟詩鈔、詩餘、文鈔 4/32/549
清詒堂燈謎 2/25/079
清止閣集 2/29/489
請雨止雨書 1/49/585
穹天論 1/49/535
丘石常 2/30/001
丘檞 4/08/439
邱琮玉 4/32/707
邱錫珖 3/35/175
邱仰文 3/01/181
秋澄詩集 3/24/001
秋蟲吟草 3/41/052
秋燈叢話 4/25/577
秋谷先生遺文 2/31/517
秋蝴蝶齋文稿 4/32/495
秋菊園詩鈔 3/44/456
秋廬唫草 1/43/663
秋門詩鈔 3/35/291
秋橋詩續選 3/35/591
秋橋詩選 3/35/555
秋聲辭 4/30/001
秋水閣遺草 1/43/659
秋水亭集拾遺 2/35/759

秋水亭詩、補 2/35/639
秋水亭詩續集、秋水亭詩補編 2/35/707
求是齋文集 2/37/001
曲阜清儒著述記 2/21/285
曲阜詩鈔 3/39/725
屈萬里 1/44/150
2/21/361
朐陽唫草 3/36/257
渠風續集、補遺 3/40/393
渠丘集印社 4/25/039
渠亭山人半部稾 3/29/241
去伐論 1/49/196
全史四字鑑略 4/14/275
全濰紀略 2/13/297
泉貨圖釋 4/50/685
勸學篇 1/48/722
卻掃齋詩鈔、卻掃齋學詩草 4/29/329
闕□ 1/49/398
闕里孔氏詞鈔 3/47/551
闕里孔氏詩鈔 3/41/095
闕里文獻考 1/10/048
闕子 1/49/398
群經注疏中俗語類記 2/50/149

R

冉氏譜系 2/13/785
忍廬吟草 3/44/402
任嘏 1/49/313
任星煒 4/29/703
任預 1/47/335
任子道論 1/49/313
紉香草堂詩集 4/30/315
仍園集 3/42/215
日省吾齋日錄 4/24/047
日用俗字 4/11/541
日照丁氏藏器目 4/21/227
日照丁氏家乘 3/11/083
日照許氏諸城李氏金文拓本釋 4/21/049
容安齋詩鈔 3/44/063
阮諶 1/47/298
阮武 1/49/359
阮孝緒 1/49/045
阮元 4/23/001
阮子政論 1/49/359
阮自華 1/10/600
瑞應圖 1/49/548
篛園日札 2/26/001
篛園日札續、篛園餘札 2/26/349

S

塞外吟、信稿 2/32/331
三蒼 1/48/700
三郭詩草三種[濰縣] 3/42/151
三禮條辨 3/04/539
三禮圖 1/47/298
三禮義宗 1/47/349
三味齋存稿七種 4/36/387
三味齋詩錄 4/36/501
三味齋隨錄 4/36/467
三味齋文存 4/36/486
三五歷記 1/49/080
三字石經春秋 1/49/071
三字石經尚書 1/49/068
桑梓之遺錄文 1/40/001
桑梓之遺書畫冊目錄、文鈔 2/24/001
桑梓之遺書畫冊人物考略 2/24/231
喪服變除圖 1/47/059
喪服古今集記 1/47/106
喪服古今通考 3/43/517
喪服經傳陳氏注 1/47/069
喪服經傳馬氏注 1/47/039
喪服經傳王氏注 1/47/053
喪服經傳袁氏注 1/47/065
喪服難問 1/47/101
喪服世行要記 1/49/605
喪服釋疑 1/47/073

喪服要集　1/47/063
喪服要記注　1/47/089
僧一行　1/46/308
曬書堂筆記　2/48/648
曬書堂筆錄　2/48/728
曬書堂閨中文存　2/48/640
曬書堂詩鈔　2/49/002
曬書堂詩餘　2/49/061
曬書堂時文　2/48/697
曬書堂試帖　2/49/054
曬書堂文集、外集、别集　2/48/439
山帶館集　4/33/166
[山東陵縣]保甲章程　3/15/141
山東曹州府單縣現行簡明賦役全書(光緒貳拾貳年分)　3/13/515
山東曹州府鉅野縣現行簡明賦役全書(光緒貳拾貳年分)　3/13/481
山東曹州府鄆城縣現行簡明賦役全書　3/13/497
山東大學堂史學課本　4/13/679
山東登州府萊陽縣收併各所現行簡明賦役全書(光緒叁拾貳年分)　3/13/719
山東登州府萊陽縣現行簡明賦役全書(光緒叁拾貳年分)　3/13/695
山東登州府文登縣收併威成靖三衛現行簡明賦役全書　3/13/743
山東登州府文登縣現行簡明賦役全書　3/13/727
山東東昌府博平縣現行簡明賦役全書(光緒貳拾貳年分)　3/13/589
山東東昌府恩縣現行簡明賦役全書(光緒貳拾貳年分)　3/13/605
山東東昌府高唐州賦役全書(光緒叁拾貳年分)　3/13/553
山東東昌府聊城縣現行簡明賦役全書(道光拾陸年分)　3/13/533
山東東昌府堂邑縣現行簡明賦役全書(光緒貳拾貳年分)　3/13/571
山東高等學堂兵學講義　4/24/503
山東高等學堂經學講義　4/09/751
山東高等學堂禮經講義　4/05/001
山東黄河南岸十三州縣遷民圖說　2/19/001
山東即墨楊氏詩集、文集　2/42/689
山東濟南府長清縣現行簡明賦役全書(光緒貳拾貳年分)　3/13/153
山東濟南府臨邑縣現行簡明賦役全書(光緒叁拾貳年分)　3/13/139
山東濟南府禹城縣現行簡明賦役全書(光緒拾貳年分)　3/13/119
山東濟南府章邱縣現行簡明賦役全書(光緒貳拾貳年分)　3/13/075
山東濟南府淄川縣現行簡明賦役全書(光緒拾貳年分)　3/13/099
山東濟寧直隸州現行賦役全書(光緒拾貳年分)　3/13/765
山東膠濟鐵路章程　4/13/669
山東軍興紀略　4/13/351
山東萊州府昌邑縣現行簡明賦役全書(同治伍年分)　3/13/749
山東臨清直隸州武城縣現行簡明賦役全書(光緒貳拾貳年分)　3/13/785
山東臨清直隸州夏津縣現行簡明賦役全書　3/13/801
山東青州府博山縣現行簡明賦役全書(光緒貳拾貳年分)　3/13/623
山東青州府昌樂縣現行簡明賦役全書(光緒叁拾貳年分)　3/13/683
山東青州府高苑縣賦役全書(光緒貳拾貳年分)　3/13/641
山東青州府壽光縣現行簡明賦役全書(嘉慶貳拾壹年分)　3/13/653
山東省古物調查表　4/23/473
山東省立圖書館善本書目甲編　2/21/361
山東省圖書館　2/21/001
山東試辦大學堂暫行章程摺稿　4/15/539
山東泰安府東阿縣現行簡明賦役全書(光緒貳拾貳年分)　3/13/207
山東泰安府東平州現行簡明賦役

全書(光緒貳拾貳年分) 3/13/169
山東泰安府肥城縣現行簡明賦役全書(光緒貳拾壹年分) 3/13/241
山東泰安府平陰縣現行簡明賦役全書(光緒貳拾貳年分) 3/13/227
山東泰安府新泰縣現行簡明賦役全書(光緒貳年分) 3/13/193
山東提學司 1/10/564
山東通志、附錄、補遺 1/21/001
山東圖書館書目 4/18/305
山東圖書館辛亥年藏書目錄 4/18/237
山東武定府濱州簡明賦役全書(光緒拾貳年分) 3/13/279
山東武定府海豐縣現行簡明賦役全書(咸豐陸年分) 3/13/297
山東武定府惠民縣現行簡明賦役全書(光緒貳年分) 3/13/257
山東武定府利津縣現行簡明賦役全書(光緒拾貳年分) 3/13/317
山東武定府蒲臺縣現行簡明賦役全書(光緒貳拾貳年分) 3/13/337
山東武定府商河縣現行簡明賦役全書(光緒貳拾貳年分) 3/13/355
山東武義士興學始末記 1/10/564
山東鹽法續增備考 3/14/643
山東鹽法志、援證 3/14/001
山東兗州府寧陽縣現行簡明賦役全書(光緒貳拾貳年分) 3/13/375
山東兗州府汶上縣現行簡明賦役全書(光緒貳拾貳年分) 3/13/411
山東兗州府嶧縣現行簡明賦役全書(光緒拾貳年分) 3/13/395
山東沂州府費縣現行簡明賦役全書(光緒拾貳年分) 3/13/447
山東沂州府蘭山縣賦役全書(光緒拾貳年分) 3/13/431
山東沂州府蒙陰縣現行簡明賦役全書(光緒貳拾貳年分) 3/13/471
山東沂州府沂水縣現行簡明賦役全書(光緒貳拾貳年分) 3/13/459
[山東]驛站章程 3/15/161
山東運河備覽 4/16/297
山海經箋釋 2/26/763
山海經箋疏、圖贊、訂譌、敘錄 2/46/486
山左度支備覽 2/16/245
山左訪碑錄 4/22/661
山左教案二編 2/13/481
山左金石志 4/23/001
山左明詩鈔 1/40/441
山左明詩選 3/38/511
山左先哲遺書提要 4/49/289
陝志陵墓略考 2/49/846
單步青 3/43/375
3/43/549
3/43/563
3/43/584
3/43/593
3/43/637
3/44/456
3/44/492
單茝樓 3/44/334
單崇 3/43/386
單疇書 3/43/424
3/43/691
單德謨 3/43/745
單鼎 3/44/053
單鐸 3/02/001
單父琴 3/43/394
單華炬 3/44/319
單稽 3/44/392
單楷 3/43/703
單可垂 3/33/001
3/44/171
單可慈 3/44/222
單可惠 3/44/068
3/44/108
4/25/227
單可琪 4/12/615
單可玉 3/44/063
3/47/443

單烺 3/30/433
3/43/759
單立憙 3/44/352
單枚傳 3/44/428
單朋錫 3/43/616
3/44/474
單若魯 3/43/408
3/43/418
3/43/656
單氏全書 4/36/001
單氏世寶 3/43/408
單廷苞 3/44/374
單仝裕 3/44/409
單爲濂 3/43/499
3/43/514
3/44/264
3/44/272
3/47/539
單爲鏓 3/35/175
3/43/517
3/43/528
3/44/279
4/36/001
單維 3/01/553
3/43/483
單尉然 3/44/364
單務爽 3/43/676
單縣時氏遺箸審查意見、重編時氏書目 1/08/808
單縣時氏音學遺著 1/05/001
單襄棨 3/44/243
單頤壽 3/44/452
單蔭葛 3/44/437
單蔭堂 3/44/445
單映墀 3/44/395
單映奎 3/44/402
單永安 3/44/419
單昭瑾 3/44/433
單鋁 3/43/469
3/44/049
單徵君全集 4/36/001
單中呂 3/44/255
單翥 3/44/484
單紫誥 3/44/339
單宗元 3/43/723
單作哲 3/30/499
3/43/433
4/33/183
尚書 4/03/211
尚書百兩篇 1/50/695
尚書大傳、序錄、辨譌 4/03/147
尚書大夏侯章句 1/46/368
尚書公養素堂詩集 3/41/466
尚書古義 4/36/528
尚書顧氏疏 1/46/434
尚書廣義 2/50/007
尚書考 1/03/090
尚書劉氏義疏 1/46/431
尚書馬氏傳 1/46/375
尚書歐陽章句 1/46/364
尚書評注 1/03/001
尚書評注闕疑 1/03/001
尚書淺注 3/03/001
尚書述義 1/46/433
尚書王氏注 1/46/401
尚書緯帝命驗 1/48/472
尚書緯考靈曜 1/48/464
尚書緯刑德放 1/48/471
尚書緯璇璣鈐 1/48/463
尚書緯運期授 1/48/475
尚書小夏侯章句 1/46/372
尚書小札 3/50/633
尚書要義 1/03/090
4/03/481
尚書逸篇 1/50/689
尚書中候 1/48/450
勺亭識小錄、外集 2/25/101
少廣正負術內篇、外篇 4/35/630
少鶴先生詩草墨蹟 3/32/507
少鶴先生詩鈔 3/32/647

少子 1/49/335
邵大緯 3/23/239
射慈 1/47/059
申不害 1/49/345
申培 1/46/442
申子 1/49/345
深柳堂遺詩 3/41/229
神農書 1/49/260
沈驎士 1/46/233
1/48/211
沈默 4/16/159
沈峭 1/48/219
沈文阿 1/47/627
沈旋 1/48/387
沈約 1/49/472
沈曾育 4/14/425
沈重 1/46/623
1/46/766
1/47/245
1/47/403
審齋詞 2/45/491
慎貽堂書目 1/28/147
椹溪送別贈答詩 4/33/624
生克中 2/19/385
聲調前譜、後譜、續譜 4/34/327
聲類 1/48/754
聲譜 1/05/003
聲說 1/05/340
聲疑 1/06/469
聲韻易知 4/12/703
聲衷枚數 1/07/111
盛宏之 1/50/718
聖門樂誌 3/13/027
聖門禮誌 3/13/001
聖賢高士傳 1/49/086
聖證論 1/48/420
施讐 1/46/058
施乾 1/48/391
施士丐 1/46/642
施氏詩說 1/46/642
師經堂存詩 3/32/001
詩本韻考 3/10/361
詩綱 3/04/191
詩古音 3/10/537
詩經大題 3/04/219
詩經拾遺 2/46/800
詩經條貫 3/09/603
詩毛傳補證 1/03/435
詩聲分例 1/08/337
詩聲類、聲類分例 4/35/448
詩說 2/46/748
詩緯含神霧 1/48/480
詩緯汜歷樞 1/48/478
詩緯推度災 1/48/476
詩問 2/09/002
詩問 2/47/208
詩問 3/47/001
詩志 3/49/002
十二筆舫雜錄 2/25/567
十客樓稿 1/43/615
十客樓未刻詩 1/43/634
十三家古音異同表 1/08/235
十鐘山房臧齊魯三代兩漢瓦當文字目 4/20/222
什一編 1/43/676
石丹文 3/31/685
石鼓文音訓集證 4/22/329
石介 4/26/087
石經公羊 1/49/064
石經魯詩 1/49/062
石經論語 1/49/065
石經尚書 1/49/060
石經儀禮 1/49/063
石鏡齋集 1/43/590
石菌山齋詩稿 3/34/305
石蓮闇詩、詞、樂府 3/36/463
石渠禮論 1/47/290
石泉書屋尺牘 4/31/177
石泉書屋類稿 4/31/077
石泉書屋詩鈔 4/31/001

石室談詩 4/34/257
石桐先生詩鈔 3/32/459
石隱園詩草、石隱園題詠、石隱園襍詠 2/27/803
石語齋詩集 4/33/401
時和園書目 4/17/593
時和園印存 4/25/093
時務論 1/49/450
時庸勱 1/05/001
1/05/003
1/05/073
1/05/340
1/05/411
1/05/526
1/05/655
1/06/001
1/06/160
1/06/235
1/06/469
1/06/595
1/06/689
1/07/001
1/07/111
1/07/241
1/07/351
1/07/398
1/07/443
1/07/536
1/08/001
1/08/046
1/08/100
1/08/105
1/08/111
1/08/125
1/08/154
1/08/175
1/08/208
1/08/235
1/08/238
1/08/337
1/08/662
1/08/711
1/08/730
1/08/794
1/08/796
1/08/808
史記校 4/13/211
史佚書 1/49/374
史籀篇 1/48/657
使粵詩草 4/30/223
始學篇 1/49/013
士緯 1/49/371
士鄉烈女詩文略 3/44/799
世綸堂傳文存藁 4/14/333
世碩 1/49/112
世要論 1/49/361
世子 1/49/112
適暮稿 3/48/519
適我集 2/38/279
適齋筆記 1/45/256
適齋隨筆 1/45/696
釋布 4/25/384
釋海霆 2/20/685
釋慧琳 1/48/210
釋惑錄 4/14/307
釋人疏證 3/10/341
釋神珙 1/49/055
釋疑論 1/47/376
釋智匠 1/47/392
釋滯 1/49/250
守岐公牘彙存 3/15/247
守岐紀事 4/13/255
壽文堂遺詩、贈詩 3/41/091
書傳略考 2/49/201
書古文略考 2/49/267
書畫鑑影 1/33/271
書經管窺 3/09/586
書經直解 1/02/233
書說 2/47/002
書序略考 2/49/225

書張尚書之洞勸學篇後 3/50/778
書正義略考 2/49/212
舒援 1/46/621
蜀程槖記 3/41/002
蜀道聯轡集 4/34/117
蜀道停繡草 4/34/117
束晳 1/48/439
1/49/016
1/49/083
述耐堂詩集 2/35/385
漱玉詞、附錄、補遺 2/45/607
漱石山房文集、漱石山房時文 4/31/283
樹蕙堂詞 4/33/619
樹蕙堂詩 4/33/609
雙松書屋詩稿 3/38/069
雙行精舍文稿 4/50/186
雙行精舍雜存 4/50/627
水村詩集 3/41/254
水經釋地 4/35/088
水明樓詩 1/43/526
水飾 1/49/520
水絃樓詩文底稿 4/26/715
水竹居詩集 2/34/341
睡餘軒詩稿 4/30/757
說餠庵文集、詩集、詞集、
賦集 3/30/587
說文答問 1/08/711
說文古籒補補 4/12/531
說文繫傳校錄 2/12/503
說文解字 4/11/002
說文解字 4/11/143
說文解字句讀、句讀補正 2/11/167
說文解字均隸 3/10/239
說文解字聲切正謬 1/07/398
說文解字四種 4/10/499
說文釋例、釋例補正 2/12/001
說文疏證 1/08/105
說文俗語類記 2/50/182
說文通檢 4/11/423
說文義證定本 1/44/539
說文義證校理志事 1/44/618
說文韻孳 1/07/443
碩松堂讀易記 3/01/181
司馬光 4/26/039
司馬遷 1/49/546
司馬相如 1/48/695
司天開 3/09/157
司星子韋 1/49/538
思辨錄 4/24/105
四不出齋詩草 3/44/264
四六餘話補 2/32/267
四聲五音九弄反紐圖 1/49/055
四聲韻母切音 1/04/756
四書蠹簡 4/09/581
四書彙解 3/09/157
四書會解 3/08/001
四書求是 4/09/259
四書刪補約說 3/07/071
四書釋文 3/08/735
四書說略 2/50/693
四書圖考集要 4/09/001
四書鄉音辨譌 4/36/102
四書音韻 3/10/565
四書引左彙解 4/09/131
四書摘訓 4/08/439
四書證疑 3/07/641
四書字義說略 3/07/581
四書遵朱會通 4/09/249
四松齋詩集、四松齋文 4/28/563
四體書勢 1/49/024
氾勝之 1/49/284
氾勝之書 1/49/284
泗州考古錄 2/50/582
松露書屋詩稿 2/34/341
松濤詩稿 3/26/601
松月廬詩稿 4/28/723
宋弼 1/40/441
4/26/601
宋存書室宋元秘本書目 4/17/035
宋大家三蘇曾王文抄 2/40/165

宋晉之遺稿 3/23/047
宋均 1/48/476
1/48/478
1/48/480
1/48/483
1/48/489
1/48/493
1/48/498
1/48/502
1/48/504
1/48/508
1/48/518
1/48/527
1/48/537
1/48/538
1/48/546
1/48/548
1/48/551
1/48/554
1/48/556
1/48/564
1/48/571
1/48/577
1/48/608
1/48/611
1/48/612
1/48/626
1/48/631
1/48/632
1/48/632
1/48/633
1/48/645
1/48/645
1/48/647
1/48/648
1/48/651
1/48/652
1/48/653
1/48/654
1/48/654

宋慶 2/13/401
宋書升 1/03/090
1/03/700
3/06/333
3/23/047
3/36/539
3/36/713
4/01/519
4/03/481
宋司星子韋書 1/49/538
宋瑣語 2/48/002
宋琬 2/45/666
4/33/132
4/33/132
宋咸 4/24/001
宋湘 3/14/001
宋鈃 1/49/479
宋衷 1/46/113
宋子 1/49/479
訟過書屋文鈔 4/31/617
蘇寬 1/47/642
蘇秦 1/49/384
蘇彥 1/49/321
蘇子 1/49/321
1/49/384
俗說 1/49/472
隋巢子 1/49/378
隋少亭 2/21/361
遂初稿、遂初驛程記 2/34/247
孫葆田 1/21/001
1/39/493
3/11/001
孫必振 4/27/205
孫綽 1/48/180
1/49/327
孫光祀 4/27/289
孫蕙 3/39/230
孫季咸 3/06/323
孫偘 3/10/001
孫擴圖 4/28/399

孫勷 3/29/731
3/29/753
孫柔之 1/49/548
孫盛 1/46/228
孫氏成敗志 1/49/226
孫廷銓 2/18/723
孫廷芝 3/02/109
孫文楷 4/23/765
孫錫嘏 3/36/293
3/39/001
孫星衍 3/10/341
孫炎 1/47/159
1/48/337
1/48/365
孫毓 1/46/567
1/47/577
1/49/226
孫毓漢 4/28/399
孫肇興 3/07/071
孫子 1/49/327
索靖 1/49/014

T

太平堂詩補遺 3/43/703
太平堂詩草 3/43/703
太史公素王妙論 1/49/546
太史叔明 1/48/216
太史籀 1/48/657
太玄經 1/49/235
泰安趙仁圃相國苔岑錄 2/13/677
泰階六符經 1/49/525
泰山王氏僅好書齋藏書志摘鈔 4/18/219
泰山吟 2/32/341
泰誓略考 2/49/252
潭西精舍紀年 4/16/159
談龍錄 4/34/321
檀弓母字略考 2/49/290
湯誓略考 2/49/249
唐固 1/49/643
唐蒙 1/49/415
唐夢賚 2/45/694
3/39/182
唐滂 1/49/319
唐賢三昧集 3/38/283
唐均正摘鈔 1/08/125
唐仲冕 2/20/001
唐子 1/49/319
濤音集 3/38/427
桃花扇傳奇 4/34/649
陶嘉書屋鐘鼎彝器款識目錄 4/21/109
陶朱公 1/49/279
滕縣續志稿 2/19/385
藤梧館詩草 2/34/681
籐花軒詩鈔初集 4/29/311
題襟小唱 4/50/549
天暢軒憶得偶存詩稿、詩餘 4/30/633
天鏡 1/49/564
天籟集 2/37/035
天史 2/22/431
田駢 1/49/306
田俅 1/49/376
田俅子 1/49/376
田同之 2/25/473
2/45/748
2/45/764
3/30/109
3/30/221
4/28/027
田雯 1/35/487
2/30/715
3/04/219
4/16/261
田肇麗 1/35/487
4/28/001
田中儀 3/47/387
田子 1/49/306
鐵庵詩草 4/34/083
鐵槎樵語 4/28/071

鐵懷詩集 3/37/607
聽雪軒古文稿 3/35/175
聽雨樓詩 2/33/327
庭誥 1/49/039
通德遺書所見錄、叙錄 1/01/001
通俗文 1/48/723
通疑 1/49/251
通語 1/49/210
通轉韻攷 4/34/455
通轉韻式 4/34/327
同度記 4/35/081
同聲相應 1/06/595
同治癸酉科順天鄉試硃卷 4/32/397
桐陰書屋詩 3/42/069
銅鼓軒詩草 4/28/621
投壺變 1/49/599
圖書說 4/24/785
退廬詩鈔 3/42/156
退食槐聲留餘集 4/27/115
退食槐聲留餘集續刊 4/27/181
退食槐聲留餘集制義 4/27/147
退思廬文存 1/39/001

W

蛙鳴集 3/30/547
晚出書目記略 4/17/613
晚香詞 2/45/748
萬愛民 3/42/206
萬崇謙 3/42/219
萬名煒 3/42/205
萬士煉 3/42/215
萬惟檀 3/42/213
萬行草 2/30/715
萬瑜 3/42/230
萬毓盼 3/42/231
汪寶樹 2/38/587
3/37/001
3/37/357
汪惠毅公詩 3/37/001
汪惠毅公文集 3/37/357
汪荆川 3/35/263
4/14/573
汪水雲集版本考 4/49/705
汪水雲集校勘記 4/50/005
汪水雲集餘錄 4/49/665
汪水雲詩 4/49/576
汪水雲事輯 4/49/675
汪元量 4/49/576
汪昭綸 3/37/001
3/37/357
王弼 1/48/139
王碧瑩 3/36/733
王蒼 3/19/471
王崇燕 3/06/289
王德容 3/35/555
3/35/591
王德瑛 4/24/047
4/26/039
王東槐 3/36/125
王範 2/07/699
王佛生 4/18/219
王福來 4/37/001
王賡言 3/08/735
3/34/325
3/40/001
王亨豫 2/13/673
2/13/677
王厚慶 3/41/572
王懷琪 3/42/241
王基 1/46/560
1/49/200
王積光 3/41/499
王積熙 3/41/489
王佳賓 2/35/327
王嘉猷 4/29/689
王价藩 4/18/219
王械 4/25/577
王儉 1/47/106

	1/47/338
王漸鴻	3/04/473
	3/04/539
	3/09/647
王鑑先	4/27/069
王教	3/24/001
王介福	4/14/605
王景諍	4/32/495
王樛	3/39/139
	4/26/749
王筠	1/08/238
	2/10/205
	2/11/167
	2/12/001
	2/12/503
	2/13/809
	2/22/001
	2/25/025
	2/25/079
	2/50/655
	3/09/487
	3/19/417
	4/03/467
	4/10/500
	4/11/663
	4/12/001
	4/12/033
	4/13/211
	4/24/785
王駿	1/50/713
王凱沖	1/46/263
王考功年譜	4/14/341
王克篤	3/48/519
王朗	1/48/131
王斂福	4/27/789
王墨林	4/37/001
王念孫	1/08/208
	1/08/238
	2/46/641
王寧焯	3/32/753
王培荀	3/06/673
	4/25/303
	4/34/117
王鵬運	2/45/607
王苹	3/28/543
王煿	2/37/629
	2/37/657
王煿詩稿	2/37/629
王啓叡	4/26/715
王啓涑	3/29/647
王千秋	2/45/491
王青藜	4/31/205
王秋水自撰年譜	2/35/759
王逡之	1/49/605
王鎔經	2/38/135
王如英	3/42/241
王烶	4/29/237
王劭	1/49/257
王紹鑕	2/38/279
王士祿	2/45/626
	3/38/427
王士禛	1/10/769
	1/28/125
	2/13/515
	2/43/327
	2/43/380
	2/43/448
	2/45/647
	3/22/001
	3/22/287
	3/22/641
	3/22/779
	3/23/001
	3/27/113
	3/27/179
	3/38/283
	3/38/427
	3/47/001
	4/14/341
	4/34/293

王氏 4/29/627
王氏合集書目考略 2/21/295
王氏論語說 1/50/713
王氏喪服要記 1/47/057
王氏水源錄 3/11/047
王氏新書 1/49/200
王氏一家言 3/42/241
王守訓 1/03/435
1/04/125
1/39/055
1/39/321
1/45/255
2/44/183
2/44/569
3/11/047
4/17/613
王守訓遺稿七種 1/45/255
王壽 2/13/795
王書林 4/37/001
王嗣宗 1/46/264
王肅 1/46/159
1/46/169
1/46/401
1/46/528
1/46/554
1/46/556
1/46/558
1/47/053
1/47/057
1/47/145
1/47/563
1/47/738
1/48/132
1/48/420
1/49/190
王孫氏 1/49/137
王孫子 1/49/137
王太史宧稿 4/27/789
王天相 3/30/287
王廷霖 4/50/685
王維樸 4/18/205
王維言 1/04/334
2/09/239
2/10/571
2/38/729
王瑋慶 3/47/329
3/47/349
4/29/525
王文簡公七古平仄論 4/34/293
王文敏公家傳 4/14/681
王文直公遺集 3/36/125
王錫榮 3/46/001
3/46/315
王曦如 3/21/323
王獻唐 1/08/808
1/44/001
1/44/150
4/10/499
4/21/233
4/37/001
4/37/002
4/37/012
4/37/016
4/37/045
4/37/338
4/37/367
4/37/382
4/37/396
4/37/415
4/38/001
4/39/001
4/39/196
4/40/001
4/41/001
4/42/002
4/42/024
4/42/239
4/42/415
4/42/471
4/42/540

4/43/001
4/45/002
4/45/273
4/46/001
4/47/001
4/48/001
4/49/003
4/49/013
4/49/039
4/49/115
4/49/137
4/49/178
4/49/289
4/49/299
4/49/350
4/49/363
4/49/373
4/49/389
4/49/409
4/49/471
4/49/475
4/49/576
4/49/675
4/49/705
4/50/168
4/50/186
4/50/549
4/50/627
王獻唐先生遺稿四十種附錄三種 4/37/001
王象春 2/28/633
2/28/785
王象晉 3/24/679
王象瑜 2/38/621
王星奎 3/10/423
王訓 4/08/343
王雅量 2/28/531
王延慶 3/41/596
王颺昌 4/27/731
王逸 1/49/173
王義 1/50/718
王廙 1/46/212
王懿榮 3/41/465
4/22/335
4/32/397
王嬰 1/49/228
王縈緒 4/04/317
王餘英 4/09/259
王馭超 1/09/001
王煜 4/36/387
王元規 1/47/636
王悅 2/27/221
王允灌 2/21/295
王兆弘 2/14/001
王照圓 1/10/535
2/46/641
2/48/640
2/49/067
王者政 4/34/117
王執慎 3/41/563
王執宜 3/41/553
王鷺 3/41/466
王鍾泰 3/41/516
王子敬十三跋校勘記 4/49/471
王子正論 1/49/190
王宗嶽 4/08/153
王祖昌 2/28/785
2/35/639
2/35/707
2/35/759
王祖源 3/10/001
忘餘詩草 4/30/223
望淮集 2/44/107
微波榭遺書六種 4/35/001
薇軒吟艸、薇軒吟艸補遺 3/44/339
韋昭 1/46/565
1/47/741
1/49/008
圍城日錄 2/13/217
爲政忠告三種 4/15/567

濰縣陳氏寶齋藏器目	4/20/287
濰縣陳氏金文拓本釋	4/20/507
[濰縣]三郭詩草三種	3/42/151
濰言	2/11/001
尾箕吟	1/43/741
未谷詩集	4/29/001
未央術	1/49/537
蔚村吟草	3/44/364
衛瓘	1/48/146
衛恒	1/49/024
衛宏	1/48/709
魏公子牟	1/49/304
魏朗	1/49/185
魏平樂亭侯印考	4/42/540
魏文侯	1/47/733
魏文侯書	1/49/113
魏真己	1/47/764
魏子	1/49/185
魏自勵	4/32/277
文昌孝經註	4/26/039
文釋	1/49/469
文心雕龍	4/34/155
文選擬題詩	3/35/739
文學天性齋詩鈔	1/39/055
文學天性齋文鈔	1/39/321
文貞子遺書	3/21/323
文字集略	1/49/045
文字蒙求	4/11/663
文字學講義大綱	4/37/338
文字指歸	1/49/054
問禮俗	1/47/312
問山亭詩	2/28/633
問山亭詩拾遺	2/28/785
問天亭放言	2/22/431
翁樹培	1/30/187
臥象山房集	1/35/001
吳步韓	2/38/235
吳重憙	2/45/405
	2/45/647
	3/36/463
	3/43/233
	4/18/153
	4/19/001
吳重周	4/19/001
吳船書屋詩	3/42/040
吳堦	3/17/527
吳普	1/49/260
吳商	1/47/324
吳氏石蓮庵刻山左人詞	2/45/405
吳式芬	2/22/163
	4/19/001
吳玉搢	3/10/079
吳自肅	2/30/715
吾丘壽王	1/49/171
吾丘壽王書	1/49/171
吾有山房稿	1/43/737
無夢軒詩	2/35/313
無爲齋文集	4/32/001
無爲齋續集	4/32/119
無爲齋遺集	4/32/169
五殘雜變星書	1/49/526
五燈精舍印話	4/43/001
五峰山館詩課	3/35/761
五家古均陰陽同入異同表	1/08/235
五經大義	1/48/443
五經鉤沉	1/48/441
五經然否論	1/48/416
五經通論	1/48/439
五經通義	1/48/404
五經要義	1/48/410
五經音韻	3/10/603
五蓮山志	2/20/685
五行傳記	1/50/738
五子近思錄隨筆	3/21/351
午窗隨筆	3/50/671
午樹堂詩集	3/31/607
伍硯堂集	2/30/371
武定李氏家集	2/42/001
武定明詩鈔	2/40/655
武定詩補鈔	2/41/239

武定詩續鈔 2/40/817
武漢階 4/36/527

X

夕霏亭詩 2/30/671
西窗詩草 3/43/723
西郛集 1/43/682
西華行卷 1/43/603
西圃詞說 2/45/764
西圃近稿 3/30/109
西圃詩冊 3/30/221
西山詩存 3/40/747
西征集 4/30/739
西征記 2/15/001
析言論 1/49/449
息軒草 3/39/139
息軒草 4/26/749
夏侯建 1/46/372
夏侯論語說 1/50/710
夏侯勝 1/46/368
1/50/710
夏侯湛 1/49/231
夏侯子新論 1/49/231
夏小正箋疏 2/10/571
夏小正詩[李廷棨] 3/36/105
夏小正詩[馬國翰] 3/36/001
夏小正釋義 1/03/700
夏小正正義 3/09/487
先秦宮殿考 2/19/505
先孝靖公遺詩 1/43/758
先正讀書訣 4/24/451
縣志荔裳詩 4/33/132
相印軒印存 4/25/039
香谷詩草 3/44/437
香亭詩草 4/31/687
香雪園重訂詩 2/35/001
香祖筆記 3/22/641
鄉黨句解 4/08/153
鄉賢年譜考略 2/13/673
鄉賢遺事 2/13/677
湘浦詩鈔 4/29/201
向秀 1/46/185
項竣 1/49/013
宵幽古音攷 4/37/396
逍遙遊 3/28/631
蕭大亨 2/18/681
蕭綱 1/46/610
蕭吉 1/47/407
蕭榕年 4/09/131
蕭衍 1/46/237
1/47/387
1/47/389
1/47/750
1/48/215
蕭繹 1/49/043
小學篇 1/50/718
小顏家詩 1/43/660
小棻邇言 2/29/001
孝經 4/26/039
孝經安昌侯說 1/47/735
孝經長孫氏說 1/47/736
孝經傳 1/47/733
孝經雌雄圖 1/48/640
孝經古祕 1/48/643
孝經后氏說 1/47/733
孝經皇氏義疏 1/47/753
孝經解讚 1/47/741
孝經劉氏說 1/47/748
孝經內事圖 1/48/633
孝經釋義 3/06/333
孝經王氏解 1/47/738
孝經緯鉤命訣 1/48/626
孝經緯援神契 1/48/612
孝經訓注 1/47/764
孝經嚴氏注 1/47/752
孝經義疏 1/47/750
孝經殷氏注 1/47/743
孝經右契 1/48/632

孝經章句 1/48/638
孝經鄭注埘音 3/06/323
孝經中契 1/48/631
孝經註疏 4/07/749
孝經左契 1/48/632
孝友堂滇生詩稿、文稿 4/34/057
孝友堂畫船詩稿、文稿 4/34/045
孝友堂鐵峰詩稿、文稿 4/34/037
校經室文集、補遺 1/39/493
校正汲冢周書札記 2/13/001
校正尚書評注訛字表 1/03/001
笑林 1/49/498
嘯巖草 3/41/489
謝□ 1/47/162
謝徽 1/47/089
謝嶠 1/48/395
謝焜 4/29/359
謝萬 1/47/745
謝子超 4/28/563
心湖隨意草 3/44/409
辛爾藻 4/03/051
辛甲 1/49/302
辛甲書 1/49/302
辛棄疾 2/45/514
昕天論 1/49/532
新城王氏世譜、世系 2/14/001
新雕徂徠石先生文集 4/26/087
新定禮 1/47/052
新甫吟草 3/44/445
新刊嵩山居士文集 4/26/213
新義 1/49/446
信都芳 1/47/397
邢昺 4/07/749
4/08/043
4/10/001
邢侗 1/10/600
3/25/001
邢順德 3/36/777
形下錄 1/45/553
省吾齋詩賦集 4/28/281
省香齋詩集 4/31/321
幸魯盛典 1/16/546
幸雲曲 3/48/001
凶禮 1/47/092
熊安生 1/47/250
熊埋 1/48/220
［修竹山房詩集］ 4/33/581
岫雲書窠磚瓦拓本 4/49/039
徐□ 1/49/141
徐標 2/29/001
徐從治 2/13/217
徐公經濟錄 2/29/001
徐廣 1/47/327
徐繼孺 3/17/579
徐金銘 4/32/585
徐樂 1/49/409
徐樂書 1/49/409
徐邈 1/46/222
1/46/420
1/46/598
1/46/750
1/47/165
1/47/595
1/47/607
徐乾 1/47/583
徐田 4/27/069
徐夜 3/27/113
徐郥 1/46/307
徐整 1/46/567
1/49/080
徐子 1/49/141
徐宗幹 3/38/511
栩野詩存、栩野遺詩補輯、投贈 4/27/069
許瀚 1/04/738
1/08/730
1/08/796
1/44/001
2/21/269
2/38/001
3/10/079

4/11/002
4/21/049
4/21/109
4/21/199
4/25/341
4/25/399
許鴻磐 2/17/209
2/36/001
2/40/001
2/50/561
3/33/133
3/33/203
3/33/239
許商 1/50/738
許慎 4/10/500
4/11/002
4/11/143
許淑 1/47/560
許印林手稿 2/38/001
許印林先生吉金考識 4/25/343
許印林先生吉金考識、友朋書札 1/44/373
許印林先生題跋 1/44/417
許印林先生遺稿 1/44/648
許印林遺書 1/44/001
許印林友朋書札 4/25/343
許印林撰校考略 1/44/236
許雲嶠先生手書詩文稿 2/36/001
旭齋文鈔 3/36/713
序卦圖說 2/07/699
恤緯吟、續抄 3/41/384
恤緯齋詩 1/43/747
續春秋左氏傳義略 1/47/636
續貂錄 3/42/231
續秋菊園詩鈔 3/44/456
續泉匯、補遺 4/22/117
續詩經音律 4/12/793
宣統二年山東諮議局議覆暨自行提議各案 3/17/429
玄中記 1/49/511
薛傳均 1/08/105
1/08/711
薛鳳祚 2/23/001
薛漢 1/46/513
薛君韓詩章句 1/46/513
薛虞 1/46/036
學半齋集 3/41/596
學庸困知錄 3/06/515
學庸順講 3/07/001
學庸餘論 3/06/673
雪浪山房稿 1/43/637
雪泥鴻爪 3/46/315
雪泥書屋遺文 1/38/687
雪泥書屋雜志、雜文 1/38/735
雪泥屋遺書目錄、補遺 2/21/333
雪谿詩社偶存 3/44/392
雪岩詩草 4/34/019
雪巖翁集 2/32/231
雪巖五種 2/32/231
雪巖雜錄 2/32/275
荀卿年譜 2/13/795
荀柔之 1/46/230
荀爽 1/46/118
1/47/123
荀萬秋 1/47/337
荀子補注 2/48/094
荀子哲學 4/36/670
尋樂齋詩 3/42/193
訓纂篇 1/48/697
槧軒孔氏所著書七種 4/35/149

Y

雅雨山人出塞集 1/37/651
雅雨堂詩集、文集 1/37/651
烟草亭詩畧 1/43/736
延綠山房吟草 3/44/255
炎黃氏族文化考 4/37/415
研經堂周易顯指 3/02/001
閆尚召 4/28/631

閻湘蕙 2/26/705
4/31/687
閻莘廬 2/09/363
顔安樂 1/47/416
顔伯璟 1/43/758
顔伯珣 1/43/701
1/43/731
1/43/753
4/33/698
顔崇榖 1/43/660
顔崇槼 3/31/703
3/47/279
顔光敏 1/33/001
4/33/631
顔光斆 1/43/652
顔光猷 1/43/526
顔居詩畧 1/43/736
顔魯公文集、補遺、附錄 2/27/045
顔懋价 1/43/734
1/43/736
1/43/736
1/43/737
1/43/738
1/43/739
1/43/741
1/43/742
1/43/745
顔懋齡 1/43/657
顔懋倫 1/43/663
1/43/665
1/43/666
1/43/669
1/43/676
2/33/475
顔懋企 1/43/682
顔懋僑 1/43/573
1/43/590
1/43/597
1/43/600
1/43/603
1/43/611
1/43/615
1/43/624
1/43/633
1/43/634
1/43/637
4/33/745
顔懋仝 1/43/646
顔懋儨 1/43/659
顔清谷四編詩 2/33/475
顔山雜記 2/18/723
顔氏家誡 1/33/001
顔氏三家詩集三種 4/33/629
顔小來 1/43/747
顔延之 1/48/207
1/49/039
1/49/041
1/49/611
1/49/671
顔肇亮 1/43/657
顔真卿 2/27/045
嚴安 1/49/411
嚴安書 1/49/411
嚴彭祖 1/47/414
嚴羽 3/47/349
嚴植之 1/47/752
嚴助 1/49/672
嚴助書 1/49/672
衍波詞、附 2/45/647
演說文 1/49/031
硯池十二峯詩 4/25/227
燕喜堂集 2/28/001
燕遊詩草 4/29/689
燕子春秋 2/48/194
諺語類鈔 2/26/705
陽成子長 1/47/379
陽類九部聲說 1/05/526
陽類九部聲說藁 1/05/411
陽信縣初等小學堂試辦章程 4/15/559
陽休之 1/49/051

揚雄 1/47/385
1/48/697
楊保彝 1/39/043
4/17/055
楊昶 4/33/166
楊承慶 1/49/032
楊德昭 4/29/151
楊峒 3/10/537
3/32/001
楊端勤公奏疏 1/20/001
楊恩祺 4/30/633
楊方 1/48/441
楊刻蔡中郎集校勘記、外紀、外集
1/44/750
楊潾 2/37/295
4/29/329
楊泉 1/49/235
楊紹和 1/20/001
1/39/023
4/17/035
4/17/309
4/17/497
楊慎 2/26/763
楊士驤 1/21/001
楊士勛 4/05/457
楊書巖先生古文鈔 3/32/001
楊天祿 4/05/621
楊廷芝 4/09/249
楊通佺 2/45/685
楊偉 1/49/450
楊宜東 4/33/029
楊以增 1/20/001
1/39/001
楊乂 1/46/188
楊佑廷 4/16/215
養靜齋札記 3/09/647
養羊法 1/49/293
養魚經 1/49/279
養中之塾文集 3/42/114
姚規 1/46/257
姚文安 1/47/638
姚信 1/46/177
1/49/371
1/49/532
堯封賸稿 2/33/775
堯陵考 4/16/173
要雅 1/49/470
要用字苑 1/49/029
野老書 1/49/263
掖乘 2/19/157
掖詩採錄 4/33/237
葉承宗 2/30/173
一松齋集 4/28/399
一枝集 3/23/239
伊川刪定禮記集註 4/04/317
伊家書 1/49/297
伊摯 1/49/297
夸門遊草 1/43/666
夷白草 1/37/265
夷夏論 1/49/342
移林館吉金圖識 4/21/209
移林日記 3/12/785
飴山詩集 2/31/571
飴山詩餘 2/45/740
飴山文集 2/31/707
儀晉觀堂詩鈔 1/39/023
儀禮、校錄、續校 4/04/001
儀禮監本正誤 2/10/001
儀禮石本誤字 2/10/001
儀禮士冠禮箋 2/01/194
儀禮肊測、敘錄 2/01/058
儀禮鄭註句讀 2/10/001
倚華樓詩 3/42/087
倚蘭集 2/44/107
亦農山人詩稿 3/41/084
易洞林、補遺 1/49/589
易經劄記 3/09/571
易說、易說便錄 2/47/071
易象集解 2/07/541
易象妙於見形論 1/46/228

易翼與能 3/01/001
易音隔類考 4/37/012
易轍吟 1/43/742
易纂 1/46/308
挹翠堂詩稿 3/33/045
挹爽軒主 4/34/145
益都金石 4/23/765
異字 1/49/011
逸爾雅 1/50/717
逸孟子 1/50/715
意林諸子約錄 2/50/191
意園詩鈔 2/37/295
毅軍紀略 2/13/401
憶雨堂詩存 4/32/713
藝經 1/49/597
繹陽隨筆 2/50/207
驛站章程[山東] 3/15/161
音均表摘鈔 1/08/208
音韻同異辨 4/12/615
殷基 1/49/210
殷士儋 1/04/756
殷虛書契補釋 3/21/315
殷仲堪 1/48/199
殷仲文 1/47/743
殷周名器甄微 4/42/024
陰符經考異 3/43/549
陰弘道 1/46/305
陰類十一部聲說 1/06/001
陰類十一部聲說藁 1/05/655
陰陽書 1/49/543
吟風弄月詩稿 2/34/001
唫香書屋遺草 3/42/154
尹□ 1/49/280
尹都尉書 1/49/280
尹更始 1/47/418
尹彭壽 4/12/405
4/22/329
尹佚 1/49/374
隱厚堂遺詩 3/30/001
隱君詩集 3/27/113
印林文存 1/44/156
楹書隅錄 4/17/309
楹書隅錄續編 4/17/497
穎容 1/47/555
由余 1/49/413
由余書 1/49/413
游龍池溫泉記 4/23/765
遊感集 3/44/171
遊嶗山記 2/20/617
友晉軒詩二集 4/33/476
友晉軒詩集 4/33/416
友晉軒詩三集 4/33/537
友仁詩鈔 3/44/452
有懷堂文稾 3/43/499
有懷堂文集、有懷堂詩集 4/28/001
酉園抱甕集 4/29/647
又何軒古近體詩 2/43/761
幼客先生行狀 1/43/646
迂齋學古編 2/34/171
于昌遂 4/32/253
于桂秀 2/35/313
于潛 2/19/027
于欽 2/19/027
于慎行 3/25/427
3/25/677
4/14/001
于文定公讀史漫錄 4/14/001
于熙學 4/28/071
于雲升 4/29/499
余正酉 1/42/721
3/35/291
3/35/367
魚臺馬氏叢書 2/49/153
嵛麓草堂吟草 4/29/383
愚溪集 3/43/723
虞翻 1/49/640
虞溥 1/49/673
虞卿 1/49/150
虞氏春秋 1/49/150
虞書朋字略考 2/49/260

虞聳 1/49/535
虞潭 1/49/599
虞喜 1/48/162
1/49/241
1/49/246
1/49/250
1/49/251
1/49/534
漁父詞 3/47/429
漁家傲月節詞 3/47/429
漁洋山人自撰年譜 1/10/769
餘生後草 1/43/738
餘霞集 2/38/075
禹貢地理今釋考 3/02/719
禹貢輯解 3/02/719
禹貢書法 3/02/719
禹貢正字 4/03/467
庾蔚之 1/47/184
庾儼默 1/49/031
庾翼 1/48/164
與點集 3/30/097
語石居詩集 3/43/656
語石居文 3/43/418
玉函山房藏書簿錄 1/28/247
玉函山房輯佚書 1/46/001
[玉函山房輯佚書]書後 1/50/756
玉函山房輯佚書續補 1/50/687
玉函山房目耕帖 1/49/675
玉函山房詩鈔 4/30/387
玉函山房詩集 4/30/513
玉函山房試帖續 3/35/801
[玉函山房]手稿存目 1/50/756
玉函山房文集 3/35/635
玉函山房文集 3/35/717
玉磬山房集 1/43/597
玉山詩鈔、補遺 4/31/737
玉映樓縭芳集 2/38/729
御注孝經疏 1/47/762
元行沖 1/47/376
1/47/762
袁藩 2/30/563
3/39/285
袁宏 1/49/196
袁江于役草 2/36/733
袁喬 1/48/186
袁紹昂 4/18/305
袁世凱 4/15/539
袁守僡 4/17/593
4/25/093
袁準 1/47/065
1/49/215
1/49/223
袁子正論 1/49/215
袁子正書 1/49/223
轅轍吟 2/30/421
遠遊草 3/40/743
約廬詩稿 3/29/673
約我齋偶錄 4/24/273
月令問答 1/47/141
月令章句 1/47/125
悅軒文稿 2/33/579
悅齋詩草 3/39/704
樂記 1/47/382
樂經 1/47/379
樂律義 1/47/403
樂譜集解 1/47/407
樂社大義 1/47/387
樂書 1/47/397
樂緯動聲儀 1/48/498
樂緯稽耀嘉 1/48/502
樂緯葉圖徵 1/48/504
樂元語 1/47/384
樂章集 2/45/409
樂章集校勘記、補遺、樂章集逸詞 2/45/409
耘石詩藁 1/34/001
雲高洞遊草 3/29/569
雲根清壑山房詩 3/42/046
雲月硯軒古體詩稿 2/32/285
蘊香閣詩鈔 3/41/368

韻集 1/49/019
韻略 1/49/051
韻譜 2/09/236
韻學入門 3/10/565

Z

雜鈔七種 1/08/046
雜祭法 1/47/314
雜禮議 1/47/324
雜體文稾 4/35/051
雜五行書 1/49/583
雜箸［鄭杲］ 3/50/812
雜字 1/48/751
雜字解詁 1/48/752
雜字指 1/48/721
在菴筆聞 4/25/227
蹔存文稿 3/41/572
臧庸 2/46/641
葬花 3/48/289
葬禮 1/47/083
棗花田舍古近體詩 2/43/781
棗花田舍詩 4/33/600
造化究原 4/26/001
增補說文分部諧聲譜 1/05/073
增補說文廿一部聲讀禵式 1/07/351
增訂詩韻便覽 3/10/423
贈雲山館遺詩 4/30/677
查志隆 2/19/511
翟柏舟 4/31/775
翟化鵬 4/32/525
翟玄 1/46/181
翟云升 1/33/073
4/12/061
張霸 1/50/695
張丙嘉 4/01/341
張德基 4/34/037
張調 4/34/037
4/34/045
張侗 2/30/129
張篤慶 2/13/585
2/31/117
2/31/513
3/29/569
3/29/587
3/39/436
3/47/001
4/14/365
張篤行 2/27/007
張爾岐 1/01/175
1/02/233
1/33/031
2/10/001
4/25/183
4/27/001
張璠 1/46/190
張耕 2/12/607
張軌 1/46/189
張衡 1/49/528
1/49/531
張譏 1/46/248
張夢蘭 2/37/605
張夢鯉 2/27/553
張穆 4/25/392
張訥 4/34/033
4/34/057
張鵬展 1/42/001
張憑 1/48/201
張啓愚 2/34/247
張謙宜 4/27/675
4/34/345
張融 1/48/420
1/49/335
張善恒 3/40/393
張實居 3/47/001
張氏三禮圖 1/49/618
張氏音辨 4/13/089
張濤 3/45/749
張廷敘 2/35/001

張彤 4/33/237
張文煒 4/13/089
張文忠公文集 4/26/387
張希傑 2/32/369
張顯 1/49/449
張象棐 3/35/175
張象津 1/38/487
張忻 2/13/247
張岫 3/35/205
張儼 1/49/441
張養浩 4/15/567
4/26/387
張曜 1/21/001
張揖 1/48/664
1/48/700
1/48/737
1/48/748
1/48/751
張鎰 1/48/265
1/49/618
張寅 2/15/001
張英麟 2/38/691
張幼倫 1/47/285
張禹 1/47/735
張裕淦 4/32/713
張元 2/33/257
3/39/637
4/14/425
張雲會 4/09/001
張允掄 4/33/112
張允掄詩文 4/33/112
張允樸 4/01/201
張在辛 3/30/001
張昭潛 4/32/001
4/32/119
4/32/169
張兆棟 3/15/247
3/36/273
4/13/255
張貞 3/29/241
4/25/039
張之銳 4/36/744
張朱霖 4/27/789
張作哲 2/33/327
章炳麟 4/13/001
昭德先生郡齋讀書志、後志、附志
4/16/571
趙秉忠 1/34/177
趙皤老 2/45/511
趙德懋 4/29/085
趙德三 4/13/275
趙國麟 2/32/285
2/32/303
2/32/315
2/32/331
2/32/341
3/30/097
4/08/001
趙瀚 3/10/361
趙宏文 4/26/661
趙嘉肇 1/33/687
趙進美 2/29/489
趙匡 1/47/708
趙錄綽 1/44/236
趙明誠 4/18/499
趙岐 1/48/223
4/08/217
趙士喆 4/34/257
趙惟暕 1/47/408
趙蔚坊 2/45/001
4/15/633
趙希弁 4/16/571
趙愻 4/34/327
趙應泰 3/38/097
趙愚軒 2/40/461
趙執端 4/34/327
趙執信 2/31/517
2/31/571
2/31/707
2/40/165

	2/45/740
	4/14/275
	4/34/321
	4/34/327
蟄居吟草	3/38/201
潮聞詩鈔	3/43/745
震菴内集、補編	4/29/397
正部論	1/49/173
正字略定本	4/12/001
鄭長者	1/49/312
鄭長者書	1/49/312
鄭東父遺書五種	3/50/721
鄭杲	3/09/821
	3/50/721
鄭基太	4/25/001
鄭氏婚禮	1/47/037
鄭氏禮記箋	2/47/433
鄭氏喪服變除	1/47/050
鄭司農集	2/27/001
鄭嗣	1/47/623
鄭曉如	3/36/455
鄭興	1/46/644
鄭玄	1/01/001
	1/46/743
	1/47/050
	1/47/295
	1/47/298
	1/48/101
	1/48/127
	1/48/257
	1/48/413
	1/48/450
	1/48/463
	1/48/464
	1/48/471
	1/48/472
	1/48/475
	2/27/001
	3/06/323
	4/03/147
	4/03/569
	4/03/735
	4/04/001
	4/04/081
鄭與僑	2/13/259
鄭毓本	2/38/377
鄭衆	1/46/646
	1/47/037
	1/47/426
	1/49/621
證俗文	2/48/219
知北遊草	3/29/587
知稼堂集	3/31/579
知止堂集、外集、續集	4/30/001
祗芳園集	1/43/701
祗芳園續集	1/43/731
秖芳園集、續集	4/33/698
直菴詩稿	3/32/753
止止堂集	1/34/427
至言	1/49/158
志壑堂詞	2/45/694
志壑堂詩集	3/39/182
志林新書	1/49/241
制義續存	4/30/281
質菴文集	2/33/491
中國古代貨幣通考	4/45/273
中庸集說	3/06/673
中庸集註易解	3/06/415
中庸述義	4/36/007
中庸述義續	4/36/087
終軍	1/49/169
終軍書	1/49/169
鍾律緯	1/47/389
鍾世楷	4/31/737
鍾羽正	1/34/681
種德堂文集、種德堂疏稿	4/27/205
種李園近稿	3/31/703
種李園詩話	3/47/279
種玉山房詩草	4/30/381
仲長統	1/49/175

仲長子昌言 1/49/175
仲平印存 4/25/001
重修青山行宮碑文 3/42/230
周□ 1/48/086
周成 1/48/752
周官傳 1/46/737
周官禮干氏注 1/46/745
周官禮異同評 1/49/602
周官禮義疏 1/46/766
周官肊測、敘錄 2/01/002
周虢季子白盤釋文 2/22/001
周海鶴先生年譜 4/14/615
周弘正 1/46/243
周鴻居 4/14/615
周嘉猷 2/19/027
周樂 3/35/303
3/35/367
3/35/427
4/30/633
周禮 4/03/735
周禮杜氏注 1/46/717
周禮賈氏解詁 1/46/734
周禮李氏音 1/46/758
周禮劉氏音 1/47/005
周禮聶氏音 1/46/764
周禮戚氏音 1/47/027
周禮俗說 2/09/363
周禮徐氏音 1/46/750
周禮鄭大夫解詁 1/46/644
周禮鄭氏音 1/46/743
周禮鄭司農解詁 1/46/646
周亮工 2/13/297
周密 2/45/584
周銘旂 4/31/383
周汝霖 4/14/615
周若水 3/26/601
周捨 1/47/346
周生烈 1/48/137
1/49/188
周生子要論 1/49/188
周氏喪服注 1/49/603
周斯盛 3/29/001
周天爵 3/35/219
周彤桂 1/04/756
周文忠公尺牘、雜文 3/35/219
周續之 1/46/609
1/49/086
1/49/603
周蟻鼻錢考記 4/45/002
周易本義析疑 2/01/459
周易褚氏講疏 1/46/240
周易崔氏注 1/46/258
周易大義 1/46/237
周易丁氏傳 1/46/039
周易董氏章句 1/46/175
周易分野 1/46/097
周易伏氏集解 1/46/239
周易傅氏注 1/46/259
周易干氏注 1/46/195
周易古本集註、續編 2/05/001
周易古五子傳 1/46/053
周易卦象占易祕解 4/01/341
周易卦序論 1/46/188
周易韓氏傳 1/46/046
周易何氏講疏 1/46/251
周易何氏解 1/46/173
周易侯氏注 1/46/270
周易淮南九師道訓 1/46/055
周易黄氏注 1/46/220
周易繫辭桓氏注 1/46/229
周易繫辭明氏注 1/46/231
周易繫辭荀氏注 1/46/230
周易叚借scriptsize 4/37/002
周易揭主遵孔錄便解 4/01/201
周易解[牛運震] 3/49/160
周易解[賈聲槐] 4/01/119
周易介 3/01/553
周易京氏章句 1/46/078
周易李氏音 1/46/227
周易梁丘氏章句 1/46/075

周易劉氏章句	1/46/110
周易劉氏注	1/49/601
周易盧氏注	1/46/260
周易陸氏述	1/46/149
周易馬氏傳	1/46/098
周易孟氏章句	1/46/060
周易淺說	4/03/001
周易沈氏要略	1/46/233
周易施氏章句	1/46/058
周易氏劉義疏	1/46/235
周易蜀才注	1/46/215
周易述傳	3/02/317
周易說略	1/01/175
周易宋氏注	1/46/113
周易探元	1/46/284
周易統略	1/46/187
周易王氏義	1/46/264
周易王氏音	1/46/169
周易王氏注	1/46/159
周易王氏注	1/46/212
周易王氏注	1/46/263
周易析義	3/02/137
周易向氏義	1/46/185
周易新論傳疏	1/46/305
周易新義	1/46/307
周易徐氏音	1/46/222
周易薛氏記	1/46/036
周易荀氏注	1/46/118
周易姚氏注	1/46/177
周易姚氏注	1/46/257
周易要義	4/01/519
周易翼註	4/03/051
周易元義	1/46/304
周易翟氏義	1/46/181
周易張氏集解	1/46/190
周易張氏講疏	1/46/248
周易張氏義	1/46/189
周易直解	1/02/001
周易周氏義疏	1/46/243
周易朱氏義	1/46/265
周易注	1/02/073
周易注解	2/08/001
周易莊氏義	1/46/266
周易子夏傳	1/46/030
周易遵翼約編	2/07/001
周永年	1/28/159
	4/24/451
周昭	1/49/203
周子	1/49/203
朱崇道	3/42/083
朱崇勳	3/42/069
朱道衍	4/29/425
朱綱	3/42/055
朱建	1/49/155
朱琦	3/42/087
朱畹	2/36/765
朱緯	3/30/245
朱緗	3/42/002
	3/42/020
	3/42/040
	3/42/046
朱衍寔	4/14/333
朱仰之	1/46/265
朱育	1/46/565
	1/49/011
朱毓桂	2/16/245
朱沅	4/28/621
朱躍龍	4/32/549
朱曾傳	3/30/587
朱曾武	3/07/581
朱曾喆	2/36/019
	3/42/114
珠船錄	2/32/259
諸城劉氏金文拓本釋	4/20/141
諸城王氏金石叢書提要	4/18/205
諸葛恪	1/49/437
諸葛穎	1/49/052
諸葛子	1/49/437
諸經札記	3/09/821
竹如意	3/23/491

竹石居稾 3/44/108
竹書紀年略考 2/49/775
竹書紀年校正、通考 2/47/727
竹西詞 2/45/685
竹齋詩草 4/34/025
主父偃 1/49/407
主父偃書 1/49/407
助字辨略 3/10/101
祝鍌 2/13/481
鑄亭山人詩續抄 4/29/425
鑄雪齋集 2/32/369
篆書論語校文訂 1/44/717
莊□ 1/46/266
莊瑤 4/12/703
莊詠 3/06/515
卓菴吟草 3/32/415
拙庵詞 2/45/511
拙菴近稿 2/32/315
拙齋集 4/28/589
斲冰詞 4/35/028
淄博平亂記 1/10/001
子固遺詩 3/44/053
子夏易傳遺文 2/50/002
子言先生詩集 4/27/731
紫荊書屋詩話 3/47/039
紫溟詩集、文集 3/30/499
紫溟文集 3/43/433
字母 1/07/241
字統 1/49/032
字學一得 3/43/514
字指 1/49/022
自得齋詩賸 3/38/001
自怡集、詩餘 2/33/227
總理衙門議訂山東曹州府教案條約 4/13/669
鄒□ 1/49/436
鄒平成氏詩鈔三種 4/34/013
鄒衍 1/49/541
鄒陽 1/49/403
鄒陽書 1/49/403
鄒湛 1/46/187
鄒子 1/49/436
鄒子 1/49/541
纂文 1/49/034
纂要[顔延之] 1/49/041
纂要[蕭繹] 1/49/043
醉月窗未定草 2/38/377
尊水園集略、補遺 3/28/295
左傳評 3/06/241
左傳事緯 3/05/543
左懋第 3/26/779
3/27/001
4/26/639
4/33/063
左丘明 4/05/051
左氏奇說 1/47/559
左忠貞公剩藁 3/26/779